성경 안에 감추어져 있는

예수 그리스도의 비밀

❷

성경 안에 감추어져 있는

예수 그리스도의 비밀 ❷

초판 1쇄
지은이 김진종
펴낸이 박수정
발행일 2021. 4. 15
출판 도서출판 카리타스
주소 부산광역시 동구 중앙대로 298 부산 YWCA 304호
전화 051)462-5495
홈페이지 www.enkorea.kr
등록번호 제 3-114호

ISBN 978-89-97087-41-9

성경 안에 감추어져 있는

예수 그리스도의 비밀

❷

김 진 종 지음

도서출판 카리타스

| 책머리에

부뚜막의 소금도 집어넣어야 짜다는 말이 있다. 아무리 좋은 환경과 조건으로 성취하기 쉬운 일이라도 노력과 실천이 없으면 아무것도 이룰 수가 없다는 비유다. 이처럼 우리는 세 가지 관점에서 좋은 조건과 환경에 살고 있다. 첫째는 성경이다. 66권의 성경을 한 권으로 가질 수 있게 된 것이 얼마나 좋은 조건과 환경인지 모른다. 기독교 2천년 역사는 성경의 수난과 핍박의 역사다. 성경 66권이 하나님의 말씀으로 확정되기까지는 400년이 걸렸으며, 초대교회부터 종교개혁까지 1500년 동안 성경 66권을 한권으로 소유한다는 것은 하늘에 별따기만큼 어려웠다. 성경을 보존하며 전파하기 위하여 수많은 연구자들의 피나는 노력이 있었다. 약 1m 길이의 파피루스(갈대)와 양피지(양가죽)의 두루마리에 성경을 기록하기 위하여 끝이 무딘 기구로 표면에 표시를 하고 수평과 수직을 그어놓고 기록했다. 오늘처럼 책상 앞에서 앉아서 기록한 것이 아니라 바닥에 앉아서 기록했다. 기록할 때는 한 사람이 소리를 내어 낭독을 하면 서기관은 받아서 기록했다. 성경을 기록하기 위하여 온 몸과 마음을 집중하였기에 등이 굽고 갈비뼈가 위장에 박히는 신체의 쇠약을 가져왔다. 밖에서는 심한 눈보라가 몰아치고 서기관의 잉크와 손이 얼어붙고 펜이 손가락에서 떨어져나가는 고난을 겪어면서 기록했다. 성경 한 권정도만 기록해도 몇 개의 두루마리가 발생했다. 사정이 이렇다보니 성경 66권을 모두 소유한다는 것은 꿈도 꾸지를 못했다. 다행히도 1456년에 구텐베르크인쇄기를 발명하면서 1518

년 이후부터 각 나라의 언어로 한권의 책으로 출판하게 되었다. 한국교회는 선교사님들로 인하여 한글로 번역된 성경을 소유하였다. 외국에는 1518년 이전에, 한국교회는 100 여년전에는 66권의 성경을 한 권으로 된 책을 구입할 수가 없었다. 그런데 오늘 우리는 우리의 언어로 된 성경을 손쉽게 소유할 수 있으니 얼마나 귀한 조건이며, 좋은 환경인지 모른다. 두 번째는 시대다. 현대는 세상이 창조된 이후에 가장 좋은 시대다. 그것은 재림 때문이다. 선지자들은 이때를 위하여 말씀을 선포하였으며, 신앙의 선조들은 이때를 바라보며 살았다. 재림은 초림에서 뿌린 씨앗을 추수하는 시대다. 추수가 끝나면 영원한 새 하늘과 새 땅이 임한다. 그 때가 임박한 시대에 사는 것이 가장 좋은 조건과 환경이다. 세 번째는 한국이다. 현재지구촌에는 신앙의 박해로 탄압과 핍박 중에 있는 나라들이 많이 있다(북한, 회교권 등). 그러나 우리는 영적인 7년 풍년 안에 살고 있다. 세계제일의 교회와 신학교, 밤낮으로 성경에 관한 방송과 영상을 볼 수 있으며, 수많은 신앙적인 문서와 신문, 여러 종류의 성경을 구입할 수 있다. 이러한 조건과 좋은 환경에서 마지막주자도 5권의 책을 출판하게 된 것이다. 성경과 인쇄기와 신앙의 자유가 없다면 출판할 수가 없기 때문이다. 그런데 처음부터 책으로 출판할 계획은 없었다. 성령께서 성경을 연구할 마음과 환경을 열어주셨다.

다윗이 하나님의 성전을 사모함같이 마지막주자도 성령께서 교회를 사모할 마음을 주셨다. 초등학교 졸업 후 어린나이 때부터 한 번도 예배를 빠져본 일이 없을 정도로 열심이 득심하게 하셨다. 교회가 이웃동네에 있는 관계로 캄캄한 빔중에 불도 없고 집도 절도 없는 산과 골짜기와 들판과 공동묘지까지 지나는 시골길을 다녀도 조금도 해함도 상함도 없게 하셨다. 그러한 환경과 불신자 부모와 친척들의 심한박해 속에서도 새벽기도까지 새벽 1시에 달려가게 하셨으며, 또는 매일 저녁마다 교회서 기도하도록 인도하셨다. 때로는 밤에 교회로 가는 도중에 공동묘지 밑에서 심한 태풍과 비바람을 만나도 보호해주셨다. 이후에 부산에서도 공예배 참석외에 매주 토요일마다 중고등부를 섬기며 주일저녁예배까지 섬기게 하셨다. 교회주위에 살기 위하여 이사를 13번이나 다니게 하셨다. 장로임직을 받아 성전건축도 준비하게 하셨다. 성도들이 장로님이 없으면 교회가 안 된다는 소리까지 듣게 하셨다. 그런데 성전건축일로 뜻밖에 큰 위기를 만났다. 그때 마음에서 목회를 하면 문제를 해결할 수 있겠다는 감동을 주셨다. 하지만 목회는 부르심의 소명이 없으면 갈수 없는 길이었기에 다니엘을 본받아 세이레기간의 철야기도를 드리게 하셨다. 기도를 마치는 날에 믿는 것과 아는 것이 하나가 되게 하라는 말씀을 주셨다(엡 4:13). 즉시 신학교에 입문하려고 준비하자 일사천리로 길을 열어 주셨다. 대학원을 마치고 전문대학원에서 로마서를 원어로 연구하는 강의를 들은 후부터 성경을 집중적으로 연구하게 하셨다. 성경에서 삼위일체(성부, 성자, 성령 하나님께 대한 말씀), 모세오경(창조, 타락, 영과 육의 역사, 십계명, 율법, 법률, 규례, 오대제사, 칠대절기 등에 관한 말씀), 역서서(순종과 불순종, 선한 왕과 악한 왕 등에 관한 말씀), 시가서(찬양, 기도, 교훈, 선한 말과 악한 말, 지혜와 어리석음 등에 관한 말씀), 선지서(죄, 책망, 심판, 전쟁, 회개, 계시, 회복에 관한 말씀), 복음서(천국복음, 가르치심, 치유, 산상수훈, 비유, 십자가, 부활 승천 등에 관한 말씀), 교회(구원, 은혜, 선교, 교제, 연합 등에 관한 말씀), 믿음(거듭남, 양육, 제자 등에 관한 말씀), 종말(초림과 재림에 관한 말씀), 경건(예배, 기도, 훈련 등에 관한 말씀), 물질(복, 선교, 구제, 헌금 등에 관한 말씀), 제자들(성령충만, 사역, 고난 등에 관한 말씀), 성령(은사, 열매 등에 관한 말씀), 제자도(가정, 사업, 직장, 사회, 국가 등에 관한 말씀)등에 관하여 각 주제별로 신구약 성경을 두 번 반을 연구하게 하셨다. 이렇게 연구해보니 창세기에서 계시록까지 일목요연하게 성경이 선명하게 드러났다. 그리고 다시 계시록을 원어로 연구할 마음을 주셨다. 계시록을 원어로 연구해보니 계시록이 명확하게 열렸고, 그 열린 계시록으로 전국에 7차까지 세미나로 섬기면서 책으로 3권을 출판하게 하셨으며, 또한 계시록이 열리면서 신구약 성경 안에 감추어져 있는 예수 그리스도의 비밀에 대하여 연구하게 하심으로 2권의 책을 출판하게 하셨다. 원어 연구는 현재진행이라 앞으로 얼마나 책이 더 출판하게 하실지 모른다. 신구약 성경이 선명하게 드러난 주제별 연구위에 원어를 연구하게 하셔서 성경이 더욱 명확하게 해석이 되게 하셨으며, 또한 성경이 무엇을 말하고 있는지, 그 말하는 말씀이 어떻게 예수 그리스도 안에 감추어져 있는 비밀이며, 보화인지를 알게 하셨다. 따라서 본서는 성경 안에 감추어져 있는 예수 그리스도의 비밀과 보화가 무엇이며, 또는 그 보화는 누구에게 허락되었는지 등에 관하여 해석한 내용들이다. 이것이 마지막주자의 출판에 관한 성령님의 인도하심에 대한 고백이며, 위기가 기회로 변화된 체험에 대한 간증이다.

성경의 주제별연구는 총론이라면 원어는 각론이다. 이를테면 성경에서 과일이라는 단어가 있으면 그 과일이 사과인지, 배인지, 감인지, 밤인지, 복숭아인지, 포도인지 알 수가 없다. 그런데 원어를 보면 정확하게 확인할 수 있다. 또한 그 과일을 먹으라는 건지, 먹지 말라는 건지, 먹었다는 건지, 다음에 먹으라는 것인지를 알려면 문법을 보면 명확하게 알 수 있다. 그런데 원어를 확인해보지도 않고 스스로 사과라고 말하며, 또는 문법에는 먹지 말라고 금하고 있는데도 그것을 먹어야 된다고 가르치고 전한다면 성경의 본질에서 벗어나게 하는 자의적 해석이 된다. 때문에 코에 걸면 코걸이, 귀에 걸면 귀고리 식으로 해석하여 성경을 어그러지게 또는 혼란스럽게 만든다. 그 증거가 계시록에 대한 다양한 해석들이다. 특히 이단들은 자의적인 해석으로 많은 사람들을 미혹하여 멸망의 구덩이에 빠지게 한다. 이런 점에서 원어해석은 매우 중요한 것임을 알 수 있다. 원어로 성경을 연구하면서 세 가지를 깨닫게 되었다. 교만과 소경과 소명이다. 교만은 벼가 익으면 익을수록 고개를 숙이듯, 성경 앞에는 교만하면 절대로 안 되겠다는 다짐이다. 성경을 해석할 때마다, 측량할 수 없는 깊이가 있음을 알게 되었기 때문이다. 소경은 코끼리비유다. 소경이 코끼리 다리하나만 만져보고 코끼리는 기둥 같다고 하는 말과 같이 성경도 한 부분만 붙잡고 전체를 다 아는 것처럼 소리치면 안 되겠다는 다짐이다. 성경이 열리기전에는 수박 겉핥기식으로 알고 믿고 전했던 것을 깨닫게 되면서 많은 회개와 반성의 시간을 가지고 있다. 소명은 목회자로 부르실 때 주신 말씀의 응답이다. 세이레기도 응답으로 주신 말씀대로 이제부터는 믿는 것과 아는 것이 하나가 된 신앙으로 무장하여 성경을 소경이 코끼리 다리만 만지듯, 한 부분만 붙잡고 있는 분들과 수박 겉핥기식으로 알고 믿고 있는 분들에게 알리고 전하는 것이다. 이것이 소명이며, 그 소명으로 책으로 출판하여 전하는 목적이다.

우리는 지금 좋은 조건과 환경에서 살고 있다. 하지만 노력과 실천이 없다면 아무것도 이룰 수가 없다. 홍수 물을 그대로 마실 수 없듯이, 아무리 좋은 조건과 환경에서도 성경으로 분별하는 지혜가 요구된다. 지하수에서 생수를 찾듯, 정수기필터에서 물을 그르듯 홍수같이 쏟아지는 환경에서 진리를 찾는 노력과 실천이 따라야 한다. 홍수 물에는 온갖 잡다한 독소들이 섞여있듯이 현대는 성경도 변개시키며, 또한 잘못된 성경해석들과 심지어 이단들까지 화려한 영상물을 만들고 문서들을 출판하여 쏟아내고 있다. 그리고 현대인들은 보자기에 싸여있다는 말이 있다. 지역주의(지연, 학연, 혈연, 학연), 사상과 이념(주체사상, 우파), 이기주의, 보신주의, 국수주의, 물량주의 등에 싸여서 우물안에 개구리처럼 바른 가치관을 분별하지 못하는 폐쇄적인 사람들을 말한다. 이같이 유대인들은 율법의 행위와 전통과 선민사상의 보자기에 싸여있으며, 이방교회는 계몽주의, 자유주의, 종교다원주의, 교리주의(교단, 신학), 초림 등의 보자기에 싸여있다. 보자기는 어둠의 상징이다. 어둠의 보자기에 싸여있으면 참과 거짓을 분별하는 지혜를 상실한다. 이러한 현상들은 이미 성경에 계시된 말씀의 성취다. 성경에는 카이로스 종말의 때가 되면 사람들이 자기욕망적인 사랑의 보자기에 싸여서 바른 교훈을 받지 아니하며 귀가 가려워서 자기의 사욕을 따를 스승을 많이 두고 귀를 진리에서 돌이켜 허탄한 이야기를 따르게 된다고 기록되어 있다(딤후 3:1-5,4:3-4). 때문에 잘못된 이론과 허탄한 보자기에 싸여서 좋은 조건과 환경에 살면서도 진리를 찾는 일에 노력과 실천을 하지 못하고 있다. 그러나 누구든지 주께로 돌아오면 성령께서 유대인이든 이방교회든 싸여있는 보자기에서 벗어나게 하실 것이다(요 11:44;고후 3:16). 이것이 본서의 증거다. 따라서 본서는 주께로 돌아오는 일에 성령께서 나침판과 길잡이로 사용되게 하실 줄을 믿는다. 1권에서는 성경 안에 감추어져 있는 예수 그리스도의 비밀과 보화가 무엇인지에 대하여 해석한 책이라면, 2권에서는 어떻게 예수 그리스도의 비밀과 보화를 성경에 기록하고 있는지, 또는 그 비밀과 보화가 어떻게 성취되어 완성되게 하는지에 관하여 해석한 책이다.

성경이 열리면 역사와 시대가 보인다. 또한 믿는 것과 아는 일에 하나가 된다. 역사의 한 시대를 귀하게 쓰임 받았던 신학자, 정치가, 사업가, 예술인, 군인 등은 모두 성경을 알고 실천한 자들이다. 국가도 동일하다(영국, 미국, 이스라엘, 한국 등). 캄캄한 중세시대에 진리의 빛으로 교회를 개혁했던 루터와 칼빈도 동일하다. 이는 성경을 아는 자는 하나님께서 반드시 쓰신다는 증거며, 또한 쓰임받게 하기 위해서는 반드시 성경을 열어주신다는 증거다. 하나님의 구원하심은 칼과 창에 있지 아니하며, 많은 사람의 숫자에 좌우되지 않는다. 하나님의 마음에 합한 한 사람, 그 사람을 통하여 역사는 새롭게 태어난다(삼상 17:47). 그 증거는 성경에는 다윗이며, 기독교 역사에서는 루터와 칼빈이며, 우리나라는 이승만대통령이다. 앞으로 다가오는 대 환난에는 영적인 7년 풍년이 끝나고 7년 기근이 닥친다. 그 때를 위하여 요셉과 같이 성경을 미리 준비해 두는 노력과 실천이 있어야 한다. 성경을 준비하여 마지막 때에 쓰임 받는 은혜가 우리 모두에게 임하기를 소망하며, 이곳까지 인도하신 하나님께만 모든 영광과 찬송을 돌려드리며, 함께 협력하여 기도해주신 많은 분들에게 감사한 마음을 전한다.

2021년 3월 22일 부산 브니엘 교회에서
성경에서 예수 그리스도의 비밀과 보화를 찾아 소유하기를 소망하는
마지막주자. 김진종 목사

| 차례

1부

삼위일체 하나님은 신구약 성경에서 증언하는
성부 하나님, 성자 하나님, 성령 하나님을 말한다.
성경은 삼위일체 하나님의 때가 찬
경륜을 기록한 책이다.

삼위일체

낫 놓고 기역자도 모른다는 속담이 있다. 기역자 모양으로 생긴 낫을 옆에 두고도 기역자를 모른다는 뜻으로, 사람이 글자를 모르거나 무식함을 비유적으로 하는 말이다. 이와 같이 우리도 성경을 옆에 두고도 하나님에 대하여 모르고 신앙생활을 하는 경우와 동일하다. 유대인들은 자녀들이 학교에서 수업을 마치고 집으로 돌아오면 오늘 선생님에게 몇 번이나 질문을 했느냐고 묻는다. 질문으로 모르는 것을 깨우쳐 명확하게 하기 위함이다. 그런데 우리는 우리가 믿는 하나님께 대하여 정확하게 알지도 못하면서 질문 할 생각조차 하지 않으며, 또는 질문을 하면 이상한 사람처럼 인식을 받는 체면문화에 살고 있다. 때문에 성경을 모르고 믿는 것이 알고 믿는 것보다 더 많다는 이야기다. 마지막주자는 신학대학원에서 강의를 들은 내용 중에 제일 어렵고 힘들게 들었던 과목이 삼위일체였다. 교수님이 전하시는 강의가 어떻게 어렵고 복잡한지 무슨 소리인지 이해할 수가 없어서 졸기만 했던 기억이 있다. 당시는 삼위일체에 대한 뜻과 의미를 몰랐기 때문이다. 그리고 예배시간에 듣는 설교 중에서도 삼위일체 하나님께 대한 내용은 지나가는 말처럼 듣기는 했지만 삼위일체가 무슨 의미인지를 명확하게 전해주는 설교자를 만날 수가 없었다. 그런데 신구약 성경이 열리면서 삼위일체 하나님에 대한 이해가 성경에서 선명하게 드러나기 시작하여 삼위일체 하나님께 대한 이해가 부족한 분들을 위하여 예수 그리스도의 비밀에 대하여 상고하는 첫 번째 순서에서 시작하고자 한다. 삼위일체는 성경에서 나온 교리지만 성경에는 삼위일체란 용어는 등장하지 않는다. 마치 사도신경이란 말이 성경에는 없지만 사도신경은 성경에서 나온 교리와 같은 경우다. 이번 단락에서 상고하는 삼위일체 하나님께 대한 이해를 하게 되면 우리가 믿는 하나님께 대한 지식과, 성경에 감추어져 있는 예수 그리스도의 비밀에 관해서도 더 자세하게 깨닫게 될 것을 확신한다.

1) 교리확정

삼위일체 교리는 기독교 신앙의 중요한 핵심 교리 중에 하나로 일찍이 기독교 공의회에서 확정하였다. 주후 325(니케아 공의회)년에서 시작하여 381년(콘스탄티노플 공의회)에 완성하였다. 삼위일체란 한 하나님 안에 세 위격을 가지신 하나님이 존재하시는 것을 말한다. 세 위격을 가지신 삼위의 하나님의 상관관계에 있어, 성자는 성부에 의해 발생하며, 성령은 성부와 성자로부터 발출한다는 교리다. 이렇게 기독교 공의회에서 확정한 삼위일체 교리에 대하여 미국에 있는 칼빈신학교의 조직신학자이신 루이스 벌코프(Louis Berkhof)는 성부는 다른 위격에서 발원하지 않으시며, 성자는 성부에게서 나시며, 성령은 성부와 성자에게서 나오신다고 해석하고 있다. 이는 삼위일체 하나님의 본체에 대한 선후 관계를 말함이 아니라 기원의 논리적인 순서에서만 그렇다는 것이다(벌코프. 신론. 286p). 이러한 삼위일체에 대한 학문적인 교리에 대하여 총회신학교(합동보수)대학원장을 역임하신 조영엽 교수는 삼위일체 하나님에 대하여 우리가 쉽게 이해할 수 있도록 해석하고 있다. 삼위일체 하나님은 천지창조에 있어, 성부 하나님은 설계자이시며, 성자 하나님은 대행자이시며, 성령 하나님은 완성자라는 것이다(조영엽. 신론. 208-210p). 이러한 내용들을 우리가 쉽게 이해하기 위한 재해석으로는 성부 하나님은 천지만물을 창조하는 일에 계획을 주도하신 분이시며, 성자 하나님은 성부 하나님께서 계획하신 것을 그대로 실행하신 분이시며, 성령 하나님은 성자 하나님께서 창조하신 것을 완성하시는 분이시라는 것이다. 이는 천지창조뿐만이 아니라 인류 구원 역사와 천지만물을 섭리하심에도 그대로 적용된다. 이것을 신구약 모든 성경은 증거하고 있다. 이렇게 성경에서 증거 하는 내용들을 명확하게 정리한 것이 삼위일체 교리다.

삼위일체 교리에는 몇 가지 의미가 있다. 첫째, 삼위일체는 기독교 신앙에서 가장 본질적인 교리임을 알게 하여, 삼위일체 교리를 잘 못 오해하여 출현한 이단들에게서 우리를 보호해 준다. 때문에 삼위일체 교리는 기독교 심장이라 부른다. 둘째, 용어에 대한 이해다. 삼위일체란 한 하나님 안에 세분의 위격을 가지신 하나님이 존재하신다는 의미다. 위격이란 하나님의 본질에 속하는 하나의 실재(subsistence)를 말한다. 하나님의 본질(본체), 즉, 지혜와 지식, 거룩하심, 전지전능하신, 영원하심, 무소부재하심, 영광, 권능 등의 동등하심에 대하여 하나이시며, 그 본체 안에는 세 분의 실재를 가지신 성부 하나님, 성자 하나님, 성령 하나님이 각각의 독립적인 인격을 소유하고 계심을 말한다. 인격은 지식, 감정, 의지를 함축한 인격체를 말한다. 하지만 각각의 세

분의 인격체는 하나의 본체로부터 분리될 수 없으면서, 구별되어 각각의 인격적 관계를 가지면서 함께 협의, 의논, 작정, 역사, 섭리 등에서 같이하신다. 때문에 한 하나님 안에 세 분의 인격체가 계신다 하여 삼위일체 하나님이라 부른다. 셋째, 삼위일체 하나님은 각각의 구별된 속성을 가지고 있다. 천지창조와 인류구원을 위한 사역에서 세 분의 하나님은 공동으로 하시되, 각각의 인격으로 자신의 사역을 실행하신다. 성부 하나님께서는 계획하시며, 성자 하나님은 성부 하나님께서 계획하신 것을 그대로 실행하시며, 성령 하나님은 성자 하나님께서 성취하신 사역들을 완성되게 하시는 것을 말한다.

2) 성경의 증거

신구약 성경에는 삼위일체 하나님의 경륜과 계시와 역사를 기록한 책이다. 성경은 삼위일체 하나님께서 천지만물과 인류를 창조하시고 그 창조하신 모든 것들을 섭리하는 과정들을 기록하고 있다. 따라서 삼위일체 하나님께 대한 증거는 모든 신구약 성경에서 계시되어 있음을 알 수 있다. 그 중에 특히 사도요한은 삼위일체 하나님께 대한 구체적인 용어를 사용하여 증언한다. "이는 하늘에서 증거 하시는 이가 세 분이시니, 아버지와 말씀과 성령이시요, 이 세 분은 하나이시라(킹제임스 성경)"(요일 5:7). 사도요한이 증언하는 세분이 삼위일체 하나님께 대한 증언이며, 그 세분을 본문에서는 성부 하나님을 아버지로, 성자 하나님을 말씀으로(요한은 주님을 말씀으로 증언하는 것이 특징이다. 요 1:1,14), 성령 하나님은 성령으로 증언하고 있다. 아버지와 말씀과 성령은 하나이시라 하는 말씀은 하나이신 한 하나님 안에 세 분의 인격을 가지신 성부와 성자와 성령이 계신다는 증언이다. 그리고 주님께서도 유대인들에게 삼위일체 하나님을 증언하셨다. "나와 아버지는 하나이니라 하신대"(요 10:30). 주님께서 유대인들에게 나와 아버지는 하나이니 라는 말씀은 한 하나님 안에 성부와 성자를 증언하는 내용이다. 그런데 유대인들은 삼위일체 하나님을 이해하지 못하여 주님을 돌로 치려고 했다(마 28:19;요 10:31). 그리고 제자 빌립이 아버지 하나님을 보여 달라고 요청할 때에도 삼위일체 하나님을 증언하셨으며(요 14:9-10), 주님께서 기도하신 내용에서도 삼위일체 하나님께 대한 내용들을 많이 사용하셨으며(눅 10:21;요 17:10,21,23), 바울도 그의 서신서에서 증언하였다(고후 13:13). 삼위일체 하나님은 하나이신 하나님이시기 때문에 주님은 사역의 현장에서 언제나 아버지 하나님과 함께 하신 것이라고 말씀하셨다.

성경에는 삼위일체 하나님께 대하여 각각의 하나님의 분리된 이름으로 증거하고 있다. 성부 하나님은 아버지시며, 아버지는 주님과 성도들이 부르는 이름이다. 아버지 하나님은 영으로 하늘보좌에 계시면서 성도의 기도와 경배를 받으시는 분이시며(마 6:9;요 4:23-24), 주님을 이 땅에 보내셔서 자신의 뜻을 성취하게 하시는 천지의 주재이신 아버지시며, 주님보다 크신 분으로(요 14:28), 예수 그리스도의 하나님이시다(마 11:25;요 6:38,40;고후 1:3). 성자 하나님의 이름은 구약에서는 여호와 하나님으로, 신약에서는 아버지 하나님의 독생자로, 또한 예수 그리스도로 기록되어 있다. 구약에서 히브리어로 사용된 여호와 하나님이 신약의 헬라어로 예수로 번역된 것이며, 신약의 예수 그리스도는 사역과 직분에 관한 이름이다. 구약의 여호와 하나님께서 신약에 예수 그리스도로 오셨기 때문에 신약에는 여호와 하나님이란 이름은 등장하지 않는다. 예수 그리스도는 성자 하나님으로서 인류를 구원하시기 위한 사역과 직분에 관한 이름이다. 구약의 여호와는 히브리어로 야웨다. 히브리어 야웨는 4개의 자음으로 구성된 테트라(4라는 의미), 그라마톤 (Tetra grammaton)는, 4자음의 명칭이라고 한다. 히브리어 4자음은(יהוה 요드, 헤이, 바브, 헤이)다. 이러한 4자음에 히브리어 모음을 붙이면 야웨가 된다. 이러한 야웨 יהוה (예호와)는, 구원자란 의미며, 신약의 헬라어 예수 Ἰησοῦς (이에수스)는, 구원자와 같은 동의어다. 영어는 YHVH(스스로 존재하는 자) 또는 YHWH로 표기한다. 유대인들은 야웨라는 이름을 주님(主, Lord), 또는 하나님이란 의미로 아도나이(Adonai)로 발음한다. 이는 구약의 여호와 하나님께서 신약의 주님, 곧, 예수 그리스도이심을 증언하는 것이다(1권. 여호와 이름 참조). 1권에서는 야웨라는 원어해석이 빠진 까닭에 2권에서 보충한 것이다. 아버지 하나님은 영으로 계시지만 성자 하나님은 아버지의 뜻을 성취하시기 위하여 아버지의 독생자의 신분으로 인간의 몸을 입으시고 땅으로 내려오셨다(빌 2:6-8). 인간으로 오신 주님은 죄로 인하여 단절된 사이에 있는 우리를 아버지께 나아가는 중보자, 제사장이 되셨다. 성령 하나님은 성령, 양자의 영, 생명, 맑은 물, 불, 기름, 비둘기, 샘, 바람, 주의 손, 보증, 은사, 열매 등의 상징으로 기록되어 있다. 성령 하나님께 대하여 이렇게 다양한 상징으로 사용된 것은 성자 하나님께서 성부 하나님의 뜻을 성취하신 것을 우리에게 모두 완성되게 하시기 위하여 나타나는 이름들이다. 영으로 역사하시면서 예수 그리스도를 믿게 하시며, 주님께서 성취하신 많은 은혜의 보화들을 완성시키고 있다. 이를 위하여 주님께서 아버지 하나님께 받아 우리 마음에 성령을 부어주셨으며, 교회 안에 보내주셨다(요 14:16,16:7). 이것을 성령의 시대, 성령의 비밀이라 부른다(1권. 성령충만 참조). 이렇게 성경에서 사용되는 다양한 증언에서 삼위일체 하나님의 교리가 나오게 된 것이다.

3) 경륜

신약성경 에베소서에는 경륜이란 단어가 세 번 등장한다. 그 뜻의 비밀을 우리에게 알리신 그리스도 안에서 예정된 때가 찬 경륜(엡 1:9), 우리에게 주신 하나님의 은혜의 경륜(엡 3:2), 영원부터 만물을 창조하신 하나님 속에 감추어졌던 비밀의 경륜이다(엡 3:9). 그런데 그 뜻의 비밀을 우리에게 알리신 그리스도 안에서 예정된 때가 찬 경륜과, 우리에게 주신 하나님의 은혜의 경륜은 영원부터 만물을 창조하신 하나님 속에 감추어졌던 비밀의 경륜에 속한다. 영원부터 만물을 창조하신 하나님 속에 감추어졌던 비밀의 경륜이 그 뜻의 비밀이며, 그 뜻의 비밀이 삼위일체 하나님께서 창세이전에 천지창조와 인류구원에 대한 계획과 작정과 예정하심에 대한 때가 찬 경륜이다. 경륜 οἰκονομία(오이코노미아)는, 청지기로 일하다, 관리하다 등에서 유래한 계획, 관리, 통치경영, 행정, 감독, 섭리, 배열, 지도, 질서, 직무, 직책, 청지기, 업무, 시대 등의 의미며, 이러한 다양한 의미에서 계획과 관리와 통치경영과 행정과 섭리는 삼위일체 하나님 모두에게 적용될 수 있는 단어며, 감독과 지도는 성부 하나님께, 시대와 직무와 직책과 청지기와 업무는 성자 하나님과 성령 하나님께 적용될 수 있는 단어로 볼 수 있다. 왜냐하면 성부 하나님은 계획하시는 분이시며, 성자 하나님은 실행하시는 분이시며, 성령 하나님은 완성되게 하시는 분이시기 때문이다.

이러한 다양한 의미들을 하나의 문장으로 요약한 것이 하나님의 때가 찬 경륜이다. 때가 찬 경륜이란 삼위일체 하나님께서 천지만물을 창조하시기 이전의 시간에서 이미 천지만물의 창조와 인류구원에 대하여 협의하신 경영을 말한다. 하나님의 경륜에 대하여 바울은 때가 찬 경륜, 그 뜻의 비밀, 만세와 만대로부터 하나님께서 감추어두셨던 비밀이라 부른다(고전 2:7;골 1:26). 만세와 만대는 창조 이전의 시간을 말하며, 창조 이전의 시간에 이미 삼위일체 하나님은 천지만물의 창조와 인류구원에 대한 경륜을 모두 마치시고 창조하신 것을 말한다. 이것이 삼위일체 하나님의 본체로 가지신 전지전능하신 능력, 하늘에 속한 신령한 지혜와 지식이다. 삼위일체 하나님은 능력과 지혜와 지식으로 예정하시고 실행하신 것이 천지만물과 인류구원이다. 이는 이미 창세이전에 감추어져 있던 계획을 실행하신 것이다. 때문에 비밀이다. 그런데 그 비밀이 천지창조 때 모두 성취된 것이 아니라 천지만물시작과 인류구원의 성취의 과정과 완전한 완성의 과정이 숨겨져 있음을 말한다. 그 비밀이 창세기부터 요한계시록 안에 감추어져 있다. 이러한 삼위일체 하나님의 때가 찬 경륜에서, 경륜주의 신학으로 발전하여 미국에 달라스신학교까지 세워지게 되었다. 경륜주의 신학에 대한 찬반의 의견들이 있는 것으로 알고 있지만 오늘 우리는 경륜이란 원어적인 의미와 삼위일체 하나님과의 관계적인 차원의 해석으로 만족하기를 기대한다.

삼위일체 하나님의 경륜에 대하여 우리가 쉽게 이해할 수 있는 용어는 설계도다. 설계도는 삼위일체 하나님께서 천지만물과 인류구원에 대하여 창세전에 이미 먼저 그려놓으신 것을 말한다(히 11:10). 우리가 어떤 건물과 집을 건축하려면 반드시 먼저 설계도를 그린다. 그려놓은 설계도에 따라 건물과 집을 건축한다. 이와 같이 삼위일체 하나님께서도 천지만물의 창조와 인류구원에 대하여 창세이전에 미리 설계도를 완성하시고 실행하신 것이 창세기부터 요한계시록까지 기록된 천지창조부터 시작하여 인류구원에 대한 역사적인 사건들이다. 창세기에 기록된 천지창조는 삼위일체 하나님께서 아무런 계획도 없이 어느 날 갑자기 즉흥적으로 창조하신 것이 아니라 천지창조 이전에 이미 먼저 설계도를 그려놓으시고 실행하신 것을 말한다(고전 2:7). 설계도 안에는 천지만물과 인류구원에 대한 예정과 과정과 성취에 대한 섭리가 숨겨져 있다. 이것이 때가 찬 경륜이다. 삼위일체 하나님의 천지만물의 창조와 인류구원에 대한 예정, 계시, 과정, 성취, 완성에 대한 설계도에서, 성부 하나님은 천지만물과 인류구원에 대한 예정과 계획을 주도하시는 분이시며, 성자 하나님은 성부 하나님께서 예정하시고 계획하신 뜻을 그대로 성취하시는 분이시며, 성령 하나님은 성자 하나님께서 성취하신 사건을 시대에 맞게 완성되게 하시는 분이시다. 이것이 하나이신 하나님본체 안에 세 분의 실재를 가지신 각각의 독립적인 인격을 소유하신 것이며, 각각의 세 분의 인격체는 하나의 본체로부터 분리될 수 없으면서, 구별되어 각각의 인격적 관계를 가지면서 천지만물창조와 인류구원에 대하여 함께 협의와 의논과 작정과 역사를 섭리하심이다. 창세기에서 태초에 천지를 창조하신 하나님은 복수형으로 삼위일체를 말한다. 태초에 천지를 창조하셨다는 하나님의 선언 안에는 하나님의 경륜이 들어있는 것이다. 성부 하나님은 천지창조에 대하여 설계하신 것을 성자 하나님께서 설계하신 그대로 창조하셨다는 것과 성령 하나님은 창조된 천지를 완성되게 하셨다는 증언이다. 그런데 천지창조의 중심은 사람이다. 때문에 사람은 하나님의 형상대로 창조하신 것이다. 하나님의 형상대로 창조하신 인류구원에 대한 성부 하나님의 계획도 창세전에 이미 그 기쁘신 뜻대로 성자 하나님이신 그리스도 예수 안에서 하늘에 속한 모든 신령한 복을 주시기 위하여 예정하신 경륜이다. 그 예정하신 뜻대로 성자 하나님이신 예수 그리스도를 화목제물로 삼으시기 위하여 인간의 모양으로 보내주신 것이며, 예수 그리스도는 십자가에서 성부 하나님의 뜻을 성취하신 것이며, 성자 하나님께서 성취하신 것을 성령 하나님께서 때에 맞게 역사 안에서 완성되게 하시는 것이다. 이것이 천지창조와 인류구원을 위한 삼위일체 하나님의 때가 찬 경륜이며, 예수 그리스도 안에 감추어져 있는 비밀과 보화다.

2부

구약의 모세오경은 십계명과 율법을 기록한 성경이다.
율법은 십계명의 해석이다.
그런데 모든 구약성경에는 모세오경에 기록된
십계명과 율법에 대한 성경이다.

구약의 십계명

신구약 성경은 삼위일체 하나님의 경륜을 기록한 책이다. 영원 전부터 영원한 세계까지에 대한 삼위일체 하나님의 경륜의 때가 찬 경륜에 따라 천지창조와 인류구원에 대한 뜻과 성취와 완성을 위하여 기록한 책이 성경이다. 이처럼 삼위일체 하나님의 경륜에 대한 의미를 알고 성경을 보면 쉽게 열릴 수 있다. 마치 어려운 수학도 공식만 알면 쉽게 풀리는 것과 같은 경우다. 구약성경의 주체는 모세오경이다(창세기, 출애굽기, 레위기, 민수기, 신명기). 모세오경은 삼위일체 하나님의 인류구원에 대한 경륜에 따라 성자 하나님이신 여호와 하나님께서 아브라함을 선택하셔서 그의 후손들과 언약을 맺은 십계명과 율법을 기록한 성경이다. 율법(토라)은 십계명을 구체적으로 해석한 법률과 규례들이다. 역사서는 율법으로 언약을 맺은 이스라엘 백성들의 신앙 간증과 변증의 사건들을 기록한 성경이다. 여호수아부터 시작하여 에스더까지 약 천년동안 살았던 언약백성들의 사건들이다. 언약백성들이 율법에 순종하면 복을 받았으며, 율법에 불순종하면 징계와 심판을 받았다. 역사서가 시작되는 여호수아는 율법을 주야로 묵상하여 다 지켜 행하여 가나안을 정복하는 일에 승리한 내용이며(수 1:7-8), 사사기와 룻기는 정복한 가나안에서 350년 동안 언약백성들이 율법을 잊어버리고 자기

소견대로 살았기 때문에 심판을 받는 내용이다(삿 17:6,21:25). 사무엘상, 하는 사사시대에 열 두 사사 중에 마지막 사사로 등장한 사무엘을 통하여 사울과 다윗을 언약백성들의 왕으로 세워지는 왕정시대가 시작된 역사를 기록한 사건이다. 사울은 율법에 불순종하여 버림을 받지만 다윗은 율법에 순종하여 형통하게 되는 내용들이다(대상 10:14). 열왕기상, 하는 다윗왕국이후에 남과 북으로 분열된 왕들의 역사를 기록한 사건들이다. 남 유다는 다윗의 계보를 승계한 20대 왕들의 역사며, 북 이스라엘은 8개 왕조의 계보와 19대 왕들의 역사다. 남 유다는 율법에 순종한 다윗으로 인하여 왕조는 계승되었지만 솔로몬 이후에 대다수 왕들은 율법에 불순종하여 징계를 받은 내용이다. 북 이스라엘은 대다수의 왕들이 율법을 버렸기 때문에 심판을 받은 내용이다. 역대상, 하는 열왕기상, 하에 일어난 동일한 사건들을 기록한 사건들이다. 차이점이 있다면 율법에 순종한 다윗이 형통하게 되는 역사들과 그 후손인 남 유다 왕들의 역사만 기록된 점이다. 유다 왕들이 율법에 순종했을 때에 형통했던 일과 불순종했을 때에 징계를 받은 내용이다(대하 7:12-22). 북 이스라엘은 심판으로 역대기에는 제외되었다. 에스라, 느헤미야, 에스더는 남 유다민족이 바벨론 포로이후에 일어난 역사를 기록한 사건들이다. 율법에 불순종한 유다 백성들이 바벨론으로 포로로 끌려간 이후에 70년 만에 다시 회복되는 내용들이다. 그러므로 구약의 역사서는 십계명과 율법으로 맺은 언약으로 살았던 이스라엘 백성들의 역사적인 사건들이다. 그리고 시가서는 역사서 안에서 율법으로 살았던 이스라엘 백성들의 신앙 간증과 변증들을 기록한 내용이다. 욥기는 율법에 온전히 순종한 욥의 신앙에 대하여(욥 1:1), 시편은 역사서 안에 살았던 다윗과 솔로몬과 언약백성들이 드렸던 찬양과 기도들이다. 그들이 율법에 불순종했을 때에 징계를 받아 환난 중에서 부르짖고 회개하는 내용들과 용서받고 회복되면 찬양과 경배를 드리는 내용들이다. 잠언과 전도서와 아가서는 역사서 안에 살았던 솔로몬이 율법의 교훈과 삶의 지혜와 그 의미와 사랑을 기록한 내용들이다(왕상 4:32). 따라서 구약의 시가서도 역사서 안에서 일어난 사건들을 기록한 성경이다. 이사야부터 말라기까지의 선지서도 역사서 안에서 일어난 사건들이다. 역사서 안에 살았던 언약백성들이 율법에 불순종할 때에 그들에게 회개와 심판을 외치게 한 내용들이 선지서다. 율법에 불순종하면서도 선지자들이 외치는 회개를 거부함으로 나타난 결과로 북 이스라엘은 주전 722년에 앗수르에게 멸망하여 역사 앞에 사라지게 되었으며, 남 유다는 주전 586년에 바벨론 포로로 잡혀서 70년 동안 종살이 한 후에 다시 회복되었다. 남 유다는 여호와께서 율법에 충실한 다윗에게 약속한 언약을 기억하셔서 보존해주신 것이다(삼하 7장). 현재 사용되고 있는 유대인이란 이름은 바벨론 포로생활에서 이방인들이 불렀던 이름이다. 이것이 모세오경의 주제인 십계명과 율법에 관한 구약성경전체의 내용들이다. 이러한 핵심을 알고 구약성경을 읽고 들으면 이해하는 일에 많은 도움이 된다.

1. 십계명

기독교는 3대 보배가 있다. 사도신경과 십계명과 주기도문이다. 사도신경은 믿음의 대상에 대한 신앙고백이며, 십계명은 신앙을 고백한 자들이 살아야 되는 헌법이며, 주기도문은 신앙을 고백한 자들이 어떻게 기도를 해야 하는가에 대한 교훈이다. 사도신경에서 고백한 믿음의 대상이 삼위일체 하나님께 대한 신앙고백이며, 신앙을 고백한 자들에게 영원한 생명의 양식과 의로 교육하기에 유익하게 하기 위하여 주신 것이 십계명이며, 주기도문은 신앙을 고백한 자들이 삼위일체 하나님과 화목하며 교제하기 위한 통로다. 이러한 세 가지 보배 중에서도 십계명은 최고의 금자탑이라 부른다. 이는 사도신경과 주기도문은 십계명에 속하여 있기 때문이다. 십계명 안에 신앙고백과 기도의 내용이 모두 들이있기 때문이다. 그러므로 모든 신구약 성경은 십계명에 관하여 기록하고 있다는 것이다. 모든 성경은 십계명을 해석한 말씀들이다. 십계명을 해석할 때 사용되는 내용들이 율법과 법률과 규례들이다. 율법은 십계명과 동의어이며, 말씀과 동의어다. 율법은 십계명을 해석한 말씀이다. 그러므로 이제부터 구약에서 십계명이 어떻게 기록되어있으며, 십계명이 무엇을 말씀하고 있는지, 그 말씀의 내용이 어떤 의미가 있는지, 십계명이 어떻게 율법으로 해석되고 있는지, 십계명과 율법이 누구에게, 또는 어떻게 생명의 양식과 의로 교육하기에 유익하게 하는지 등에 대하여 상고하면서 다음 단락에서 신약의 믿음의 법과 성령의 법과 연속적인 관계까지 나가면서 신구약 성경에서 십계명과 율법의 성취와 완성을 찾아보고자 한다. 이미 예수 그리스도의 비밀 1권에서 신구약 성경은 십계명과 율법의 해석을 기록한 책이라고 간간히 밝힌바가 있지만 본서에서는 더 구체적이며 확대된 내용들이다. 십계명과 율법은 크게 두 가지로 나누어진다. 전편은 하나님께 대한 것이며, 후편은 이웃에 대한 것이다. 하나님께 대한 계명은 1-4계명과 그 계명을 실천하는 신앙적인 제사법에 대한 율법들이며, 이웃에 대한 계명은 5-10계명으로 생활에 대한 도덕과 윤리에 대하여 실천하는 법률(형법, 세법, 혼인법)과 생활법(식물)에 대한 율법들이다. 이것이 신구약 모든 성경의 강령이다(마 22:37-40).

1) 일 계명

성경의 문장구조는 항상 첫 단어가 매우중요하다. 마치 아무리 좋은 옷이라도 첫 단추를 바르게 끼워야 옷 모양이 제 멋이 나는 것과 같은 경우다. 신구약 성경이 십계명과 율법을 기록한 책이라면, 일 계명은 십계명 전체의 첫 단추며, 핵심기둥이다. 그러므로 십계명도 첫째 계명에 대한 이해를 잘 하게 되면 나머지 아홉 계명들은 이해하기 쉬워진다. 사실은 일 계명만 잘 이해하면 신구약 성경전체가 눈에 들어온다. 일 계명은 십계명의 핵심기둥이며, 십계명은 모든 성경의 첫 단추이기 때문이다. 이는 주님의 증언이시다. 주님은 십계명의 제 일 계명을 모든 성경의 첫 번째 강령이라고 하셨다(마 23:27-38). 그러므로 일 계명은 아무리 강조해도 지나침이나 부족함이 없는 계명이다. 일 계명은 너는 나 외에 다른 신들을 두지 말라 이다(출 20:3). 나 외에 עַל פָּנָיַ (파님)는, 명사, 남성, 복수며, 나를 넘어서, 내 곁에, 내 앞에, 나보다 더 라는 의미다. 이는 여호와 하나님을 뛰어 넘어서, 그분보다 더, 그리고 내 곁에서, 내 앞에서 다른 신들을 두지 말라는 의미다. 나 외에 다른 신을 두지 말라는 의미는 하나님자신의 권리를 다른 신들에게 양도하지 않겠다는 정당한 권리를 주장하는 것과 또한 다른 신들이 자신과 동등한 위치에 있게 되는 것을 용납하지 않겠다는 의미다. 왜냐하면 여호와 하나님 외에 다른 신들은 세상에 존재하지 않기 때문이며, 그분만이 창조자이시며, 공의를 행하며 구원을 베푸시는 자이시며, 만물의 통치자이시며, 치료자이시며, 영광을 받으시기에 합당하신 분이시며, 하나님 외에는 참 신이 없고 후에도 없는 유일하신 분이시기 때문이다. 또한 언약백성들을 애굽에서 구해주신 구원자이시기 때문이다(신 32:39;삼하 7:22;사 43:10-11,44:24,45:21-22 ,48:11). 지금까지 언약백성들은 애굽에서 다른 신들을 섬기는 죄의 종노릇하고 살았었다. 그런데 여호와 하나님께서 그곳에서 그들을 구원하셔서 지상의 만민 중에서 구별하여 하나님의 성민이 되게 하셨다(출 20:2;신 7:6,14:2). 그리므로 이제부터는 다른 신들을 두지 말고 나만 섬기라는 명령이다. 여호와 하나님 외에 다른 신들을 섬기면 가증한 것이 된다. 다른 신은 마치 여자가 간음한 남자를 자기 남편 앞에 데려다 놓고 사는 경우와 같은 꼴이 된다. 다른 신들이란 본래부터 존재하지 않지만 사탄이 세상을 통치하기 위하여 여러 가지 다른 신들로 나타나는 것뿐이다(엡 2:2). 그 대표적인 신이 구약에 많이 등장하는 바알과 아세라다. 두지 말라 הָיָה (하야)는, 칼 미완료, 3인, 남성, 단수며, 있다, 존재하다, 섬기다, ~을 위하여 존재하다, 전념하다, ~되다, ~을 행하다, ~이 이루어지다, 속하다, 만나다, 따르다, 두다, 속다, 더하다, 장막을 치다 등의 의미며, 칼 미완료 단수는 스스로 언제나 어디서나 항상 나 외에 다른 신들을 존재하게 하여 섬기거나 거기에 전념하거나 그 신들을 섬기는 것들을 행하며, 무엇을 이루기 위하여 다른 신에게 속하거나 만나거나 따르거나 두거나 그런 것에 장막을 치는 것들을 하지 말라는 의미다. 이는 과거를 깨끗하게 청산하라는 명령이다. 애굽과 가나안 주민들은 사탄이 만든 바알과 아세라를 비와 풍요의 신으로 섬겼다. 하나님 외에 다른 신들은 바알과 아세라다. 농경시대에서 바알과 아세라는 애굽이나 가나안 주민들이 한없는 물질의 풍요로움을 추구하면서, 기득권의 중심으로 구성된 계급사회의 행운을 위하여 섬기고 있었다. 바알에게 많은 제물과 심지어 자녀들까지 불로 태워 제사를 지냈고, 그를 섬기게 하는 점쟁이와 무당과 진언자와 신접자 박수와 초혼자까지 득실거렸다(신 18:10-11). 때문에 이제부터는 애굽과 가나안이 섬기는 다른 신들을 섬기거나 따르지 말라는 절대적인 명령이다.

나 외에 다른 신을 두지 말라는 명령은 역으로 말하면 여호와 하나님만 섬기라는 의미다. 애굽에서 종살이하던 그들을 구원해주신 것은 자기만 섬기게 하기위한 목적이라는 말씀이다. "나의 성도들을 내 앞에 모으라 그들은 제사로 나와 언약한 이들이니라"(시 50:5). 본문에서 우리는 여호와 하나님께서 인류를 창조하시고 아브라함을 선택하여 부르시고 그의 후손인 이스라엘을 애굽의 종살이에서 구원해주신 목적을 알 수 있으며, 또한 삼위일체 하나님의 인류구원에 대한 비밀의 경륜도 알 수 있다. 그 비밀은 성도들을 선택하여 부르신 것은 하나님을 섬기게 하는 언약백성들이 되게 하시기 위한 목적이라는 것이다. 나와 언약 בְּרִית (베리트)는, 언약, 계약, 조약, 협정, 법령, 서약, 동맹이란 의미며, 그들은 제사로 나와 언약한 백성이며, 그들은 제사로 나와 계약한 백성이며, 그들은 제사로 나와 조약으로 맺은 백성이며, 그들은 제사로 나와 협정한 백성이며, 그들은 제사로 나와 법령을 제정한 백성이며, 그들은 제사로 나와 조약한 백성이며, 그들은 제사로 나와 동맹을 맺은 백성이라는 의미다. 이러한 언약과 계약과 조약과 협정과 법령과 서약과 동맹으로 제사 드리는 백성을 삼기 위하여 아브라함과 그의 후손인 이스라엘을 선택하신 것이다. 때문에 여호와 하나님과 맺은 언약을 지키는 것은 다른 신들을 두지 말고, 오직 여호와 하나님만 섬기라는 명령이다. 이것이 언약백성들에게 명하신 영원한 영생의 말씀이며, 의로 교육하기에 유익한 계명이며, 신구약 성경전체의 핵심기둥이다. 따라서 성도들은 제사로 나와 언약한 백성들이기 때문에 그들을 내 앞에 모으라는 것이다. 제사는 하나님을 섬기는 예배를 말하며, 예배는 모여서 드려야 되기 때문이다. 모으라 אָסַף (아사프)는, 칼 명령, 남성, 복수며, 불러 모으다, 받아드리다, 빼앗다, 영접하다, 옮기다, 거두다, 돌아오다, 함께하다, 보호받다, 씻다, 없애다 등의 의미며, 칼 명령 복수는 성도들은 여호와께 제사 드리는 자로 언약한 자들이기 때문에 내 앞에 불러 모우고 받아드리고 영접하여 함께 보호하여 죄와 허물은 씻어 없애라는 절대적인 명령이다. 모으라는 원어적인 의미는 단순하게 하나님께 예배를 드리기 위하여 참여하라는 것만이 아니라 참여한 그들에게 하나님의 사랑으로 영접하여 죄와 허물을 깨끗하게 씻어주는 것도 함축하고 있다. 구약의 언약백성들은 성전제사를 통해서만 죄와 허물을 깨끗하게 씻음 받게 되었으며, 제사로 거룩한 백성으로 인정함을 받는 언약이었다. 그들은 다른 신들을 섬기던 애굽에서 큰 능력과 편 팔로 인도하여 홍해에서 깨끗하게 씻어 여호와만 경외하며 경배하게 하기위하여 언약한 백성들이다(왕하 17:36;고전 10:1-2). 홍해바다에서 세례를 받음으로 애굽에서 지은 모든 죄는 씻음을 받았지만, 가나안에서 정착하여 생활하는 가운데서 범함 죄는 제사 때마다 씻음을 받아야 되는 것을 말한다. 이것이 여호와께 제사하는 것이 다른 신들을 섬기지 않는 것이며, 나만 섬기도록 언약을 맺기 위하여 애굽에서 구출하신 것을 말한다(출 3:18,4:23). 그러므로 나 외에 다른 신들은 두지 말라고 명령하신 것이다.

십계명을 지키도록 구체적으로 해석한 것이 율법과 법도와 규례다.

십계명에 대한 율법과 법도와 규례는 출 20장 이후부터 레위기 민수기 신명기에 자세하게 기록되어 있다. 일 계명에 대한 율법에는 크게 두 가지다. 하나는 나만 섬기는 일에 요구되는 여러 가지 법도와 규례들이며, 다른 하나는 다른 신들을 버리는 것과 그 신들을 섬기는 것들에게 미혹을 받지 않는 것들에 대한 규례들이다. 나만 섬기도록 주신 율법은 제사법과 절기들과 헌물과 제물들, 그리고 성막과 도구들과 제사를 섬기도록 택한 제사장과 성막을 봉사하는 레위인들에 관한 규례들이다(출 23:14-25:1-31:18,35:1-40:1-33;레 1:1-10:1-20). 여호와를 섬기는 율법과 법도는 매우 중요하기 때문에 세상에 사는 날 동안에 스스로 언제나 어디서나 여호와를 경외하는 법도를 배우라고 하셨고, 또한 자녀들과 또한 함께 사는 나그네에게까지 부지런히 가르치고, 그리고 자녀들은 부모로부터 배운 것을 평생에 곁에 두고 지켜 행하라고 명령하셨다(신 4:10,5:1,6:5-9,13;12,17:19). 이는 영원한 영생에 관한 율법이며, 의로 교육하기에 합당한 율례들이며, 복과 저주가 언약되어 있는 규례들이기 때문이다. 지켜 행하면 복을 받고 행하지 않으면 저주를 받는 언약이다(신 11:26). 배우며 לָמַד (라마드)는, 와우 계속법-칼 완료, 2인, 남성, 복수며, 응징하다, 매질하여 벌하다, 훈련하다, 배우다, 숙달되다, 본받다, 가르치다, 명령하다, 길들이다 등의 의미며, 와우 계속법-칼 완료 복수는 하나님을 섬기는 여러 가지 율법과 법도와 규례들에 대하여 언제나 어디서나 항상 스스로 자녀들을 응징과 매질도 하면서 부지런히 배우고 훈련으로 숙달되게 하라는 의미다. 자녀들이 부모로부터 하나님만 섬기라는 율법에 대한 훈련과 숙달로 배운 것이 몸에 습관이 되게 하라는 의미다. 하나님을 섬기는 일에 익숙하게 되는 것을 말한다. 지켜 שָׁמַר (샤마르)는, 와우 계속법-칼 완료, 2인, 남성, 복수, 지키다, 관찰하다, 비축하다, 보관하다, 주목하다, 경배하다, 인정하다, 감시하다, 충만하다, 보호하다, 시무하다 등의 의미며, 와우 계속법-칼 완료 복수는 하나님을 섬기는 법도와 규례들에 대하여 배우고 익숙하게 된 것을 언제나 어디서나 항상 스스로 잃어지지 않도록 감시하며 보호하고 충분하게 지키라는 의미며, 행하라 עָשָׂה (아사)는, 칼 부정사, 연계형이며, 미완료형으로 노동하다, 일을 하다, 만들다, 생산하다, 완수하다, 준행하다, 준비하다, 이루다, 마치다, 기억하다, 순종하다, 성취하다, 사역, 일꾼, 사무 등의 의미며, 이는 하나님을 섬기는 법도와 규례들을 지키는 일에 항상 순종하여 성취되게 하는 것을 말한다. 그렇지 않으면 자녀들이 복을 받지 못하고 저주아래 살기 때문이다(말 1-2장). 하나님을 섬기는 일에 대한 법도와 규례는 크게 두 가지의 교훈이 있다. 하나는 하나님을 섬기는 것에 대한 법도와 규례들이며, 다른 하나는 하나님을 섬길 때에 하나님께서 제정하신 것이 아닌 것에 대하여 금하신 법도와 규례들이다. 제사장 아론의 아들 나답과 아비후는 하나님께서 제정하신 법도와 율례에 따라 섬기지 않고 다른 불을 사용하여 섬기다가 심판을 받아 불에 삼킨바가 되어 죽었으며, 레위인 외에 법궤에 손을 만지다가 웃사도 죽임을 당했다(레 10:1-2;삼하 6:7). 때문에 자녀들이 하나님을 섬기는 법도와 율례에 대한 지식으로 몸에 익숙하게 하여 지켜 행하라는 것이다. 그리고 다른 신들을 금하는 법도와 규례들은 높은 산과 작은 산과 푸른 나무아래서 다른 신들을 섬겼던 제단과 주상과 신상들은 헐고 찍고 깨뜨리고 불살라 파멸하는 것으로 시작하며, 다른 신들의 이름도 부르지도 말 것이며, 네 입에서 들리게도 하지 말 것이며, 다른 신들을 섬기고 살았던 가나안의 일곱 족속들을 불쌍히 여기지 말고 모두 진멸하고 그들과 어떤 언약도 혼인도하지 말 것이며, 이웃동네 주민들이 다른 신들을 섬기면 그 주민들과 가축까지 칼날로 진멸하고 탈취물은 불살라 없애고 그 성읍은 영구히 폐허가 되게 할 것이며, 또한 그들에게 미혹을 받은 형제와 아내와 친구가 다른 신들을 섬기자고 하면 듣지도 말며, 긍휼히 여기거나 애석하게 생각하지도 말고 덮어서 숨기지도 말고 용서 없이 죽여야 할 것이며, 거짓 선지자나 꿈꾸는 자가 이적과 기사를 보이면서 다른 신들을 섬기자고 하거나, 미혹하면 반드시 그들을 죽여서 너희 안에 악한 모양까지 없애야 할 것이며, 접신한 자와 박수무당을 음란하게 따르는 자는 백성 중에서 끊어지게 하는 것들이다(출 23:23;레 20:6;신 7:1-5,12:1-2,13:1-17). 자식을 몰렉에게 바치면 반드시 돌로 쳐서죽일 것이며, 만일에 못 본 체하고 죽이지 아니하면 그 사람과 권속과 그를 본받은 모든 사람에게 여호와 하나님께서 진노하사 백성 중에서 끊어지게 하게 하실 것이라고 하셨다(레 20:2-5). 이러한 내용들이나 외에 다른 신을 두지 말라는 일 계명에 대한 율법과 율례와 규례들이다. 일 계명은 언약백성들이 과거에 살았던 애굽에서 탈출하여 앞으로 들어갈 가나안에 가기 전에 시내산에 주신 역사적인 배경이다. 약속의 땅 가나안에 들어가면 오직 나만 섬기라는 명령이다. 이것이 십계명의 핵심기둥이며, 신구약 성경전체의 첫 단추 역할을 하는 일 계명에 대한 명령이다.

2) 이 계명

이 계명은 우리를 위하여 새긴 우상을 만들지 말라 이다. 이 계명은 하나님과 관계되는 일 계명과 연속적인 계명으로 우상을 섬기는 것을 금하는 명령이다. 이는 어떤 형상의 우상을 만들어 놓고 섬기지 말라는 것이다. "너를 위하여 새긴 우상을 만들지 말고 또 위로 하늘에 있는 것이나 아래로 땅에 있는 것이나 땅 아래 물속에 있는 것의 어떤 형상도 만들지 말며 그것들에게 절하지 말며 그것들을 섬기지 말라"(출 20:4-5). 우상숭배는 애굽과 가나안 족속들이 어떤 형상을 만들어 놓고 그곳에서 절하고 섬기는 것을 따르는 것과, 또한 여호와를 섬길 때, 형상과 모양을 만들어 놓고 섬기는 것을 말한다. 형상과 모양은 남자와 여자의 형상과 짐승과 새와 곤충과 물속에 있는 어족의 형상을 새겨서 만드는 것을 말하며, 그렇게 만든 것에 절을 하는 것과 하늘에 있는 해와 달과 별들에게 경배하는 것이 우상숭배다(신 4:16-19). 새긴 우상 פֶּסֶל (페셀)은, 명사, 남성, 단수며, 새기다, 파내다, 조각하다, 다듬다 등에서 유래한 우상, 신상, 목상 등의 의미며, 또는 부어서 만든 것들이다(신 34:17). 나무나 돌이나 어떤 쇠붙이에 새겨서 파내고 조각하고 다듬어서 어떤 형상을 만든 것이 우상이며 신상이며 목상이다. 부어서 מַסֵּכָה (맛세카)는, 붓다, 주조하다, 세우다 등에서 유래한 주조, 주물, 주형, 금속으로 부어 만든 우상 등의 의미며, 이는 부어서 주조한 주물과 주형과 금속으로 어떤 형상을 만들어 섬기는 것을 말하며, 절하지 말며 שָׁחָה (샤하)는, 히드팔렐, 미완료, 2인, 남성, 단수며, 굽히다, 가라앉다, 엎드리다, 경의를 표하다, 복종하다 등의 의미며, 히트팔렐 미완료 단수는 언제나 어디서나 항상 스스로 어떤 형상을 새기고 파내고 조각하고 다듬은 것과 부어서 만들어 놓고 거기다가 허리를 굽혀서 절하거나 가라앉아서, 또는 엎드려서 경의를 표하고 복종하지 말라는 의미며, 섬기지 말며 עָבַד (아바드)는, 호팔, 미완료, 3인, 남성, 복수며, 노동하다, 일하다, 봉사하다, 복종하다, 섬기다, 경배하다, 시키다, 지키다, 처리하다, 다스리다, 시무하다, 복무하다, 경작하다 등의 의미며, 호팔 미완료는 언제나 어디서나 항상 어떤 형상으로 만든 것들을 섬기거나 또는 그것들을 섬기도록 시키거나 그 형상을 지키거나 그런 일을 처리하거나 다스리거나 시무하거나 복무하거나 경작하지 하지 말라는 명령이다. 좁은 의미로는 우상숭배를 금지하는 것이며, 넓은 의미로는 우상숭배에 관계되는 모든 것들에 참여하는 것까지를 말한다. 이를테면 우상숭배에 필요한 자료를 공급해주거나 또는 음식을 만드는데 참여하거나, 또는 음식을 같이 먹는 것도 금지한다(민 25:1-2). 우상을 섬길 때 그 앞에 제물과 음식을 차려놓기 때문이다. 때문에 우상숭배를 위하여 필요한 여러 가지 일에 참여하는 것과 그런 일들을 지켜주는 것과 그런 일들을 만드는 것과 그 앞에 차려두었던 제물과 음식도 먹는 것까지도 우상을 섬기는 것이다(신 34:15). 우상을 섬기는 자들은 다른 사람들을 청하여 그 음식을 같이 먹는 관습을 가지고 있기 때문이다.

이 계명에 대한 율법과 규례들은 형상으로 만든 우상들은 생기도 없고 말도 못하는 헛것이며, 헛된 규례들임으로 그것들이 어떤 화를 주거나 복을 주지 못하기 때문에 조금도 두려워하지 말고 없애버리고 멸절시키는 것들이다(신 12:29-30,13:10-18;레 19:4;렘 10:3-5;합 2:18). 어떤 형상을 없애고 멸절시킬 때에 은과 금으로 입혔던 것도 탐내거나 취하지 말라는 것이며, 그런 가증한 것을 집에 들이지도 말라는 것이며, 그것들을 멀리하며 심히 미워하라는 것이다. 여호와께서도 그것들을 미워하셨기 때문에 그런 것을 섬겼던 그들을 진멸하셨으니 너희도 그들과 같이 진멸 당하지 않도록 그것들을 미워하라는 것이다(신 7:25-26,16:22). 심히 미워하라 תָּעַב (타아브)는, 피엘, 미완료, 3인, 남성, 단수며, 몹시 싫어하다, 혐오하다, 지긋지긋하다, 가증하다, 미워하다 등의 의미며, 피엘 미완료 단수는 형상으로 만든 우상들과 그 우상에게 입혔던 금과 은과 가증한 것들은 언제나 어디서나 항상 강력한 의지로 몹시 싫어하며 혐오하고 지긋지긋하게 생각하며 미워하라는 의미다. 만일에 우상을 만들어 놓고 그를 섬기면 길이 살지 못하고 망하여 전멸될 것이기 때문이다. 여호와는 소멸하는 불이시며, 질투하시는 분이시기 때문에 우상을 섬기는 아버지로부터 아들의 삼시 대까지 죄를 갚으신다고 하셨다(출 20:5-6;신 4:24). 질투하사 קַנָּא (칸나)는, 절대적인 강조형으로 노엽게 하다, 분을 품다 등에서 유래한 질투하는, 시기하는 등의 의미며, 이는 가장 사랑하는 자를 다른 사람에게 빼앗겼을 때, 또는 그가 버리고 도망갔을 때, 가지는 여호와 하나님의 열정을 말한다(출 34:14;신 4:24,5:6,6:15;수 24:19). 구약은 하나님과 이스라엘 백성들의 관계는 사랑하는 부부사이로 상징되었다(사 54:5-6;렘 2:2,3:1;겔 16:8;호 2:7,16,20). 그러므로 하나님의 질투는 언약백성들을 가장 사랑하고 있다는 것을 전제하는 단어다. 만일에 가장 사랑받고 있는 그들이 다른 신들과 우상숭배를 하게 되면 아버지로부터 아들의 삼사대까지 죄를 갚으신다는 약속이다. 죄를 갚되 פָּקַד (파카드)는, 칼 분사, 남성, 단수며, 미완료형으로 ~로 가다, 돌보도록 시키다, 위임하다, 닥치다, 습격하다, 보응하다, 벌을 주다, 권징하다, 심판하다, 해치다 등의 의미며, 칼 분사 단수는 여러 가지 방법으로 다른 신들을 섬기는 우상숭배의 죄는 아버지와 아들의 삼사대까지 여호와께서 찾아가셔서 형벌로 보응하시는 벌을 내리시며 권징하시며 심판하시며 해치신다는 의미다. 실제적인 형벌은 사탄에게 위임하여 그가 실행하는 것을 의미하며, 형벌들은 신 28:15-68까지의 내용들이다. 이는 절대적으로 다른 신들을 섬기는 우상숭배는 하지 말라는 강력한 경고다. 그런데 삼사대까지 이르는 육적인 심판은 가족공동체에 관한 것이며, 영적인 구원에 관한 심판은 개인적인 것으로 볼 수 있다(렘 31:29-30;겔 18:19-20). 그런데 아론은 속히 떠나 새긴 금송아지 형상을 만들어 섬기다가 여호와께서 그들을 진멸하려고 하실 때, 모세가 시내산에서 사십주야로 금식하면서 중보하는 기도로 인하여 맹렬한 진노를 그치시게 하시고, 진멸에서 뜻을 돌이키시게 하셨다(신 9:18-19). 그러나 모세를 통하여 삼천 명 가량이 죽임을 당하는 심판은 받았다(출 32:1-28). 하지만 여호와를 사랑하고 계명을 지키면 천 대까지 은혜를 베푸신다(출 20:6). 여호와를 사랑하는 자는 우상을 미워한다. 우상숭배는 사랑문제다. 여호와를 사랑하면 우상을 멀리하게 되고 우상을 사랑하면 여호와를 멀리한다. 때문에 마음과 뜻과 힘을 다하여 여호와 하나님을 사랑하라고 명령하신 것이다(신 6:5). 다하여 כֹּל (콜)은, 완전하게 하다 등에서 유래한, 모두, 전체, 완전함을 의미한다. 이는 우리의 마음과 뜻과 힘 전체를 완전하게 다 드려서 여호와 하나님만 존중하게 공경하고 좋아하고 사랑하라는 명령이다. 그렇게 하면 우상은 자연히 버리게 되고 천 대까지 은혜를 받게 된다. 이것이 일 계명과 함께 신구약 성경전체의 핵심교훈이다. 베푸시느니라 עָשָׂה (아사)는, 칼 분사, 남성, 단수며, 미완료형으로 동사 노동하다, 어떤 일을 하다, 만들다, 생산하다, 실행하다, 차려놓다, 베풀다, 후대하다, 따르다, 보내다, 성취하다 등에서 유래한 능력, 사역자, 역사, 일꾼 등의 의미며, 칼 분사 단수는 여호와를 사랑하는 자에게 천 대까지 언제나 어느 시대나 항상 여러 가지 많은 은혜를 만드시고 생산하시며 실행하시며 차려놓으시고 베푸시고 후대하시며 따르게 하시며 성취하게 하시며, 또는 능력과 역사로 사역자와 일꾼으로 사용하시겠다는 의미다. 천대까지 여러 가지 베푸시는 은혜들이 신 28:1-14까지의 내용들이다. 그 은혜로 모든 민족 위에 뛰어나게 하셔서 찬송과 명예와 영광스러운 하나님의 거룩한 백성으로 삼으신다(신 26:19,28:9). 이는 거룩한 언약백성으로 부르심을 받았지만 십계명을 지킬 때, 마침내 거룩한 백성이 되게 하신다는 약속이다(출 19:5-6). 이 약속은 개인과 공동체 모두에게 적용되는 언약이며, 이 언약은 모세이후에 삼천오백년의 역사를 가지고 있는 이스라엘 백성들에게 그대로 나타나고 있다. 이것이 하나님께 대한 일 계명과 연속성을 가지고 있는 이 계명에 대한 명령이다.

3) 삼 계명

삼 계명도 하나님께 대한 계명으로 언약백성들이 하나님을 섬길 때, 하나님의 이름을 망령되게 함부로 부르지 말라는 명령이다. 이름은 인격과 동격으로 하나님의 이름은 하나님자신이다. 여호와 하나님은 만물의 창조자이시며, 만물의 통치자이시며, 모든 만민에게 구원을 베푸시는 자이시며, 모든 창조세계에서 영광을 받으시기에 합당하신 분이신 인격을 가지신 분이시다. 때문에 이름을 망령되게 함부로 사용하거나 부르지 말라는 명령이다. "너는 네 하나님 여호와의 이름을 망령되게 부르지 말라 여호와는 그의 이름을 망령되게 부르는 자를 죄 없다 하지 아니하리라"(출 20:7). 망령 שָׁוְא (샤우)는, 파괴, 폐허, 멸망, 황폐 능에서 유래한 거짓, 거짓말, 넘빔, 공허, 허무, 무익한, 헛된 것, 허망한, 미혹하는 등의 의미며, 이는 하나님의 이름을 아무런 가치 없이 마음대로 거짓되게 부르고, 이용하고 훼방하여 파괴하는 행위를 말한다.

그분은 우리를 거룩하게 하시는 분이심으로 그의 이름이 욕되지 않게 해야 하며, 그의 성호는 거룩함을 받으셔야 한다(레 22:32). 고대 애굽에서는 자신들이 믿는 신의 이름을 남용하는 자를 사형에 처했다고 하며, 미국에는 하나님의 이름을 망령되게 부르는 자를 정죄하는 죄가 있으며, 이스라엘은 여호와 하나님이란 말이 나오면 망령되게 부르지 않기 위하여 주(Lord), 하나님으로 읽으며, 여호와의 이름은 대제사장만이 1년에 한번만 속죄일에 지성소에서 부를 수 있었다고 한다. 이처럼 하나님의 이름을 헛되게 부르는 자는 죄가 없는 자로 인정하지 않는다고 하셨다(신 5:11). 죄가 없다고 하지 않는다는 말씀은 죄로 인정하겠다는 의미다.

삼 계명에 대한 율법과 규례는 여호와의 이름으로 맹세하는 것과 또는 여호와의 이름을 훼방하는 것들이 있다. 맹세는 우리가 하는 말이 진실하다는 것을 확증하기 위하여 하나님의 이름을 증인으로 삼는 것을 말한다. 여호와의 이름을 증인으로 삼아서 나의 신앙을 증언할 때 여호와의 이름을 훼방하거나 거짓된 맹세를 하는 경우에는 그것이 여호와의 이름을 망령되게 하는 것이 된다는 것이다. 이렇게 여호와의 이름을 훼방하는 경우에는 외국인이든지 본토인이든지 온 회중이 돌로 쳐서 죽이라고 명하셨다. 그는 여호와의 말씀을 멸시하고 명령을 파괴한 죄악이 자기에게로 돌아가서 온전히 끊어지게 하는 율법이다(레 24:11-16;민 15:30-31). 이것이 여호와의 이름을 망령되게 부르는 자에게 죄로 인정하는 것이다. 또한 하나님의 이름을 망령되게 하는 율법과 규례에는 하나님의 이름으로 거짓으로 맹세하지 말라는 것이며, 하나님을 시험하지 말라는 것이며, 하나님의 이름으로 서원하고 갚지 않고 파괴하지 말라는 것 등이다(민 30:2;신 6:16,23:21-23;렘 19:12). 그런데 단 지파 슬로밋의 아들이 여호와의 이름을 모독하며 저주하므로 진영 밖에서 돌에 맞아 죽었으며, 시므리는 여호와를 두고 한 맹세를 지키지 않았음으로 솔로몬에게 죽임을 당했다(레 24:11-14;왕상 2:41-46). 그리고 여호와의 이름으로 서약하는 것도 맹세하는 것과 동일한 것으로 보아야 한다. 때문에 서약하고 갚지 않는 것이 죄가 되며, 입으로 서원한 예물은 여호와께서 반드시 요구하심으로 갚기를 미루지 말아야 하며, 함부로 서원하지 말라고 한다(전 5:4-5). 몸을 구별하여 드리려고 서원한 나실인은 포도주와 독주, 독주로 된 초, 포도즙 생포도 건포도 먹지 말아야 하며, 삭도를 머리에 대지 말아야 하며, 시체를 가까이 하지 말아야 한다(민 6장). 만일 함부로 말하여 맹세한 것에 대한 허물이 있으면 잘못하였노라 자복하고 속죄를 드려야 한다(레 5:4-6). 그리고 딸이 아버지 집에 있을 때에 여호와께 서원한 것과 결심한 일이 있으면 그 아버지가 듣고 아무런 말이 없으면 지킬 것이며, 만일 아버지가 허락하지 않으면 지키지 않아도 여호와께 용서를 받는다. 또한 여자가 서원한 것과 결심한 일이 있으면 남편이 그것을 듣고 아무 말이 없고 금하지 아니하면 이행할 것이며, 남편이 듣는 날에 허락하지 아니하면 여호와께서 그 여자를 용서하신다. 그런데 남편이 여러 날이 지난 후에 금하면 그가 아내의 죄를 담당해야 하며, 과부나 이혼 당한 여자의 서원한 것과 결심한 서약은 지켜야 한다(민 30:1-6). 이것이 하나님께 대한 계명으로 하나님의 이름을 망령되게 부르지 말라는 삼 계명의 율법과 규례들이다.

4) 사 계명

사 계명도 하나님께 대한 계명으로 안식일을 기억하여 거룩하게 지키라는 날에 관한 명령이다. 그런데 날을 지키는 안식일은 많은 절기들 중에 유일하게 십계명에서 명령하는 계명이다. 이는 사람의 안식일이 아니라 여호와의 안식일이기 때문이다. 안식일은 언약백성들이 일곱째 날에 지켜야 되는 날이지만 그날은 여호와의 안식일로 지키라는 것이다."안식일을 기억하여 거룩하게 지키라-일곱째 날은 네 하나님 여호와의 안식일인즉"(출 20:8,10). 여호와 안식일 שַׁבָּת (샵바트)는, 그치다, 끝내다, 쉬다 등의 의미며, 이는 여호와 하나님께서 여섯동안에 천지와 만물의 창조를 끝내시고 안식하셨다는 의미며, 안식하시면서 그날을 복되게 하사 거룩하게 하신 날이기 때문에 여호와의 안식일이라는 것이다. 그런데 여호와의 안식일이란 두 가지 의미가 있다. 하나는 안식일은 여호와께 속한 날이라는 의미며, 다른 하나는 안식일은 여호와께서 창조하신 날이라는 의미다. 여호와께 속한 날이기 때문에 안식일은 그분에게 돌려드려야 하며, 안식일의 창조는 무에서 유를 창조하신 것을 말한다. 이는 창조이전에는 안식일이 존재하지 않았다는 것을 말한다. 모든 천지창조도 무에서 유를 창조하신 사건이지만, 안식일은 다른 피조물과 다르게 거룩하고 복된 날로 구별하기 위하여 창조하셨다는 것이다. 이것이 여호와의 안식일이다. 때문에 하나님께 선택받은 언약백성들은 안식일을 지키면서 거룩하고 복된 날에 참여자가 되게 하신 것이다. 이처럼 거룩하고 복된 안식일 안에는 문자적인 의미와 영적인 의미가 함축하고 있음을 성경에서 찾을 수 있다. 문자적인 의미는 여호와께서 실제적으로 육일에 천지를 창조하신 이후에 안식하신 것을 말하며, 영적인 의미는 계시가 그 안에 숨어있다는 것이다. 그 계시는 여호와 하나님 안에서 영원한 안식을 성취하실 것을 감추어두신 것을 말한다. 이것이 성경 안에 감추어져 있는 예수 그리스도의 비밀이며, 보화다. 이러한 비밀이 숨겨져 있는 영원한 안식은 계시록에서 성취될 것을 예언하고 있다(계 21:1-7). 계시록에는 여호와 하나님과 친히 함께 살면서 다시는 사망과 애통함과 아픈 것이 없는 영원한 안식을 누리게 될 것을 계시하고 있다. 이것이 여호와의 안식일은 눈에 보이는 창조를 통하여 보이지 않는 영원한 안식을 숨겨두신 것을 말한다. 그러므로 안식일을 문자적으로 다른 날과 구별되게 거룩하게 지키면서 영적인 의미에 숨겨져 있는 영원한 안식을 맛보며 소망하게 하신 것으로 볼 수 있다. 기억하여 זָכַר (자카르)는, 칼 부정사, 절대형이며, 미완료형으로 기억하다, 회상하다, 상기하다, 잊지않다, 명심하다, 명상하다, 마음에 두다, 자랑하다, 전하다 등의 의미며, 칼 부정사, 절대형은 언제나 어디서나 항상 여호와의 안식일을 반드시 기억하고 회상하여 상기하며 잊어버리지 말고 명심하고 명상하며 마음에 두고 자랑하며 전하라는 강력한 명령이다. 강력한 명령으로 기억하라는 것은 절대적으로 잊지말라는 경고성을 가지는 단어며, 강력한 강조는 강력한 부정의 의미가 동전의 양면과 같이 동시에 담겨져 있다. 이는 절대적으로 지키라는 것이다. 왜냐하면 그 날은 여호와께서 거룩하고 복된 날로 구별되게 창조하신 여호와의 안식일이기 때문이며, 또한 영원한 계시가 숨겨져 있기 때문이다. 따라서 기억하고 거룩하게 지켜야 영원한 안식에까지 참여하게 된다. 거룩하게 지키라 קַדֵּשׁ (카다쉬)는, 피엘, 부정사, 연계형으로 깨끗하다, 거룩하다, 신성하다, 성별히다, 준비하다 등의 의미며, 피엘은 강력한 열정으로 안식일을 거룩하게 여기다, 성스럽게 여기다, 깨끗하게 준비하여 성별하게 여기다 등의 의미다. 이는 여호와께 속한 신성한 날임으로 깨끗하게 준비하여 거룩한 날로 구별하여 지켜야 되는 것을 말한다. 이렇게 안식일을 거룩하게 지키기 위해서는 엿새 동안에 힘써 모든 일을 해야 하며, 그리고 그날은 집에 거주하는 자녀들과 남녀종들과 가축들과 찾아온 손님도 아무일을 하지 못하게 하고 함께 지키라는 명령이다(출 20:9-11). 하나님께서 육일간 창조의 일을 하시고 칠일에 안식하시면서 창조하신 피조물에게 복을 주셨기 때문에 언약백성들도 육일간 힘을 써서 일을 하고 안식일에 쉬면서 복을 받게 하신다. 인간은 하나님의 형상으로 창조되었기 때문에 그분을 본받아 그분이 활동하실 때에 그분과 같이 활동해야 하며, 그분께서 안식하실 때, 함께 안식하면서 영원한 생명을 공급 받게 하셨다. 엿새 동안에 열심히 일하는 것과 안식일에 일체 일을 멈추는 두 가지가 병행될 때, 안식일을 거룩하게 지키게 된다. 육일동안 일을 하지 않는 것과 안식일에 일을 쉬지 않는 것은 안식일의 의미를 잃어버리는 것이며, 또한 그날에 할 일이 발생할 수 있기 때문에 엿새 동안은 힘써 네 모든 일을 행하라고 명령하신 것이다.

안식일에 대한 율법과 규례는 안식을 지킬 때, 여호와께서 자기 이름을 두시려고 택하신 곳에서 번제와 십일조와 거제와 모든 아름다운 서원물을 가지고 와서 자녀와 노비와 레위인과 함께 여호와 앞에서 즐겁게 지키라고 명하셨다(신 12:11-12). 만일 안식일에 일을 하거나 그날을 더럽히는 자는 죽여서 생명이 백성 중에서 끊어지게 하라는 엄한 율법을 명하셨다(출 31:14,35:3). 때문에 안식일에 나무하는 자를 발견하고 온 회중이 돌로 쳐서 죽였으며, 느헤미야는 안식일에 술틀을 밟고 곡식단을 나귀에 실어 운반하며 여러 가지 짐을 지고 예루살렘에 들어와서 음식물을 파는 것을 꾸짖고 경계하였으며(민 15:33-36;느 13:15-17), 광야에서 내리는 만나도 안식일은 금지되었다(출 16:23-25). 그날은 처소에서 불도 피우지 말아야 하기 때문에 안식일 전날에 미리 구울 것은 굽고 삶을 것은 삶아서 아침까지 간수하게 하였다(출 16:23,35:3). 그날은 오직 여호와의 안식일임으로 그분의 성소를 귀하게 여기며, 자기의 길을 행하지 말아야 하며, 오락과 사사로운 말도 하지 말아야 하며, 그날은 즐거운 날로, 존귀하게 여기고 지켜서 여호와 안에서 즐거움을 얻게 하며, 땅의 높은 곳에서 야곱의 기업을 얻게 하셨다(레 19:30;사 58:13-14). 오락 חֵפֶץ (헤페츠)는, 동사 구부리다, 올리다, 곡선을 그리다, 꼬리를 치다, 기울어지다, 무엇을 하고 싶어하다, 마음이 내키다, 사랑하다, 기뻐하다, 즐기다, 좋아하다, 뜻하다, 사모하다 등에서 유래한 개인적인 기쁨, 즐거움, 바람, 욕구, 의도, 소원, 귀중한 것, 추구, 종사, 열정, 일, 용무, 오락 등을 안식일에는 구하지 말아야 되는 것을 말하며, 사사로운 말 דָּבָר (다바르)는, 동사 정돈하다, 안내하다, 인도하다, 통치하다, 추종하다, 모략하다, 말하다, 약속하다, 음모를 꾸미다, 쟁론하다, 비방하다 등에서 유래한 말하는 것, 언어라는 의미로, 남을 해롭게 하는 모략적인 말과 약속, 또는 음모를 꾸미며 쟁론하며 비방하는 것 등을 금하는 것을 말한다. 이는 안식일은 개인적으로 좋아하는 오락과 사사로운 말을 금하면서 오직 여호와를 경배하며, 그분께서 주신 계명과 율법을 배우는 존귀하고 즐거운 날이 되게 하라는 명령이다. 하지만 구약의 언약백성들은 안식일을 범하여 하나님의 진노의 심판을 받았다(렘 17:21-23;겔 20:12-13). 이것이 하나님께 대한 사 계명이며, 안식일에 대한 명령이다.

5) 오 계명

오 계명부터는 사람에 대한 계명들이다. 사람에 대한 계명 중에 첫 번째 계명이 네 부모를 공경하라는 명령이다. 사람에 관한 계명 중에 부모공경에 대하여 첫 번째 계명으로 주신 것은 하나님으로부터 창조된 사람은 부모를 통하여 생명을 이어받는 까닭에 부모공경은 사람에 관한 계명 중에 제일 으뜸으로 주셨다고 본다. 부모는 하나님의 대리자 역할을 한분들이다. 하나님은 창조자이시며, 부모는 하나님의 창조를 성취하신 분들이다. 때문에 성경에는 부모를 하나님과 같이 공경하라고 명령하신 것이다. 때문에 만일에 부모를 거역하는 자는 하나님을 거역하는 자에게 내린 심판을 동일하게 적용하였다(레 20:9,24:15). "네 부모를 공경하라 그리하면 네 하나님 여호와가 네게 준 땅에서 네 생명이 길리라"(출 20:12). 하나님을 사랑하고 계명을 지켜 행하는 자는 천대까지 은혜를 베푸심과 동일하게 부모를 공경하는 자에게도 땅에서 장수하는 복을 약속하셨다. 부모는 두 단어의 합성어다. 부 אָב (아브)는, 아버지, 조상, 양육자, 부양자, 왕의 아버지, 인척, 외조부, 종족, 민족을 창시한 족장, 스승(제사장, 선지자)등에 사용된 단어로, 좁은 의미로는 혈통적인 아버지와 할아버지, 장인어른을 말하며, 넓은 의미로는 담임목회자와 교수님과 담임선생님과 자신을 양육하고 부양해준 인척과 나라를 창시한 왕까지를 말한다. 모 אֵם (멤)은, 어머니, 할머니, 계모, 장모, 나라의 창시자 등에 사용된 단어로, 좁은 의미로는 혈통적인 어머니와 할머니와 자신을 양육한 계모와 장모님들을 의미하며, 넓은 의미로는 나라의 창시한 자들까지를 말한다. 따라서 단어적인 의미의 부모는 혈통과 그 외에 자신과 관계를 맺고 있는 분들까지 볼 수 있지만, 십계명에서 명령한 부모는 혈통적인 것이다. 자신의 혈통적인 부모를 공경하라는 계명이다. 공경 כָּבֵד (카바드)는, 피엘, 명령, 남성, 단수며, 존경하다, 존중하다, 경의를 표하다, 영광을 돌리다 등의 의미며, 피엘 명령 단수는 반드시 실천해야 되는 절대적인 명령으로 부모를 존경하다, 존중하다, 경의를 표하다, 영광을 돌리다 등의 의미다. 존경이란 부모를 우러러 받드는 것을 말하며, 존중은 부모를 높이어 중요하게 여기는 것을 말하며, 경의를 표하는 것은 부모에게 존경을 나타내는 것을 말하며, 영광은 부모에게 감사하는 것을 말한다. 존경과 존중과 경의와 영광은 하나님을 공경하는 일에 사용된 단어와 동일하다. 때문에 자녀는 첫 번째는 하늘에 계시는 하나님을 잘 공경하고 그 다음으로는 땅에 계시는 부모를 잘 공경하라는 명령이다.

오 계명에 대한 율법과 규례들은 부모를 공경하지 않고 거역하며 내치는 자와 저주하는 자는 반드시 죽이라는 것이며(출 21:15,17), 부모의 말에 순종하지 않고 완악하고 패역하며 방탕한 자는 성읍의 모든 사람들이 돌로 쳐서 죽여서 다른 사람들의 본보기로 삼아 땅에서 악이 사라지게 하라는 것이며(신 21:18-21), 또한 아비를 조롱하며 어미에게 순종하기를 싫어하는 자의 눈은 까마귀에게 쪼이고 독수리 새끼에게 먹히는 밥이 되게 하셨다(잠 30:17). 그런데 자녀들은 여호와께서 부모에게 주신 기업이며, 태의 열매는 부모에게 상급으로 주셨다. 손자는 노인의 면류관이 되게 하셨으며, 아비는 자식의 영화가 되게 하셨다(시 127:3;잠 17:5). 그러므로 자녀들은 부모에게 하나님께서 부모에게 주신 기업과 상급과 영화가 되도록 공경하라는 명령이다. 그렇지 못하면 자녀들이 부모의 노여움과 근심거리가 되기 때문이다. 기업 נַחֲלָה (나

할라)는, 소유물로 물려 받다, 분배하다, 택하다, 계승하다, 이기게 하다 등에서 유래한 소유, 선물, 상속, 하나님께 받은 분깃, 유산, 기업 등으로, 하나님께서 부모에게 주신 소유, 선물, 상속, 분깃, 유산의 기업으로 주셨다는 의미며, 상급 שָׂכָר (사카르)는, 고용하다, 삯을 받다 등에서 유래한 고용에 대한 임금, 값, 보수, 상급, 배상, 상, 품삯 등으로, 자녀는 부모에게 주신 임금에 대한 상급으로 주셨다는 의미다. 이는 하나님을 대리하여 자녀들을 출산하여 부모의 기업과 상급을 이어받게 하신 것을 말한다. 때문에 부모를 공경하는 자녀는 부모에게 영광이 되는 것이다. 다윗은 사울에게 생명의 위협을 느끼며 쫓겨다니는 환경에서도 부모를 공경하는 것을 잊지 않았다(삼상 22:1). 그는 7남매 중 제일 막내였지만 아둘람 굴에서까지 환난 중에 있는 부모를 잘 공경하여 부모에게 기업과 상급이 되었다. 이것이 사람의 계명 중에 제일 첫 번째 순서로 주신 오 계명의 부모공경이다.

6) 육 계명

육 계명은 살인하지 말라는 명령이다. 육 계명은 생명에 관한 계명이다. 살인하지 말라는 계명은 생명의 권한은 절대적으로 하나님 손에 있다는 하나님의 선언이시다. 생명의 창조와 생사화복은 절대적인 하나님의 주권에 있음으로 인간이 인간을 죽이는 살인은 허용하지 않겠다는 창조자의 준엄한 명령이다. 하나님은 생명을 주시기도 하시며, 취하시기도 하시는 분이시며, 생명을 창조하신 분이시다(창 2:7;욥 1:21). 때문에 사람이 사람의 생명을 해하지 못하게 정하신 것이 육 계명이다. "살인하지 말라"(출 20:13). 살인 רצח (라차흐)는, 칼 미완료,

2인, 남성, 단수며, 산산조각으로 부수다, 죽이다, 살인하다, 학살하다 등의 의미며, 칼 미완료 단수는 언제나 어디서나 항상 스스로 다른 사람을 산산조각으로 해치는 살인과 학살을 하지 말라는 의미다. 살인은 개인적인 악한 감정으로 다른 사람의 생명을 빼앗는 행위를 말하며, 학살은 고문과 전쟁 등으로 많은 사람의 생명을 산산조각으로 해치는 것을 말한다. 살인과 학살의 동기는 악하고 독한 감정 때문에 일어난다. 그런데 가인은 안색이 변하는 분노의 감정을 어제하지 못하여 인류역사의 최초로 동생 아벨을 살인한 자였다(창 4:5-8). 분하여 חָרָה (하라)는, 와우 계속법-칼 미완료, 3인, 남성, 단수며, 미완료형으로 타다, 열을 내다, 타오르다, 화를 내다, 성을 내다, 맹렬하다, 진노가 타오르다, 분을 품다, 불평하다 등의 의미며, 와우 계속법-칼 미완료 단수는 가인은 동생 아벨의 제사는 여호와께서 열납하셨으나 자기 제사는 열납되지 못함으로 인하여 그가 아벨에 대하여 분노하는 마음에서 항상 불평하는 중에 어느 순간에 갑자기 진노하고자 하는 감정이 맹렬하게 폭발하게 된 결과로 아벨을 죽이게 된 것을 말한다. 이는 순간적인 감정이 아니라 항상 분노하는 마음을 품고 생활하고 있을 때, 결정적인 순간에 살인한 결과를 말한다. 그러므로 살인의 시작은 분노하는 마음을 품게 되는 시점에서 시작된다는 사실을 알 수 있다. 때문에 지킬 만한 것 중에 더욱 네 마음을 지키라 생명의 근원이 이에서 남이라고 하신 것이다(잠 4:23).

육 계명에 대한 율법과 규례들은 사람을 살인한자는 반드시 죽이라는 것이며, 또한 사람을 납치하여 팔았든지 자기 수하에 두었든지 하면 그도 반드시 죽이라는 것이며, 서로 싸우다가 돌이나 주먹으로 상대방을 쳤으나 그가 죽지 않고 누웠다가 지팡이를 짚고 일어나 걸으면 그를 친 자가 형벌은 면하되 손해를 배상하여 완치되게 하라는 것이며, 매로 남종이나 여종을 쳐서 당장에 죽으면 반드시 형벌을 받아야 하며, 하루나 이틀을 연명하면 형벌을 면하게 하는 것이며, 싸우다가 임신한 여인을 쳐서 낙태하게 하였으나 다른 해가 없으면 그 남편의 청구대로 반드시 벌금을 내되 재판장의 판결을 따라 낼 것이며, 남종과 여종의 한쪽 눈을 쳐서 상하게 하면 눈에 대한 보상으로 그에게 자유를 주라는 것이며, 남종과 여종의 이를 쳐서 빠뜨리면 그 보상으로 그에게 자유를 주라는 것이며, 소가 사람을 받아서 죽이면 반드시 돌로 쳐서 죽이라는 것이며, 소 주인은 형벌을 면하되 소가 본래 받는 버릇이 있는 경고를 받았음에도 단속을 하지 않아서 사람을 받아 죽이면 소는 돌로 쳐서 죽일 것이고 임자도 죽이라는 것이며, 만일 속죄금을 부과하려면 생명의 대가로 지불하라는 것이며, 소가 남종과 여종을 받으면 소 임자가 은 삼십 세겔을 상전에게 줄 것이요 소는 돌로 쳐서 죽이라는 것이며, 사람이 구덩이를 열어두거나 구덩이를 파고 덮지 아니하므로 소나 나귀가 빠지면 주인이 보상하여 돈을 줄 것이요 죽은 것은 그가 차지할 것이며(출 21:12-36), 만일 사람이 고의적으로 살인한 것이 아니면 그를 위하여 도피성을 만들어 그리로 피하게 하라는 것이며, 철과 돌과 나무연장으로 사람을 쳐 죽이면 반드시 죽이라는 것이며, 미워서 밀쳐 죽이거나 기회를 엿보아 무엇을 던져 죽이거나 원한으로 인하여 손으로 쳐 죽이면 반드시 죽이되, 피를 보수하는 자가 친히 죽이라는 것이며(민 35:11,16-21), 살인죄를 범한 고살자의 생명의 속전을 받지 말고 반드시 죽여야 하며, 도피성에 피한 자는 대제사장이 죽기 전에는 속전을 받고 그의 땅으로 돌아가지 못하게 하라는 것이며, 홧김에 일부러 이웃을 죽인 자는 도피성에 오더라도 끌어내서 죽이라는 것이며, 남이 모르는 피살된 시체가 발견되면 성읍의 장로들이 멍에를 메지 아니한 암송아지를 항상 물이 흐르고 갈지 않고 씨를 뿌린 일이 없는 골짜기에서 목을 꺾어 무죄한 죄에 대한 사함을 받게 하라는 등에 관한 율법의 규례들이다(출 21:14;민 35:31;신 21:1-9).

사람이 살인으로 다른 사람의 피를 흘리면 피를 흘린 그 사람이 죽음으로 피를 흘리게 하였다. 왜냐하면 하나님이 자기 형상대로 사람을 지으셨기 때문이며, 또한 살인으로 사람의 피를 땅에 흘리면 그 피는 땅을 더럽히는 까닭에, 피 흘림을 받은 땅은 흘리게 한 자의 피가 아니면 속할 수 없기 때문이다. 따라서 사람이 죄를 범하여 나무위에 달게 되면 밤새도록 두지 말고 당일에 장사하여 땅을 더럽히지 않게 하라고 명하신 것이다(창 9:6;민 35:33;신 21:22-23). 땅이 더러워지면 땅이 거주하는 주민들을 토하게 된다. 땅이 주민들을 토하게 되면 전쟁으로 다른 나라에 포로가 되게 하였다. 이같이 히스기야의 아들 유다왕 므낫세의 피 흘림이 유다민족이 바벨론으로 포로가 되게 한 원인이었다(레 18:28;왕하 24:3-4). 때문에 살인한 자는 반드시 죽여서 그 피로 땅이 더럽게 된 것을 대속해야 된다는 것이다. 그리고 사람이 집을 지을 때 지붕에 난간을 만들어 사람이 떨어지지 않게 해야 한다. 만일에 사람이 떨어져 피를 흘리면 그 피가 그 집에 돌아가기 때문이며, 사람 사이에서 시비가 생겨서 악인에게 태형이 합당하거든 사십대까지만 때리게 하였다. 이는 형제로 천하게 여김을 받지 않게 하기 위함이다(신 22:8,25:1-3). 또한 사람이 서로 다툼이 일어났을 때, 한 사람의 아내가 자기남편을 치는 자의 손에서 구하려 하여 그 사람의 음낭을 잡거든 여인의 손을 찍어 버리고 불쌍히 여기지 말아야 한다. 그리고 에돔 사람을 미워하는 것을 금하였다. 그는 형제이기 때문이며, 애굽 사람도 미워하는 것을 금하였다. 그 땅에서 객이 되었기 때문이다. 그리고 원수도 갚지 말아야 하며, 동포도 원망하지 말 것이며, 이웃 사랑하기를 자신과 같이해야 한다(레 19:18;신 25:11-12). 원수를 갚으려고 하면 살인하게 되며, 동포를 원망하면 가인과 같이 미움으로 살인에 이르게 되는 원인이 되기 때문이다. 하지만 이웃을 자신같이 사랑하면 살인죄에서 벗어나게 되기 때문이다. 이것이 다른 사람의 생명을 보호하는 육 계명과 그 계명에 대한 율법과 규례들이다.

7) 칠 계명

칠 계명은 간음하지 말라는 명령이다. 칠 계명은 사람의 정조와 가정을 보호하는 계명이다. 여호와 하나님은 최초에 가정을 만드신 분이시다. 그리고 가정을 통하여 하나님께서 창조하신 온 세상에 생육하고 번성하여 땅에 충만하여 땅을 정복하고 바다의 물고기와 하늘의 새와 땅에 움직이는 모든 생물을 다스리게 하는 복을 주셨다(창 1:28,2:24). 그러므로 가정은 사회를 구성하는 기본이며 작은 천국의 공동체다. 따라서 가정이 파괴되면 사회와 천국과 자녀들과 친척들이 함께 무너지게 된다. 그러므로 간음죄는 가정을 파괴시켜 여호와께서 주신 복이 무너지게 함으로 금하신 것이다. "간음하지 말라"(출 20:14). 간음 נָאַף(나아프)는, 칼 미완료, 2인, 남성, 단수며, 남녀 간에 불법적인 성적 교제, 동성애, 짐승과의 성적관계, 우상숭배 등의 의미며, 칼 미완료 단수는 언제나 어디서나 항상 스스로 불법적인 성적인 문란한 행위아 동성애와 짐승과의 관계를 맺는 수간과 영적인 우상숭배 등을 금하신 것을 의미한다.

칠 계명에 대한 법도와 규례들은 여러 부류로 규정하고 있다. 첫째, 남녀의 간음이다. 남의 아내와 간음하는 자는 둘 다 반드시 죽이라는 것이며, 죽일 때, 돌로 쳐서 죽이라는 것과 불에 태워서 죽이라는 것이다(레 20:10,14;신 22:24). 제사장의 딸이 간음하면 불에 태워서 죽여야 하며, 제사장은 처녀와 결혼해야 하며, 창녀와 이혼 당한 여인과 기생은 취하지 말아야 한다(레 21:7,9). 아버지의 아내나 며느리와 동침하거든 둘 다 반드시 죽여야 하며, 자기 장모를 함께 살면 함께 불사를 것이며, 아버지의 딸이나 어머니의 딸이나 이모나 고모의 하체를 범하면 죽여야 한다(레 20:11-20). 그리고 이혼은 아내를 취한 후에 수치 되는 일이 발견되면 이혼 증서를 써서 주고 자기 집으로 보내도 되며, 그 여자는 다른 사람의 아내가 되려니와 후부도 그를 미워하여 이혼 증서를 써서 자기 집에서 보내거나 후부가 죽으면 그를 보낸 전부가 아내로 취하지 말아야 한다. 가증하기 때문이다(신 24:1-4). 또한 여자가 간음한 의심이 들면 남편은 그를 데리고 제사장에게 가서 의심의 소제를 드리면서 죄에 대한 판결을 받아야 하며(민 5장), 포로 중의 여자를 아내를 삼았다가 그 후에 기뻐하지 아니하면 돌려보내되 돈을 받고 팔지는 말아야 한다(신 21:11-14). 딸을 창녀가 되게 하여 음행이 전국에 퍼져 죄악이 가득하지 못하게 할 것이며(레 19:29), 창기와 남창이 있지 못하게 할지며, 창기가 번 돈과 개 같은 자의 소득과 서원은 여호와의 성전에 가져오지 못하게 금했다. 가증하기 때문이다(신 23:17-18). 그리고 처녀표적이 없는 자는 아버지 집 문에서 돌로 쳐서 죽여야 하며,

남자가 유부녀와 동침한 것이 드러나면 둘 다 죽여서 악을 제하여야 한다(신 22:20-21). 때문에 요셉은 보디발의 아내 유혹에서 뛰쳐나온 것이다(창 39:9). 처녀가 약혼한 후에 다른 남자와 동침하면 둘 다 돌로 쳐서 죽여야 하며, 만일 남자가 약혼한 처녀를 들에서 강간하면 남자만 죽여야 한다. 처녀가 소리를 쳐도 도와줄 사람이 없었기 때문이다(신 22:23-25). 또는 간음에 대한 교훈으로는 음녀를 연모하지 말아야 하며, 악한 계집과 이방 계집의 호리는 말에 빠지지 말아야 하며, 그들의 눈꺼풀에 홀리지 말아야 하며, 마음에 아름다운 색을 탐하지도 말아야 한다. 음란한 계집은 생명을 사냥하기 때문이다(잠 5:20,6:24-26). 그리고 정숙하지 못한 행위는 남에게 간음을 유발시키는 자극과 동기를 유발케 함으로 금지하였다(출 20:26;삼하 10:4-5). 욥은 음란한 계집에 홀리지 않기 위하여 자신의 눈을 훈련시키고자 노력하였다(욥 31:1). 여인과 간음하는 자는 무지하여 자기영혼을 망하게 하기 때문이다(잠 6:32). 둘째, 동성애다. 여자와 동침함 같이 남자와 남자가 동침하면 둘 다 반드시 죽일 찌니 피가 자기에게로 돌아가게 해야 한다(레 18:22,20:13). 가나안 일곱 족속들이 동성애의 가증한 죄 때문에 더러워졌고 땅도 더러워졌으므로 심판을 받은 것이며, 땅도 스스로 그 주민들을 토하여 내쳤던 것이다(신 9:4-5,18:12;레 18:23-24). 이러한 율법에 대하여 무지하면 왜 하나님께서 잘 살고 있는 가나안 족속들을 멸하고 그 땅을 이스라엘 백성들에 넘겨주셨냐고 의문을 가지게 된다. 셋째, 짐승과 행음하는 수간이다. 남자와 여자가 짐승과 행음하면 반드시 모두 죽일 찌니 피가 그들에게 돌아가게 해야 하며, 짐승도 다른 종류와 교합시키지 말아야 한다(출 22:19;레 19:19,20:15-16). 넷째, 우상숭배다. 여호와 외에 다른 신들을 섬기는 것이 영적인 간음이다(일. 이 계명 참조). 때문에 가나안 족속들과 혼인을 금했다. 그들의 딸을 아들의 아내로 삼음으로 딸이 그들의 신들을 아들과 함께 음란하게 섬기게 미혹하기 때문이다(출 34:16). 그런데 솔로몬은 많은 이방여인들을 사랑하여 그들이 섬기는 신들에게 미혹을 받아 하나님께 악을 행하여 나라가 두 개로 쪼개지는 심판을 받았다(왕상 11:1-11). 이것이 사람의 정조와 가정과 사회를 보호하게 하는 칠 계명과 그 계명에 대한 율법과 규례들이다.

8) 팔 계명

팔 계명은 도둑질하지 말라는 명령이다. 도둑에 대한 계명은 사람에게 주신 귀중한 소유권에 대한 보호와 사유권을 인정하게 하는 계명이다. 소유권과 사유권은 좁은 의미로는 개인의 생명과 관련된 계명이며, 넓은 의미로는 국가와 사회를 지배하는 자유민주주의와 공산주의 사상에 영향을 미치는 계명이다. 자유민주주의는 개인의 시장경제 활동의 소유권과 사유권을 인정하는 부를 창출하여 국가와 사회에 공헌하게 하는 제도며, 공산주의는 정부에서 경제를 통제하여 개인의 사유권과 소유권을 말살하는 악한제도다. 이러한 점에서 팔 계명은 한 국가와 사회가 어떤 사상으로 나가야 하는지에 대한 중요한 역할로 인도하는 계명이 되기도 한다. 때문에 기독교 국가들은 한결같이 자유민주주의를 선택한 것이다. "도둑질하지 말라"(출 20:15). 도둑질 גָּנַב (가나브)는, 칼 미완료, 2인, 남성, 단수며, 주인에게 동의를 구하지 않고 다른 사람의 것을 훔치다, 몰래 가져가다, 속이다, 유인하다, 앗아가다 등의 의미며, 칼 미완료 단수는 언제든지 어디서나 항상 주인에게 동의를 구하지 않고 남의 것을 훔치고 몰래 가져가고 속이고 유인하여 빼앗는 행위들을 의미한다. 이는 남의 소유를 훔치고 몰래 가져가기 위하여 남을 속이고 유인하여 빼앗는 행위는 남의 소유권과 사유권에 타격을 입혀서 개인의 생명과 국가와 사회에 악한영향을 미치게 되는 것을 말한다.

팔 계명에 대한 율법과 법도와 규례에도 여러 부류로 규정하고 있다. 첫째, 도둑은 쳐서 죽여야 한다. 도둑이 들어오는 것을 보고 쳐서 죽이면 피를 흘린 죄가 없지만, 다만 해가 돋은 후에는 죽이면 피 흘린 죄로 인정하라는 것이며, 형제를 유인하여 종으로 삼거나 판 것이 발견되면 죽여서 악을 제하여야 한다(출 21:16,22:2-3;신 24:7). 둘째, 도둑질에 대한 배상이다. 소나 양을 도둑질하여 잡거나 팔면 소는 한 마리에 다섯 마리, 양은 한 마리에 네 마리로 배상할 것이며, 배상할 것이 없으면 몸을 팔아서라도 배상하되 도둑질한 것이 살아 있으면 소와 양을 갑절을 배상해야 한다(출 22:1,3-4). 또는 짐승이 남의 밭과 포도원을 먹으면 가장 좋은 것으로 배상해야 하며, 불이 나서 남의 낟가리와 거두지 못한 곡식이나 밭을 태우면 반드시 배상해야 하며, 돈과 물품을 이웃에게 맡겨서 지키게 하였다가 이웃집에서 도둑을 맞으면, 도둑이 잡히면 갑절을 배상할 것이요 잡히지 아니하면 재판장 앞에 가서 이웃의 물품에 손 댄 여부에 대하여 조사를 받되, 잃은 물건에 대하여 어떤 사람이 이것이 그것이라 하면 상대편에게 갑절을 배상해야 하며, 짐승을 이웃에게 맡겼다가 죽거나 상하거나 끌려가도 본 사람이 없으면 맡은 자가 이웃의 것에 손을 대지 아니하였다고 여호와께 맹세할 것이요, 임자는 그대로 믿을 것이며, 만일 이웃에게 빌려온 것이 임자가 함께 있지 아니할 때에 상하거나 죽으면 반드시 배상하려니와 임자가 그것과 함께 있었으면 배상하지 말라는 것이다(출 22:5-14). 셋째, 잃은 것은 반드시 돌려주어야 한다. 소와 양이 길을 잃은 것을 보거든 반드시 끌어다가 돌려줄 것이며, 길이 멀거나 주인이 모르면 집으로 끌고 가서 찾기까지 두었다가 돌려줄 것이며, 나귀와 의복과 어떤 것이든 다 그렇게 할 것이며, 나귀나 소가 넘어지면 형제를 도와 일으켜 주어야 한다(신 22:1-4). 넷째, 가난한 자에 대한 규례다. 형제 중, 가난한 자에게 돈을 꾸어주면 이자를 받지 말아야 하며, 타국인에게는 취해도 된다. 그리고 옷을 전당 잡거든 해가 지기 전에 돌려보내야 한다. 그것이 유일한 옷이면 알몸을 가릴 옷인즉 입고 잠자리에 눕게 하기 위함이다(출 22:25-27;신 24:12-13). 또한 곡식을 거둘 때에 밭모퉁이까지 다 거두지 말고 이삭도 줍지 말고 포도원열매도 다 따지 말고 떨어진 열매는 가난한 사람과 나그네를 위하여 줍지 말고 버려두어야 한다. 이웃을 억압하여 착취하지 말고 가난한 품꾼의 삯을 밤새도록 두지 말고 당일에 주어야 한다. 그가 간절히 바라고 있기 때문이다. 가난한 형제에게 완악하여 손을 움켜쥐지 말고 쓸 것을 넉넉히 꾸어 주어야 한다(레 19:9-13;신 15:7-9,24:15). 가난한 형제에게 손을 움켜쥐지 말고 쓸 것을 넉넉하게 꾸어주되 마음을 완악하게 하지 말 것이며, 특히 안식년이 되면 꾸어준 채주는 독촉하지 말고 면제하여 형제 중에 가난한 자가 없게 해야 한다. 면제년이 가까이 왔다고 하며 아끼는 마음을 품지 말고 반드시 꾸어주어 곤란한 자와 궁핍한 자에게 손을 펼지며, 노예로 팔린 남녀에게는 자유를 주되, 빈손으로 돌려보내지 말아야 한다(신 15:1-18). 다섯째, 공정한 재판이다. 재판은 하나님께 속한 것인즉 외모와 귀천의 차별 없이 듣고 사람의 낯을 두려워하지 말아야 하며(신 1:17), 재판을 굽게 하지 말 것이며, 뇌물을 받지 말아야 한다. 뇌물은 지혜자의 눈을 어둡게 하고 의인의 말을 굽게 하기 때문이다. 재판에는 불의를 행하지 말아야 하며, 가난한 자라고 편들지 말며, 세력 있는 자라고 하여 두둔하지도 말아야 하며, 공의롭게 할지며, 피를 흘렸거나 다투었거나 구타를 하였거나 서로 고소하여 판결하기 어려우면 여호와께서 택하신 제사장과 재판장에게 묻고 그들이 가르치는 대로 치우치지 말 것이며, 무법하여 듣지 아니 하거든 그를 죽여 악을 제하여야 한다(신 17:8-13,16:19,19:15;레 19:15). 다윗의 아들 압살롬은 사람들이 왕에게 재판을 청하러 오는 자들의 마음을 훔쳐 자기가 왕이 되려고 하였다가 심판을 받았다(삼하 15:6).

여섯째, 공평한 저울을 사용해야 한다. 귀먹은 자를 저주하거나 맹인 앞에 장애물을 놓지 말고 길이와 무게의 양을 잴 때에 불의를 행하지 말고, 공평한 저울의 에바와 힌을 사용하여 남을 속이는 도둑질을 하지 말아야 한다(레 19:14,35-36). 일곱째, 배려가 있는 도둑질이다. 만일 주릴 때에 배를 채우려고 도둑질하면 그를 멸시하지는 말아야 하지만, 그러나 들키면 칠 배를 갚아야 하며 자기 집에 있는 것을 다 내주어야 한다(잠 6:30-31). 여덟 번째, 성전을 도둑의 소굴로 만들지 말아야 한다. 너희가 도둑질과 살인과 간음과 거짓 맹세와 바알에게 분향하면서 내 성전에서 우리가 구원을 받았다고 하느냐 너희 눈에는 내 집이 도둑의 소굴로 보이느냐며 책망하셨다(렘 7:9-11). 그런데도 도둑질한 물이 달고 몰래 먹는 떡이 맛이 있다고 하였다(잠 9:17). 아홉 번째, 말씀의 도둑이다. 내 말을 도둑질하는 선지자들이 혀를 놀려 여호와가 말씀하셨다고 하면서 거짓된 꿈을 예언하며, 헛된 것으로 내 백성을 미혹하는 자를 내가 치리라고 책망하셨다(렘 23:30-32). 열 번째, 하나님의 것을 도둑질하는 것이다. 하나님의 것은 십일조와 헌물이다. 많은 분들이 말라기에서 십일조만 도둑이라고 가르치고 있다. 그런데 말라기는 십일조뿐만이 아니라 헌물까지 하나님의 것으로 증거하고 있다. 너희는 나의 것을 도둑질하고도 어떻게 주의 것을 도둑질을 했습니까? 라고 한다. 이는 십일조와 봉헌물이라 나의 것을 도둑질하여 온 나라와 너히가 저주를 받았다. 너히는 내가 명령하는 것을 모두 가지고 갈지니 곧 번제와 희생과 십일조와 거제와 모든 아름다운 서원물이다(신 12:11;말 3:8-9). 그런데 아간은 하나님께 드려야하는 온전한 헌물을 도둑질하여 그의 온 가족과 짐승들이 아골 골짜기에서 돌에 맞아 불사르고 돌무더기에 쌓이는 심판을 받았다(수 7:1,24-16). 이것이 사람의 귀중한 소유권에 대한 보호와 사유권을 인정하게 하는 팔 계명과 그 계명에 대한 율법과 규례들이다.

9) 구 계명

구 계명은 거짓증거를 금하신 명령이다. 거짓증거는 법정에서 재판관에게 거짓으로 증언하여 공적인 것과 사적인 것에 대하여 위증하는 것을 말한다. 위증은 공적으로는 사회구성원에게 막중한 손실을 가져오게 하며, 사적으로는 사람의 인격과 명예를 훼손시키는 큰 범죄행위가 된다. 때로는 전쟁과 살인까지 가져오는 결과를 낳는다. 그러므로 거짓증거를 금지하는 것은 사회와 개인을 보호하기 위한 계명으로 주신 명령이다. "네 이웃에 대하여 거짓증거 하지 말라"(출 20:16). 거짓증거 עֵד (에드)는, 되돌아가다, 반복하다, 다시 하다, 증언하다 등에서 유래한, 거짓증언, 거짓증인, 거짓증거를 의미한다. 증인은 법원의 판결을 위한 증언으로 재판관이 정확하게 확증하여 공정한 판결을 내리도록 도움을 주는 사람이다. 때문에 증인의 거짓증거는 재판관으로 하여금 거짓된 판결을 하게 하여 공동체와 개인의 생명과 재산을 잃게 하는 범죄행위다. 공정하고 정확한 판결을 위한 증인은 반드시 두 세 사람으로 한정하고 있다(신 19:15-16;마 18:16).

구 계명에 대한 율법은 언약공동체에서 진리이신 하나님의 말씀에 따라 정의와 진실한 증인을 위한 법도와 규례들이다. 첫째, 살인에 대한 거짓증거다. 사람을 죽인 살인자는 한 증인의 증거만으로 죽이지 말 것이며, 또한 거짓으로 증언하여 무죄한 자와 의로운 자를 죽이지 말라는 것이다(출 23:7;민 35:30). 그러나 이세벨은 포도원을 빼앗기 위하여 두 사람의 거짓 증언자를 세워서 나봇이 하나님과 왕을 저주하였다고 하여 그를 돌로 쳐서 죽이는 살인자가 되었다(왕상 21:11-16). 둘째, 말에 대한 거짓증거다. 거짓된 풍설을 퍼뜨리거나, 악인과 연합하여 위증하는 증인이 되거나, 다수를 따라 악과 송사를 행하여 부당한 증언을 하지 말라는 것이며, 가난한 자의 송사라고 해서 편벽되이 두둔하거나 까닭 없이 이웃을 해치는 증인이 되어 입술로 속이지 말라는 것이다(출 23:1-3;잠 24:28). 그리고 남이 맡긴 물건과 전당물을 속이거나 도둑질하거나 착취하고도 사실을 부인하거나 거짓으로 맹세하면 본래 물건보다 오분의 일을 더하여 배상해야 한다(레 6:2-5). 또한 그는 여호와께 미움을 받는다(잠 6:16-17). 셋째, 법정에서 하는 거짓된 증언이다. 사람의 모든 악에 관하여는 제사장과 재판장 앞에 설 것이요, 재판장은 거짓 증인이 없도록 자세히 조사하여 확정하여 악을 제하여야 한다. 재판은 하나님께 속한 것인즉 형제든 타국인이든 쌍방 간에 공정한 판결을 해야 한다(신 1:16-17,19:15-19). 만일에 거짓 증인으로 속이는 말을 하면 재판을 밭이랑에 돋는 독초 같게 만들며, 이웃을 치는 방망이와 칼이 되며, 뾰족한 화살이 된다(잠 12:17,25:18;호 10:4). 때문에 거짓을 멀리 하여 무죄한 자와 의로운 자를 죽이지 말아야 됨을 규정하는 것이다(출 23:7). 넷째, 말씀으로 하는 거짓증언이다. 이사야와 예레미야 선지자시대에는 거짓 선지자와 제사장이 많이 일어나서 주의 백성들을 멸망하게 하였다. 이사야 시대에는 거짓말을 가르치는 선지자들이 백성들을 인도하여 멸망을 당하게 하였으며, 예레미야 시대에는 거짓으로 예언하는 선지자들과 제사장들을 백성들이 좋게 여기는 무서운 일들이 일어났으며, 서기관들은 붓으로 거짓을 만들어 글을 쓰기도 하였다(사 9:15-16;렘 5:30-31,8:8). 그들은 여호와께 받은 말씀이 없어도 거짓 계시와 점술과 헛된 것과 자기 마음으로 거짓으로 예언하였으며, 거짓을 의지하며 그것을 좋게 여겼던 백성들은 결국에는 바벨론나라에 포로가 되는 심판을 받았다(렘 14:14, 20:6,27:10). 다섯째, 거짓 증인은 반드시 심판을 받는다. 만일 위증하는 자가 있으면 재판장은 자세히 조사하여 거짓으로 모함한 것이 판명되면 그의 형제에게 행하려고 꾀한 그대로 그에게 행하여 악을 제하여야하며, 거짓으로 증인하는 자와 거짓말을 하는 자의 벌로 인하여 나라와 개인이 패망하게 되며, 온 지면에 저주가 임하게 한다(신 19:18-19;잠 19:5,9,21:28;슥 5:4). 하지만 거짓 증언으로 포도원을 빼앗은 이세벨은 개들에게 먹히는 심판을 받았으며, 사울의 신하 도엑의 거짓된 증언으로 제사장 아히멜렉과 팔십오 명이 죽임을 당하는 사건이 일어났다(삼상 22:9-18;왕상 21:23-24). 그리고 남이 맡긴 물건과 전당물을 속이거나 도둑질하거나 착취하고도 사실을 부인하거나 거짓으로 맹세하면 본래 물건보다 오분의 일을 더하여 배상해야 한다(레 6:2-5). 이것이 거짓 증인에 대한 구 계명과 율법과 규례들이다.

10) 열 계명

열 계명은 이웃의 소유를 탐내지 말라는 명령이다. 탐내지 말라는 명령은 이웃에 있는 모든 것을 보호하는 계명이다. 이웃의 소유를 탐내지 않는 것이 이웃의 소유가 보호를 받는 것이며, 탐내는 것이 이웃의 소유가 파멸되는 것이다. 그리고 탐내지 말라는 명령은 십계명의 결론적으로 주신 계명으로 십계명 전체를 지켜 행하는 일에 매우 중요한 역할을 하기도 한다. 탐심을 버리면 십계명을 지킬 수 있으며, 탐심을 가지게 되면 십계명을 지킬 수가 없기 때문이다. 문제는 탐심이다. "네 이웃의 집을 탐내지 말라 네 이웃의 아내나 그의 남종이나 그의 여종이나 그의 소나 그의 나귀나 무릇 네 이웃의 소유를 탐내지 말라"(출 20:17). 탐내지 חָמַד (하마드)는, 칼 미완료, 2인, 남성, 단수며, 몹시 바라다, 탐내다, 사모하다, 기뻐하다, 즐거워하다, 귀하다 등의 의미며, 칼 미완료 단수는 이웃에 있는 소유를 언제나 어디서나 항상 몹시 바라보고 탐을 내고 사모하고 그렇게 하는 것을 기뻐하며 즐거워하며 귀하게 여기는 것을 의미한다. 이웃이 가지고 있는 소유는 땅과 집, 건물, 집안의 가재도구, 자동차, 직장과 사업, 직위, 부모형제 남자와 아내, 자녀 등에 대한 모든 것들을 말한다. 이웃에 대한 탐심은 자신에게 있는 것으로는 만족을 누리지 못하여 다른 사람의 소유물까지 가지려고 하는 욕망에서 나타나는 현상이다. 이는 하와가 에덴동산에 있는 온갖 좋은 것들에게는 만족을 누리지 못하고 여호와께서 금하신 선악과까지 탐을 내어 범죄한 경우와 같으며(창 3:6), 이스라엘 백성들에게 섞여 사는 이방인들이 하늘에서 내리는 만나와 메추라기에는 만족하지 못하여 애굽에서 먹었던 생선과 과일과 고기에 대한 탐욕으로 모세를 원망한 것과 같으며(민 11:4), 아간이 아름다운 외투 한 벌과 은 이백 세겔과 오십 세겔 되는 금덩이 하나를 보고 탐내어 범죄한 것과 같으며(수 7:21), 아합 왕이 아름다운 포도원을 탐내어 나봇을 죽이는 죄를 범함과 같으며(왕상 21:2), 다윗이 우리아의 아내 밧세바까지 탐을 내어 범죄한 것과 같은 경우다(삼하 12:2-8). 그러므로 열 계명은 하나님께서 내게 주신 은혜를 잊지 않게 하는 계명이며, 이웃에 대한 완전한 보호를 위하여 주신계명이다.

열 계명에 대한 율법과 규례들도 여러 가지로 규정하고 있다. 이렇게 많은 규정들은 십계명 전체에 적용되기 때문이다. 하지만 본 단락에서는 중복을 피하고자 하며, 재물에 관한 규정만 상고하고자 한다. 첫째, 신상에 입혀져 있던 금과 은은 탐내지 말라는 것이다. 그것을 탐내다가 우상숭배의 올무에 빠질까봐 염려되기 때문이며, 금과 은을 탐내다가 우상숭배의 미혹을 받으면 멸망하기 때문이다(신 7:25). 둘째, 불의한 물질을 탐내지 말라는 것이다. 불의한 물질은 본 단락에서는 뇌물을 말한다. 뇌물을 탐하는 자는 자기 집을 해롭게 하지만, 그것을 싫어하는 자는 살게 된다(잠 15:27). 솔로몬은 하나님께서 주신 지혜로 탐심에 대한 여러 가지 교훈들을 잠언에 기록하였다. 이익을 탐하는 자는 생명을 잃는다. 술과 고기를 탐하는 자들은 사귀지 말라. 악인은 불의한 이익을 탐한다. 욕심은 다툼을 일으킨다 등이며,(잠 1:19,12:12,

23:20,28:25), 하지만 여호와를 의지하는 자는 풍족하게 된다. 의인의 적은 소유가 악인의 풍부함보다 나으며, 악인이 잘되는 것을 부러워하지 않는다. 그리고 악인의 맛있는 것을 탐하지 말고 악인의 음식은 먹지도 말아야 한다. 그것은 남을 속이기 위한 음식이기 때문이다(시 37:16;잠 23:3,6,24:1,19). 악인은 마음의 욕심을 자랑하며, 탐욕을 부리는 자는 여호와를 배반하여 멸시한다. 각 사람은 그림자 같이 헛된 일로 소란하며 재물을 쌓으나 누가 거둘는지 알지 못한다(시 10:3,39:6). 구약의 선지자들은 탐욕으로 불의한 자들에게 심판을 선포하였다. 불의로 집을 세우며 불공평으로 다락방을 지으며 이웃을 고용하고 그의 품삯을 주지 아니하는 자에게 화 있을찐저, 네 눈과 마음의 탐심으로 무죄한 피를 흘림과 압박과 강포를 행한 것에 대하여 예루살렘 문밖에 끌러 던지고 매장함을 당하리라, 악을 꾀하며 간사를 경영하는 자는 화있을 찐저, 밭들을 탐하여 빼앗고 집들을 탐하여 취하니 여호와께서 재앙 내리기를 계획하나니 벗어나지 못할 것이다(렘 22:13-19;미 2:1-3). 이것이 탐심에 대한 열 계명과 율법과 규례들이다.

11) 요약

지금까지 상고한 십계명과 그 계명에 대한 율법과 법도와 규례들에 대한 것을 간략하게 요약하면 다음과 같다. 첫째, 첫 번째 계명의 중요성이다. 이는 일 계명 안에 아홉 계명이 속한다는 사실이다. 하나님 외에 다른 신들을 두지 않는 것이 우상숭배를 하지 않는 것이며, 하나님의 이름을 망령되게 부르지 않는 것이며, 안식을 거룩하게 지키는 것이다. 하나님을 섬기는 자들은 부모를 공경하게 되며, 이웃에 대한 살인과 간음과 도둑질과 거짓 증언과 탐내지 않는 것이다. 둘째, 열 번째 계명의 중요성이다. 마지막 결론으로 주신 열 번째 계명은 십계명전체를 지키게 하는 중요한 동기가 된다. 탐심을 가지게 되면 하나님 외에 다른 신들을 두게 되며, 우상숭배를 하게 되며, 하나님의 이름을 망령되게 부르게 되며, 안식일을 거룩하게 지키지 못하며, 부모를 공경하지 못하며, 이웃에 대한 살인과 간음과 도둑질과 거짓 증언을 하게 되기 때문이다. 셋째, 복과 저주가 약속된 계명이다. 십계명을 지키면 영과 육이 복을 받으며, 지키지 못하면 저주를 받는다. 복은 이 땅에서도 잘 되는 것과 영원한 영생을 얻는 것을 말하며, 저주는 이 땅에서도 실패하며, 영원한 생명도 잃게 되는 것을 말한다. 넷째, 십계명은 언약백성들에 주신 계명이다. 십계명은 이방인들에게 주신 것이 아니라는 점이다. 하나님께서 택하신 백성들을 거룩한 백성으로 삼으시기 위하여 주신 계명이다(출 19:5-6). 택하신 백성들을 의로 교육하여 거룩하게 하기 위하여 주신 계명이다. 그러므로 십계명은 영원히 지켜야 되는 생명의 말씀으로 주신 계명이기 때문에 신구약 성경전체에서 교훈하는 것이다. 세상에서 거룩하게 살지 못하고 있는 자들을 선택하셔서 거룩한 백성으로 양육하는 교육이다. 이는 선택하신 여호와께서 거룩하시기 때문이다(레 11:45). 다섯째, 십계명을 성취하면 여호와께 속한 거룩한 성민이 되어 땅에서도 형통하며, 여호와의 집에 거하는 복을 받는다. 계명으로 거룩한 백성으로 교육을 받으면 영육이 항상 복을 누리게 되며, 그것이 의로움이다(신 6:24-26). 여섯째, 여호와께서 지정하심이다. 여호와께서 선택하신 백성들이 제사 드리는 성막, 그것을 섬기는 제사장과 레위인, 제사를 위하며 제정하신 불과 제물들, 제사 드리는 날과 방법 등은 그분께서 정하신 법도대로 진행해야 한다는 것을 말한다.

일곱째, 성결법이다. 성결을 위하여 지정한 것이 부정한 음식규례며, 청결예식, 절기와 오대제사, 매일제사, 안식년, 희년 등에 대한 율법들이다. 성민의 청결 예식을 위한 제사는 번제, 소제, 속죄제, 속건제, 화목제다. 번제 עֹלָה (올라)는, 올라가다, 상달하다 등에서 유래한 제단위에 드려진 제물을 말한다. 번제는 언약백성들의 공동체와 개인이 흠이 없는 소와 양과 염소와 비둘기를 제단에 태워서 완전한 헌신을 하나님께 올려드려 상달하게 하는 제사다. 공동체는 매일 아침과 저녁으로 흠이 없는 어린 양 한 마리를 드려야 하며, 초하루에는 수송아지 두 마리와 숫양 한 마리와 일 년 된 숫양 일곱 마리와 숫염소 한 마리는 속죄제로 드리는 제사며(출 29:38-46;민 28:3-23), 개인적으로는 흠이 없는 소와 양과 염소와 비둘기를 드렸다. 제사장 위임식 때와 출산 후 청결을 위하여, 나병환자의 완치 후 청결을 위하여, 유출병의 완치 후 청결을 위하여, 나실인의 서원을 마침 후에는 번제를 드렸다(레 8:14-18,12:6-8,14:7-19,15:14-15,30;민 6:6:11-14). 개인이 드리는 번제는 반드시 속죄제와 함께 드려야 하며, 그러나 제사장과 나실인은 속건제와 화목제도 함께 드렸다. 소제 מִנְחָה (민하)는, 선물을 주다에서 유래한 헌물, 공물, 선물, 예물, 봉헌물 등으로 농산물을 헌납하는 제사다. 소제는 5대 제사 중에 유일하게 피가 없는 제사다. 소제는 농산물의 고운가루로 무교병과 무교전병으로 구운 것과 고운가루로 삶은 것과, 첫 열매를 볶아서 찧은 것과 기름과 유향과 소금을 치고, 포도주를 전제로 부어드리는 제사다(출 29:40-42;레 2:1,4,7,14,23:13). 소제는 공동체와 개인이 번제와 함께 드렸으며, 특히 개인이 드릴 때에는 제물의 전체를 드리지 않고 일부만 드리고 나머지는 제사장에게 드려 그들이 회막에서 양식이 되게 하였다(레 3:9,6:15-16,7:9). 속죄제 חַטָּאָה

(핫타아)는, 죄를 범하다, 깨끗하게 하다 등에서 유래한 속죄제, 속죄, 번제 등으로 십계명과 율법과 법도와 규례를 범한 공동체와 개인의 모든 죄를 깨끗하게 속함을 받기 위하여 드리는 제사다. 공동체는 매년 일곱 절기 때마다 드렸고 개인은 필요에 따라 언제나 항상 드렸다. 속죄제의 제물은 차이를 둔 것이 특징이다. 공동체와 제사장은 흠이 없는 수송아지, 족장은 흠이 없는 수염소, 평민은 흠이 없는 암염소와 어린 양의 암컷과 가난한 자들은 비둘기 두 마리를 하나는 번제로 하나는 속죄제로 드려야 하며, 힘이 미치지 못하는 자들은 고운가루 에바 10/1 드렸다(레 4:3,13-14,22-23,27-28,32,5:7,11). 고운가루는 소제와 달리 기름과 유향을 넣지 못하게 하였으며, 반드시 번제단 위에서 태워드리게 하였다(레 5:11-12). 그런데 속죄일과 속죄제는 구별된다. 속죄일은 일 년 일차 한번 지키는 날을 말하며, 속죄제는 언제든지 죄를 회개하는 제사다. 속죄일은 일 년 중에 가장 중요한 안식일 중에 안식일이며, 매년 일곱째 달 열흘에 공동체전체가 자기의 몸을 괴롭게 하며지키는 성회다 (레 23:28). 그날은 대제사장이 수송아지를 자기와 집안의 속죄제물로, 숫양은 번제물로 삼고 거룩한 세마포 옷을 입고 지성소에 들어가는 유일한 날이다. 그때 두 염소를 준비하여 하나는 아사셀의 양으로 광야로 보내고 하나는 속죄물을 삼아 그 피로 지성소에 들어가 속죄소 동쪽에 뿌리고 또는 속죄소 앞에 일곱 번 뿌리면서 백성들의 죄를 속죄하는 날이다(레 16:1-34,23:26-32;민 29:7-11). 속건제 אָשָׁם (아샴)은, 동사 잘못을 저지르다, 죄책감을 당하다, 범죄하다 등에서 유래한 잘못, 죄값, 죄과, 허물, 책임, 속건제 등으로, 속건제는 부지중에 계명과 성물에 관한 죄를 범한 것과 이웃의 물건을 도둑질한 죄에 대하여 속량받기 위하여 드리는 제사다. 속건제와 속죄제는 같은

점과 차이점이 있다. 같은 점은 죄를 속량 받는 것이며, 차이점은 속건제는 개인만 드리는 제사며, 성물과 남의 것을 늑탈한 것과 도둑질을 한 죄는 먼저 5/1 배상하고 드려야 하며, 해방되지 못한 정혼한 여종과 동침한 경우와 나실인이 몸을 구별하지 못했을 때, 여호와께 구별하여 드릴 날을 새로 정하고 드리는 것이며, 제물은 흠이 없는 수양만 드리는 것이 차이점이다(레 5:15-19,6:1-7,14:12,19:20-22;민 6:12). 화목제 שֶׁלֶם (셀렘)은, 온전하다, 화평하다, 갚아 주다 등에서 유래한 응보, 감사, 보상, 희생, 화목제, 감사제 등으로 화목제는 세 가지 경우에 드렸다. 감사제와 서원제와 자원제다(레 7:15-16). 자원제는 하나님께 대한 사랑을 고백하는 제물을 드리는 제사다. 공동체가 드리는 화목제는 지정된 절기 때, 또는 경사스러운 일을 만났을 때(삼상 11:15;삼하 6:17;대하 29:31,30:16-17,23:19)드렸다. 공동체는 택하신 성전에서 자녀와 노비와 레위인과 함께 즐겁게 먹으며 지키는 제사다(신 12:6-7,11-12,18). 제사 드리는 방법은 화제(불살라 번제로 드림), 거제(제사장의 것으로 지정된 제물), 요제(흔들어 드림), 전제다. 전제는 포도주와 기름을 부어 함께 드렸다(창 35:14;출 29:40;레 1:13,7:30,32,23:13). 이와 같이 화목제는 하나님과 언약백성들과의 화평을 위하고 또한 언약백성들의 관계적인 화평을 도모하는 제사다. 이것이 언약백성과 맺은 구약의 십계명과 그 계명에 대한 율법과 법규와 규례들이다. 그리고 유대인들은 중세시대의 랍비 마이모니데스 (Maimonides)가 율법을 613가지를 분류한 것을 의존하여 지키고 있다. 613가지 율법에는 순종하며 행할 것 248가지와 경계해야 될 것 365가지다.

신약의 십계명

구슬이 서 말이라도 꿰어야 보배라는 말이 있다. 아무리 훌륭하고 좋은 것이라도 다듬고 정리하여 쓸모 있게 만들어 놓아야 가치가 있다는 것을 상징하는 말이다. 이와 같이 모든 신구약 성경은 십계명에 대하여 증거하고 있지만 그 증거에 대하여 잘 다듬고 정리하여 이해하기 쉽게 해석이 안 되면 값진 가치를 놓치게 될 수 있다. 초대교회 말시온이라는 자가 있었다(주후 138년경). 그는 구약의 하나님과 신약의 하나님을 분리시켰다. 구약의 하나님은 악한 신이며 신약의 하나님은 사랑의 신이라는 것이다. 구약의 하나님은 분노에 가득찬 존재며 악의 창조자며 이스라엘만 사랑하고 다른 민족은 파괴하고자 했으며, 신약의 하나님은 모든 인류를 사랑하고 포용하는 사랑의 근원으로 예수 그리스도 안에서 자신을 계시하였다고 주장하여 이단으로 정죄 받았다. 그러나 그는 신구약 성경에서 삼위일체 하나님의 때가 찬 경륜을 몰랐기 때문이며, 또한 신구약 성경에서 무엇을 기록하고 있는지에 대한 무지 때문에 이단이 된 것이다. 이처럼 현대교회도 말시온과 같은 이단자는 아니라고 할지라도 신구약 성경에서 삼위일체 하나님의 경륜을 얼마나 알고 있는지, 또는 신구약 성경이 무엇을 기록하고 있는지에 대하여 명확하게 알고 있는 분들이 얼마나 되는지는 의문스럽다. 따라서 이번 단락에서는 구약에서 언약백성들에게 주신 십계명과 율법이 신약에는 어떻게 연속적인 통일성을 유지하며 증거하고 있는지에 대하여 상고해 보고자 한다. 신약은 구약과 구별된 성경이 아니다. 신약은 구약의 십계명과 율법을 완전하게 성취되게 하는 것을 기록하고 있다. 그 성취를 위하여 구약의 여호와 하나님께서 인간의 모양으로 오신 분이 예수 그리스도다. 구약에서 십계명과 율법으로 말씀하신 그분이 그 말씀을 성취하시기 위하여 오셨다(요 1:1-11). 다윗은 여호와의 율법을 항상 묵상하며 즐거워하였다(시 1:2,2:11,9:2). 때문에 여호와께서 그의 목자가 되셔서(시 23편), 그가 하는 모든 일을 형통하게 하셨으며(삼하 5:10), 마침내 영원한 언약까지 받게 되었다. 그 언약은 그와 그의 후손들에게 왕위가 영원히 보전되고 견고하게 되는 약속이었다(삼하 7:16). 그 약속의 후손으로 주님께서 오시면서 신약이 시작되었다(마 1:1). 주님께서 다윗의 후손으로 오신 것은 구약에서 언약백성들과 맺은 십계명과 율법을 완전하게 성취하여 완성하시기 위하여 오신 것이다(마 5:17,18;눅 16:17,24:44). 초대교회는 삼위일체 교리가 확정되기 이전에 이미 여호와 하나님을 주님이라고 불렀다. 삼위일체 하나님 중에 성자 하나님이 구약의 여호와 하나님이시다. 그분이 아담을 창조하셨으며(창 2:7), 에덴동산을 창설하셨으며(창 2:8), 그곳에서 그와 선악과로 언약을 맺으셨으며(창 2:17), 또한 아브라함을 부르셔서 언약을 맺으셨고(창 12:1-3),그의 후손들을 애굽에서 구출하시고 시내산에서 언약을 맺으셨으며, 그 언약이 십계명과 율법이다(출 19:5,8,24:12). 그런데 구약에서 여호와께서 맺으신 언약은 구약의 이스라엘 백성들에게는 실제적인 사건임과 동시에 장차 신약에서 주님께서 오셔서 성취하실 그림자와 모형으로 계시하신 것이다(히 10:1). 그림자와 모형으로 주신 십계명과 율법을 완전하게 성취하기 위하여 여호와 하나님께서 인간의 모양으로 오신 분이 신약의 예수 그리스도다. 구약에서 모세를 통하여 십계명과 율법을 주신 여호와 하나님께서 신약에서 예수 그리스도의 이름으로 오셔서 은혜와 진리로 완전하게 하신 것이다(요 1:17). 구약에서 한 사람 아담의 불순종으로 많은 사람이 정죄와 심판과 죽음으로 사망이 왕 노릇하게 된 것을 신약에서 한 사람 예수 그리스도로 오셔서 순종으로 많은 사람에게 하나님의 의의 선물이 넘치는 생명 안에서 왕 노릇 하게하셨다(롬 5:15-19). 아담은 장차 오실 그리스도의 모형이었으며(롬 5:14), 아브라함도 모형과 그림자였다. 아브라함은 두 가지 모형과 그림자였다. 하나는 믿음으로 의롭게 되는 모형과 그림자였으며(롬 4:3,13), 다른 하나는 의와 공의를 행하는 백성이 되게 하는 모형과 그림자였다(창 18:19). 이렇게 구약에서 아담과 아브람에게 언약을 맺으신 여호와 하나님께서 그들과 맺은 언약을 완전하게 성취하시기 위하여 신약에서 아담과 아브라함과 같은 사람의 모양으로 오셔서 십자가에서 새 언약을 맺으신 것이다(눅 22:20). 사람으로 오신 그분이 예수 그리스도다. 예수 그리스도는 아담과 아브라함과 맺은 언약백성들의 후손들을 구원하기 위하여 오신 직분의 이름이다.

신약의 복음서는 주님께서 제자들과 무리들에게 십계명과 율법을 해석하여 가르치신 내용들과, 십계명과 율법을 성취하신 것을 기록한 성경이다. 산상수훈은 십계명과 율법을 해석한 내용들이며, 천국복음 전파와 치유사역은 산상수훈에서 해석하신 십계명과 율법을 삶으로 친히 본으로 보여주신 사건이다. 그리고 십계명과 율법에서 축복과 저주를 선포하심 같이 신약의 복음서에도 동일하게 네 개의 복과 화를 선포하셨다(신 11:29;눅 6:20-26). 그러므로 신약의 복음서는 구약과 구별된 성경이 아니라 구약과 동일한 말씀이라는 것이다. 그리고 신약의 서신서는 사도들을 통하여 주님께서 성취하신 십계명과 율법을 완성되게 하는 새 언약을 기록한 성경이다. 새 언약은 성령으로 구약의 십계명과 율법이 교회를 통하여 완성되게 하는 성령의 법을 말한다(롬 8:2,13:10). 사도들은 성령으로 새 언약이 교회를 통하여 완성되게 한 사역자들이다. 때문에 신약의 서신서도 구약과 구별된 성경이 아니라 동일한 말씀이라는 것이다. 그리고 신약의 요한계시록은 새 언약의 성령으로 십계명과 율법의 의를 완전하게 완성된 자들이 주님의 재림으로 새 하늘과 새 땅에 들어가게 될 곳을 기록한 성경이다(계 2:7). 새 하늘과 새 땅에는 다시는 십계명과 율법의 정죄로 죽음과 사망에 이르는 심판이 없는 영원한 의와 평강과 희락만 있는 주님의 나라가 될 것을 기록하고 있다(계 21:1-4). 그날에는 구약의 창세기에서 시작된 언약이 완전하게 완성되는 시간이다. 에덴동산에서 시작된 언약이 새 하늘과 새 땅에서 완전하게 완성되는 것을 말한다. 주님은 창세기에서 시작한 언약이 계시록에서 완성되게 하시기 위하여 재림하실 것이다. 때문에 신약성경도 구약과 동일하게 십계명과 율법을 기록한 내용들이며, 신구약 모든 성경은 십계명과 율법을 기록한 책이라는 사실을 입증하는 것이다. 그런데 주님께서 십계명과 율법을 제정하시고 성취하시며 완전하게 완성하실 분이시기 때문에 신구약 성경 안에 감추어져 있는 예수 그리스도의 비밀이며, 보화라는 것이다.

1) 일 계명

구약의 십계명과 율법을 완전하게 성취하려 오신 주님은 신약에서 십계명과 율법을 해석하시면서 성취하실 몇 가지 사건을 기록하고 있다. 첫째, 주님은 친히 본을 보여주셨다. 십계명의 일 계명에서 나 외에 다른 신들을 두지 말라는 명령은 오직 나만 섬기라고 하신 말씀인데 주님은 하나님을 섬기는 것을 친히 본을 보여주시면서 일 계명을 해석하셨다. 그것은 하나님을 섬기는 본이다. "예수께서 대답하시되 나는-오직 내 아버지를 공경함이거늘 너희가 나를 무시하는 도다."(요 8:49). 본문의 말씀은 주님께서 행하신 모든 사역이 아버지를 공경하는 일이라는 것을 친히 증언하신 말씀이다. 이것이 하나님을 섬기는 것을 친히 본을 보여주신 것을 말하며, 또한 감추어져 있는 삼위일체 하나님의 경륜의 비밀을 드러내시는 것을 말한다. 성부 하나님께서 계획하신 뜻을 성취하려 오신 성자 하나님이심을 밝히심이다. 성자 하나님께서 성부 하나님께서 계획하신 뜻을 성취하는 사역이 성부 하나님을 공경하는 것이다. 그 공경함이 일 계명을 친히 본으로 보여주신 것을 말한다. 공경 τιμάω (티마오)는, 동사, 직설법, 현재, 능동, 단수며, 가치 있는, 존경함과 공경함, 존귀함, 귀함 등에서 유래한 아버지를 존경하다, 공경하다, 귀히여기다, 대접하다, 존대하다, 경의를 표하다 등의 의미며, 동사 직설법 현재 능동 단수는 주님은 실제적으로 언제나 어디서나 항상 스스로 아버지 하나님을 가장 귀하게 여기시며 존경과 공경으로 대접하시며 존대하시며 경의를 표하시는 것이 가장 가치 있는 일로 여기셨다는 의미다. 하나님을 공경하는 것이 세상에서 가장 가치 있게 여겨야 하며, 가장 존귀하고 귀하게 여겨야 하며, 때문에 하나님을 섬기는 것을 가장 귀히 여기며, 그분을 대접하며 존대하며 경의를 표하는 것이라는 의미다. 이렇게 하나님을 공경하는 것이 일 계명에서 명령하신 마음을 다하고 뜻을 다하고 힘을 다하여 하나님을 사랑하는 것이며(신 6:5), 하나님 외에는 다른 신을 두지 않는 것이며, 하나님보다 그 어떤 것을 더 사랑하지 않은 것을 말한다. 마음 לֵבָב (레바브)는, 심중, 감동, 결심, 생각, 진심, 전심, 지혜, 지식, 의지, 충심, 총명, 명철, 기억하다, 다정하게, 영혼, 정신, 생명, 삶, 사고방식, 행동양식, 목적 등의 의미며, 다하고 כֹּל (콜)은, 동사 완성하다, 성취하다, 숙달시키다, 온전하게 하다 등에서 유래한 전체, 전부, 모든 것, 온통, 항상, 전적으로 등의 의미다. 이는 하나님을 공경한다는 것은 우리의 마음과 심중과 감동과 결심과 생각과 진심과 전심과 지혜와 지식과 의지와 충심과 총명과 명철로 기억하여 다정하게 영혼과 정신과 생명과 삶과 사고방식과 행동양식과 목적에 우리의 전체와 전부와 모든 것과 항상, 그리고 전적으로 온전하게 성취하며 섬기는 것을 말하며, 뜻 נֶפֶשׁ (네페쉬)는, 숨, 영혼, 생기, 감정, 인내, 의지, 생령, 목숨, 자신, 사정, 기력, 심정, 중심을 다하여 섬기는 것을 말하며, 힘 מְאֹד (메오드)는, 힘, 강함, 굉장히, 넘침, 창대, 번성, 지극함, 온전함, 무거움, 번성, 엄중함, 확실함, 높임을 받음, 극진히, 자세히, 부지런히, 많은, 풍부함을 다하여 섬기는 것을 의미한다. 이는 힘의 강함과 창대함과 번성함과 지극함과 온전함과 무거움과 번성함과 엄중함과 확실함과 높임을 받게 함과 극진함과 자세함과 부지런함과 많은 것과 풍부함과 매우 귀한 것에 우리의 전체와 모든 것과 온통과 전적으로 온전하게 하나님을 섬기는 것을 말한다. 사랑 אָהֵב (아헤브)는, 칼 완료, 2인, 남성, 단수며, 좋아하다, 열정적으로 사랑하다, 즐거워하다, 기뻐하다, 좋게 여기다 등의 의미며, 칼 완료 단수는 우리 스스로 하나님을 마음과 뜻과 힘을 다하여 열정적으로 좋아하며 즐거워하며 기쁘게 여기며 좋게 여긴다는 의미다. 사랑의 힘으로 우리의 전체와 전부와 모든 것과 항상 전적으로 온전하게 섬기는 것이다. 이는 우리에게 주신 몸과 혼과 영과 생명을 온전히 다하여 하나님을 사랑하며 섬기는 것을 의미하며, 하나님보다 우리의 생명과 부모와 자녀와 친척과 물질과 세상부귀와 영화를 더 사랑하지 않는 것을 말한다. 이것이 십계명의 핵심이며, 신구약 성경의 기둥이다. 아브라함은 부모와 친척과 물질보다 하나님을 더 사랑하여 고향을 떠났으며(창 12:4), 100세에 낳은 독자 이삭보다 하나님을 더 사랑하여 모리아 산에서 제물로 드렸다(창 22:12). 다윗도 하나님을 지극히 사랑하여 항상 하나님께 먼저 기도로 응답받아서 승리했으며(삼하 2:1), 하나님의 성전건축을 사모하며 갈망하여 모든 건축 자료를 준비하였다(대상 28:2). 그리고 아버지를 공경하는 자는 반드시 아들도 공경하게 되며, 아들을 공경하는 자는 아버지도 공경하게 된다고 하시면서 아버지와 아들을 같은 동격으로 말씀하셨다. "이는 모든 사람으로 아버지를 공경하는 것 같이 아들을 공경하게 하려 하심이라 아들을 공경하지 아니하는 자는 그를 보내신 아버지도 공경하지 아니하느니라"(요 5:23). 아버지는 성부 하나님이시며, 아들은 성자 하나님을 말한다. 성부 하나님을 공경하는 자는 성자 하나님도 공경하게 된다는 말씀이, 구약에서 여호와 하나님으로 이스라엘 백성들과 언약을 맺으신 분이심을 증언하는 것이다. 주님은 구약에서 나 외에 다른 신들을 섬기지 말라고 명령하신 그분이시다. 그런데 구약에 여호와 하나님께서 십계명과 율법으로 언약을 맺으시고 그 언약을 성취하시기 위하여 신약에서 예수 그리스도의 이름으로 오셨지만 언약백성의 후손이라고 자부하는 유대인들은 주님을 공경하지 않았고 무시해버렸다. 이것이 일 계명을 버리는 행위였다. 무시 ἀτιμάζω (아티마조)는, 동사, 직설법, 현재, 능동, 2인, 복수며, 존경받지 못하는, 영예롭지 못한, 경멸받는, 미천한 등에서 유래한 모욕하다, 창피를 주다, 불명예를 주다, 능욕하다, 무시하다, 욕되게 하다, 업신여기다 등의 의미며, 동사 직설법 현재 능동 복수는 유대인들은 주님을 실제적으로 언제나 어디서나 항상 자기들 스스로 존경하지도 않았고, 경멸하며 미천하게 생각하여 모욕하며 창피를 주며 불명예를 주며 능욕하며 무시하며 욕되게 하며 업신여기며 일 계명을 버리게 된 것을 의미한다. 그들이 언제나 어디서나 무시하는 행동이 주님께서 가시는 곳마다 대적하는 일들이며, 결국에는 십자가에 못을 박게 된 사건이다. 이는 철저하게 일 계명을 버리고 불순종하여 심판아래 있게 된 행위들이다. 유대인들이 주님을 배척하고 거역한 것은 그들이 하나님을 사랑하는 마음이 없었기 때문이다 (요 5:42,8:42).

둘째, 신령과 진리의 예배성취다. 주님은 사마리아 여자가 하나님을 경외하는 예배에 대하여 질문했을 때, 일 계명에 대한 해석으로 대답하셨다. 그는 사마리아인들과 유대인들이 구약의 율법제사로 산에서와 예루살렘성전에서 드리고 있는 것을 보고 질문한 것이다. 그런데 주님은 그들은 알지 못하는 것을 예배하고 있다고 하시면서 이제는 산에서나 예루살렘에서 드리는 구약의 제사가 아니라 신령과 진정으로 예배를 드릴 때가 되었다고 말씀하셨다. 그리고 그때를 성취하려 주님께서 오셨다고 증언하셨다. "아버지께 참되게 예배하는 자들은 영과 진리로 예배할 때가 오나니 곧 이 때라 아버지께서는 자기에게 이렇게 예배하는 자들을 찾으시느니라 하나님은 영이시니 예배하는 자가 영과 진리로 예배할지니라"(요 4:4:23-24). 주님은 사마리아 여자에게 아버지께서 찾으시는 예배가 참된 예배며, 그 참된 예배가 영과 진리로 예배하는 것이며, 그 예배를 드리는 자들을 아버지께서는 찾으시는데 그 때가 이때라는 것이다. 때 ὥρα (호라)는, 명사, 주격, 여성, 단수며, 어떤 일어나야 되는 적절한 시간과 시점을 알려주는 때를 의미하며, 명사 주격 단수는 아버지께서 찾으시는 영과 진리의 예배를 드려야 되는 적절한 시간과 시점을 알려주는 것이 주체라는 의미다. 아버지께서 찾으시는 영과 진리의 예배는 정한 때를 위하여 예정하신 예배라는 것이다. 이는 두 가지의미가 있다. 하나는 아버지께서 찾으시는 예배는 때를 정해두셨다는 의미며, 다른 하나는 때를 정해둔 예배는 영과 진리로 드리는 것이라는 의미다. 그런데 정해둔 때는 그리스도가 오시면 알려 주신다는 것이며, 그리스도가 오시면 그 때가 이르게 된다는 것이다(요 4:21,25). 하지만 사마리아 여자는 이때를 모르고 있었다. 때문에 주님께서 친히 알려주신 것이며, 또한 그 여자를 통하여 비로소 자신이 이 땅에 오신 목적과 그 목적의 성취를 위하여 오셨다는 사실을 온 천하에 증언하게 되신 것이다. 이러한 주님의 증언에서 우리는 구약의 십계명과 율법은 그리스도를 통하여 성취하게 될 계시와 그림자였다는 사실을 알 수 있다. 이것이 삼위일체 하나님의 때가 찬 경륜의 비밀이다. 성부 하나님께서 계획하신 것을 성자 하나님께서 성취하시고 성령하나님께서 완성하시는 경륜이시다. 구약에서 나 외에 다른 신들을 두지 말라고 계명으로 주신 여호와 하나님께서 친히 예수 그리스도의 이름으로 인간의 몸으로 오셔서 구약에서 계시하신 그림자를 성취하려 오신 것이다. 나 외에 다른 신을 두지 말라는 계명은 나만 섬기도록 명령한 율법의 제사를 주님께서 완전하게 성취하셔서 하나님께서 찾으시는 영과 진리로 드리는 예배의 때가 이르게 하기 위함이다. 영 πνεῦμα (프뉴마)는, 성령, 영, 생명 등의 의미지만 본 문장에서는 성령을 말하며, 진리 ἀλήθεια (알레데이아)는, 진실, 진리, 실상, 참되다, 예수 그리스도 등의 의미지만 본 문장에서는 예수 그리스도를 말한다. 따라서 영과 진리는 성령과 예수 그리스도 이름으로 또는 성령과 예수 그리스도 안에서, 성령과 예수 그리스도로 말미암아 하나님께서 찾으시는 예배할 때가 지금 이때라는 것이다. 그 때는 주님께서 오셔서 성취하신 때가 찬 경륜이다. 예배 προσκυνέω (프로스퀴네오)는, 동부정사, 현재, 능동이며, 입 맞추다 등에서 유래한 경배하다, 꿇어 엎드리다, 경의를 표하다 등의 의미며, 동부정사 현재 능동은 우리가 사는 장소와 시간에서 여러 가지 경건의 방법으로 언제나 어디서나 항상 스스로 성령과 진리로 하나님께 꿇어 엎드려 경배하며 경의를 표하는 것을 말한다. 찌니라 δεῖ (데이)는, 동사, 직설법, 현재, 능동, 3인, 단수며, 반드시 해야 한다, 간절히 하다, 마땅하다, 당연히 해야 한다 등의 의미며, 동사 직설법 현재 능동 단수는 언제나 어디서나 실제적으로 스스로 반드시 그리고 간절하게 마땅하고 당연하게 하나님께 성령과 진리로 경배를 드려야 하는 것을 의미한다. 이것이 일 계명에서 언약백성들에게 나만 섬기도록 명령한 율법의 제사를 주님께서 완전하게 성취하셔서 하나님께서 찾으시는 영과 진리로 예배자가 되게 하신 것을 말한다. 그러므로 신약에는 예수 그리스도 안에서 성령의 감동으로 예배를 드리는 것이 아버지께서 찾으시는 예배며, 일 계명의 성취다. 그리스도 안에서 성령의 감동으로 드리는 예배가 마음과 뜻과 힘을 다하여 하나님을 사랑하는 행위다.

셋째, 신약의 서신서다. 서신서는 열심을 품고 하나님을 섬기라고 명령한다. “부지런하여 게으르지 말고 열심을 품고 주를 섬기라”(롬 12:11). 부지런한 것은 게으름의 반대개념으로 급하게 열렬하게 서둘러서 열심을 품고 주님을 섬기라는 의미며, 열심은 성령과 펄펄 끓다 라는 합성어로 성령으로 펄펄 끓어 타오르는 것을 의미하며, 섬기라 δουλεύω (둘류오)는, 동분사(명령적), 현재, 능동, 주격, 2인, 남성, 복수며, 종이 되다, 예속되다, 복종하다, 섬기다, 수고하다 등의 의미며, 동분사(명령적) 현재 능동은 언제나 어디서나 항상 스스로 우리가 사는 시간과 장소에서 여러 가지 방법으로 서둘러서 성령의 능력으로 펄펄 끓어 타오르는 열정으로 주님에게 속한 종이 되어 수고하고 섬기라는 절대적인 명령이다. 이는 구약의 십계명에서 마음과 뜻과 힘을 다하여 하나님을 사랑하라는 계명과 신약의 복음서에서 성령과 진리로 예배하라는 말씀과 동일하다. 이것이 신구약 성경은 십계명과 율법을 기록한 말씀이라는 증거며, 또한 구약과 신약은 동일한 말씀이라는 증거며, 십계명 중에 일 계명이 모든 성경의 기둥이라는 증거다. 이러한 열정으로 주님을 섬기기 위해서는 우리의 몸이 이 세대를 본받지 말고 오직 마음을 새롭게 하여 하나님께서 기뻐하시는 거룩한 산 제물이 되어야 한다. 이것이 하나님의 모든 자비하심으로 우리에게 권하는 말씀이다(롬 12:1-2). 모든 자비 οἰκτιρμός (오이크티르모스)는, 명사, 속격, 남성, 복수며, 동사 긍휼히 여기다, 불쌍히 여기다 등에서 유래한 자비, 동정, 긍휼 등의 의미며, 명사 속격 복수는 하나님께 속한 모든 자비하심과 동정하심과 긍휼을 의미하며, 이 세대를 본받지 말고 συσχηματίζω (쉬스케마티조)는, 동사, 명령, 현재, 중수, 2인, 복수며, 모양, 현상 등에서 유래한, 외형에 따르다, 어떤 형상을 취하다, 자기 자신을 본질적으로 다른 사람과 동일시하다, 또는 수동태로 ~같은 모양이 되다, ~에 따르다, ~에 순응시키다 등의 의미며, 동사 명령 현재 중수 복수는 언제나 어디서나 이 세대의 외형과 현상을 따르거나 취하지 말고 또한 이 세상의 사람들과 동일시하여, 그들과 같은 모양에 되거나 따르거나 순응하는 상태에 머물러있지 않는 결과로 우리의 몸을 하나님이 기뻐하시는 거룩한 산 제물로 드리는 영적인 예배자가 될 수 있다는 절대적인 명령이다. 이는 이 세대를 본받으면 하나님의 모든 자비하심을 누릴 수 없다는 것이며, 영적인 예배 자가 될 수 없다는 논리다. 이 세대는 사탄이 통치하고 있기 때문이다. 그러므로 마음을 새롭게 변화를 받아 하나님의 선하시고 기뻐하시고 온전하신 뜻이 무엇인지 분별하여 우리의 몸이 하나님께 산 제물로 드려야 한다. 이것이 나 외에 다른 신들을 두지 않는 것이다.

넷째, 계시록이다. 신약의 계시록에는 주님께서 에베소교회 사자에게 처음 사랑을 버린 것을 책망하셨다(계 2:4). 처음 πρῶτος (프로토스)는, 형용사, 서수, 대격, 여성, 단수며, 전에, 앞에, 먼저, 전부터의 최상급의 단축형으로 시간적으로 첫째, 처음에, 첫 번의, 최고의 등이며, 이는 맨 처음에 하나님과 성도에 대하여 여러 가지 풍성하게(형용사), 가졌던 최고의 사랑을 말하며, 그 최고의 사랑이 성령의 능력으로 펄펄 끓어 타오르는 열정으로 주님에게 속한 종이 되어 마음과 뜻과 힘을 다하여 하나님을 사랑했던 열정을 말하며, 사랑 ἀγάπη (아가페)는, 동사 아가파오에서 유래한 성령의 열매로 나타나는 사랑을 말한다. 버렸느니라 ἀφίημι (아피에미)는, 동사, 직설법, 1부정과거, 능동, 2인, 단수며, 무엇으로부터와 보내다 라는 합성에서 유래한 버리다,

포기하다, 방치하다, 뒤로하다 등의 의미며, 동사 직설법 과거 능동 단수는 스스로 성령의 능력으로 펄펄 끓어 타오르는 열정으로 마음과 뜻과 힘을 다하여 처음에 가졌던 사랑을 버리고 포기하고 방치하며 포기한 것을 의미한다. 성령으로 가졌던 사랑을 자기 스스로 포기하고 버렸기 때문에 주님에게 책망을 받는다. 그는 처음에 주님께 대한 뜨거운 사랑을 가졌지만 시간이 지나는 동안에 버린 것을 말한다. 사랑을 버린 것은 성령의 불이 기졌다는 의미며, 육체적인 자기욕망의 사랑에 빠져있다는 증거다. 사랑은 성령으로 나타나는 열매며, 자기사랑은 육체적인 열매이기 때문이다. 이것이 마음과 뜻과 힘을 다하여 하나님을 사랑하는 일 계명을 버리는 것이다. 때문에 회개하고 성령으로 처음 사랑을 회복하라는 명령이다(계 2:5). 회개하고 처음 사랑을 회복해야 일 계명이 성취된다.

2) 이 계명

십계명의 이 계명에 대하여 신약에서는 다음과 같이 해석하고 있다. 이 계명의 우상숭배금지는 신약에도 구약과 동일하다(고전 5:11,6:9, 10:7,14-20;고후 6:16;갈 5:20). 도리어 우상숭배에 대한 계명은 신약에서는 더욱 강화시킨다. 첫째, 복음서에서 주님은 우상숭배에 대한 계명을 해석하는 산상수훈에서 물질을 하나님보다 더 사랑하는 것까지 우상숭배라고 하셨다. 물질의 우상숭배는 하나님과 물질을 겸하여 섬기는 것을 말한다. 이것이 두 주인을 섬기는 것이다. "한 사람이 두 주인을 섬기지 못할 것이니-이를 미워하고 저를 사랑하거나-이를 중히 여기고 저를 경히 여김이라 너희가 하나님과 재물을 겸하여 섬기지 못하느니라"(마 6:24). 섬기게 δουλεύω (둘류오)는, 동부정사, 현재, 능동이며, 노예, 종 등에서 유래한, 종이 되다, 예속되다, 종속되다, 종노릇하다, 섬기다, 복종하다, 수고하다, 사랑하며 섬기다 등의 의미며, 동부정사 현재 능동은 우리가 살아가는 시간과 장소에서 여러 가지 방법으로 언제나 어디서나 항상 스스로 하나님과 재물을 두 주인으로 겸하여 종노릇하며 복종하며 수고하고 사랑하며 섬기는 것을 의미한다. 하지만 주님은 한 사람이 두 주인은 섬길 수가 없다는 것을 교훈하시는 것이다. 두 주인을 겸하여 섬기게 되면 하나를 중하게 여기고 다른 하나는 경하게 여기게 된다. 둘 중에 하나를 선택해야 한다. 하나님을 주인으로 사랑하며 섬기든지 아니면 물질을 주인으로 사랑하며 섬기든지의 선택이다. 두 주인은 대결구도다. 물질을 미워하면 하나님을 사랑하게 되고, 물질을 사랑하면 하나님을 미워하는 것이며, 물질을 중하게 여기면 하나님을 경하게 여기는 것이며, 하나님을 중하게 여기면 물질을 경하게 여기는 구도다. 여기서 물질을 중하게 여기는 것이 우상숭배라는 것이다. 하나님을 경하게 여기며 미워하는 행동이기 때문이다. 이것이 구약의 십계명의 이 계명에 대한 주님의 해석이다. 그리고 물질이 우상이 되면 땅에다가 보물을 쌓고 살게 된다. 때문에 주님은 두 주인의 문맥에서 너희를 위하여 보물을 땅에 쌓지 말라고 명령하신 것이다. 보물을 땅에 쌓는 것이 탐심 때문이며, 탐심은 곧, 우상숭배다(골 3:5). "너희를 위하여 보물을 땅에 쌓아 두지 말라"(마 6:19). 땅에 쌓는 것 θησαυρίζω (데사우리조)는, 동사, 명령, 현재, 능동, 2인, 복수며, 쌓아두다, 모아두다, 저축하다, 간직하다 등의 의미며, 동사 명령 현재 능동 복수는 언제나 어디서나 항상 땅에만 보물을 쌓아두고 모아두고 저축하지 말라는 절대적인 명령이다. 땅에는 좀과 동록이 해하며 도둑이 구멍을 뚫고 도둑질하기 때문이며, 마음이 그곳에 빼앗겨서 물질을 사랑하여 하나님을 경하게 여기며 미워하게 되기 때문이다(마 6:21). 물질을 사랑하면 하나님께 대한 사랑이 멀어진다. 마음은 사랑하는 곳에 집중된다. 하나님을 사랑하면 하나님께 마음이 집중되며, 물질을 사랑하면 물질에 마음을 집중한다. 마음이 하나님을 사랑하게 되면 보물을 땅에 쌓지 않고 하늘에 쌓게 되며, 하늘에 보물을 쌓게 되면 마음이 하나님께 집중된다. 이것이 마음을 다하고 뜻을 다하고 힘을 다하여 여호와를 사랑하는 것이며(신 6:5), 주님도 동일하게 말씀하셨다(마 22:37). 그러므로 두 주인을 섬기지 않는 것이 이 계명에 대한 해석이다.

둘째, 눈의 문제다. 눈이 성하면 보물을 하늘에 쌓게 되며, 눈이 나쁘면 땅에다가 보물을 쌓게 된다. 그러므로 주님은 눈이 선택하는 등불이라고 하셨다. "눈은 몸의 등불이니-네 눈이 성하면 온 몸이 밝을 것이요 눈이 나쁘면 온 몸이 어두울 것이니-네게 있는 빛이 어두우면 그 어둠이 얼마나 더하겠느냐"(마 6:22-23). 눈이 성하면 등불이 되어 온 몸이 밝아져서 두 주인 중에 하나님을 섬기게 되며, 하늘에 보물을 쌓게 되지만 눈이 나쁘면 어두워 땅에다가 보물을 쌓는다. 눈이 어두우면 옳은 것을 선택하지 못한다는 논리다. 그렇다면 눈이 무엇을 의미하는지를 알아야 한다. 눈 ὀφθαλμός (오프달모스)는, 명사, 주격, 남성, 단수며, 보다, 나타나다 등에서 유래한 문자적인 눈과, 상징적으로 정신과 영적인 이해력과 빛을 말하며, 본문에서는 상징적인 의미로 사용되었다. 명사 주격 단수는 정신적인 것과 영적인 이해력과 빛이 주체가 되어 몸으로 행동하는 삶의 자리에서 진리와 비진리, 옳은 것과 그릇된 것을 분별하게 된다는 의미다. 이는 정신적으로 또는 영적으로 분별하는 것을 말한다. 진리와 비진리, 옳은 것과 그릇된 것을 분별하는 것이 밝게 빛나는 눈을 가진 자며, 영적으로 믿음이 성숙한 자이며, 진리와 비진리, 옳은 것과 그릇된 것을 분별하지 못하는 것이 어둠이 더하다는 것이며, 영적으로 미성숙한 어린아이이다. 영적으로 성숙한 자는 옳은 것과 그릇된 것을 분별하는 밝은 빛으로 두 주인을 섬기지 않고 하늘에 보물을 쌓는 지혜로운 자가 되는 것을 말한다. 이것이 눈이 성한 것이다. 그런데 라오디아교회 사자는 환경은 부요하여 부족함이 없었지만 영적인 눈이 어두워서 신앙생활이 미지근하여 회개하지 않으면 주님에게 토하여 내침을 받게 되는 경고를 받고 있으며(계 3:15-17), 영적인 어린아이는 여자를 보고 음욕을 품는 간음죄를 범하기 때문에 눈을 뽑아서 지옥에 떨어지지 않게 하라는 주님의 경고를 받는다(마 5:28-29). 그러므로 영적인 초보를 버리고 선과 악을 분별하는 장성한 사람으로 자라야 한다(히 5:14,6:1). 특히 주님의 재림이 가까운 카이로스 종말의 때인 지금은 영적인 어린 아이에 머물러 있으면 노아의 시대와 롯의 시대 사람들처럼 두 주인을 섬기게 된다는 사실을 잊지 말아야 한다(눅 17:26-32). 이것이 신약의 복음서에서 구약의 십계명의 이 계명에 대한 주님의 해석이다.

셋째, 신약의 서신서다. 서신서에는 우상숭배자는 하나님의 나라를 유업으로 받지 못한다는 경고와, 조상숭배는 귀신에게 하는 것으로 해석하고 있다(고전 6:9,10:20). 우상자체는 아무것도 아니지만 귀신은 우상숭배를 통하여 역사한다는 것이다. 우상숭배자들에게 나타나는 초자연적인 현상들은 배후에 귀신들의 역사다(마 17:15). 그리고 땅의 것을 생각하지 말고 땅에 있는 지체를 죽이라는 명령이다. 곧 음란과 부정과 사욕과 악한 정욕과 탐심이니 탐심은 우상 숭배니라(골 3:2-5). 탐심 πλεονεξία (플레오넥시아)는, 더 많이 가지기를 원하는 사람, 욕심꾸러기, 탐욕을 부리는 자등에서 유래한 탐심, 탐욕, 부도덕한 야망, 불의한 이득을 탐하려는 것 등의 의미며, 이 단어는 육신의 지체로 땅에 것에 대한 욕심과, 소유에 대한 탐심과(눅 12:15), 탐욕의 구실로 아첨하는 말과(살전 2:5), 돈과 성욕을 자기 몫보다 더 많이 가지려는 욕망과(엡 4:19), 이단들의 미혹과(벧후 2:3,14), 탐욕에서 억지로 드리는 헌금(고후 9:5)등에 사용되었다. 이와 같이 땅에 것을 생각하여 탐심에 빠지면 주님과 원수가 되며, 배를 하나님으로 삼아 부끄러운 영광에 이르는 마지막이 멸망이다(빌 3:17-21). 때문에 우리는 우리의 시민권이 하늘에 있으며, 거기로부터 주님과 함께 영광스러운 몸으로 변화될 자들임으로 땅에 있는 지체의 탐욕을 죽이고 위에 것을 생각해야 한다. 땅에 대한 지체의 탐욕은 십자가에 주님과 함께 못 박혔다(빌 3:20-21;골 3:1-4). 이것이 신약의 서신서에서 구약의 십계명의 이 계명에 대한 해석이다.

넷째, 신약의 계시록이다. 계시록에는 발람의 교훈과 이세벨의 교훈이 우상숭배다. 발람은 발락을 가르쳐 이스라엘 자손 앞에 걸림돌을 놓아 우상제물을 먹게 하고 행음하게 하였으며, 자칭 선지자 여자 이세벨도 행음과 우상 제물을 먹게 하는 교훈이다(계 2:14,20). 발람의 교훈으로 걸림돌을 놓은 자는 교회 안에 있는 삯군 목회자며, 자칭 여자 선지자는 교회 안에 침투한 거짓 선지자다. 이들은 대 환난 날에 지상에 있는 모든 교회 안에 침투할 비밀이다. 그리고 우상숭배자는 회개하지 않으면 불과 유황으로 타는 못에 던져지는 심판을 받는다(계

2:14,20,9:20,13:14,15,14:9,11,21:8,22:15). 이것이 신약에서 십계명의 제이 계명에 대한 교훈들이다.

3) 삼 계명

십계명의 삼 계명에 대하여 신약에서는 다음과 같이 해석하고 있다. 신약에서 삼 계명에 대한 해석과 교훈의 첫 번째는 복음서의 산상수훈이다. 주님은 산상수훈에서 두 가지를 해석하였다. 하나는 아버지의 이름을 거룩하게 여기는 것이며, 다른 하나는 헛된 맹세를 금지하신 것이다. "그러므로 너희는 이렇게 기도하라 하늘에 계신 우리 아버지여 이름이 거룩히 여김을 받으시오며"(마 6:9). 너희는 이렇게 기도하라는 말씀은 바리새인들의 외식하는 기도와 이방인들의 기도와 구별된 기도에 대한 교훈이다. 바리새인은 사람들에게 보이기 위하여 회당과 큰 거리에 서서 기도하기를 좋아하였고, 이방인들은 많은 말로 중언부언하는 기도다. 이처럼 사람에게 보이기 위한 기도와 중언부언하는 기도는 하나님의 이름을 망령되게 부르는 것이라는 주님의 해석이다. 이것이 삼 계명에 대한 바른 해석이다. 중언부언 βαττολογέω (밧톨로게오)는, 동사, 명령, 과거, 능동, 2인, 복수며, 말더듬이와 말이란 합성어에서 유래한 쓸데없는 소리를 반복하는 습관처럼 말을 더듬다, 무익한 말을 몇 번이고 많이 반복하다 등의 의미며, 동사 명령 과거 능동 복수는 이방인들과 같이 가치 없는 무익한 소리를 반복하여 하는 기도를 스스로 하지 말라는 절대적인 명령이다. 그렇게 하는 것이 하나님의 이름을 망령되게 부르는 것이기 때문이다. 아버지의 이름을 거룩하게 여김을 받으시오며 ἁγιάζω (하기아조)는, 동사, 명령, 과거, 수동, 3인, 단수며, 두려운 것에서 유래한 거룩하게 여기다, 구별하다, 성별하다, 바치다, 성결하게 하다, 깨끗하게 하다 등의 의미며, 동사 명령 과거 수동 단수는 아버지의 이름은 거룩하게 구별되신 분이심으로 그 이름을 거룩하게 구별되게 성별되게 성결하게 깨끗하신 분으로 여김을 받으시도록 인정해드리는 기도를 드리라는 절대적인 명령이다. 하늘에 계시는 아버지 하나님은 흠과 티가 조금도 없으시고 성결하시고 거룩하신 분이심으로 이방인들이 우상에게 중언부언 하는 것과 외식하는 것과 구별되게 하라는 교훈이다. 바리새인들은 외적적인 기도뿐만이 아니라 헛된 맹세까지 하여 자신들의 욕망으로 하나님의 이름을 변질시켜 화가 임하는 책망을 받았다(마 23:16-22).

둘째는 헛된 맹세다. 헛된 맹세는 하나님의 이름을 망령되게 하는 것이다. "옛 사람에게 말한바 헛맹세를 하지 말고 네 맹세한 것을 주께 지키라 하였다는 것을 너희가 들었으나 나는 너희에게 이르노니 도무지 맹세하지 말지니 하늘로도 하지 말라 이는 하나님의 보좌임이요 땅으로도 하지 말라 이는 하나님의 발등상임이요 예루살렘으로도 하지 말라 이는 큰 임금의 성임이요 네 머리로도 하지 말라 이는 네가 한 터럭도 희고 검게 할 수 없음이라 오직 너희 말은 옳다, 아니라하라 이에서 지나는 것은 악으로부터 나느니라"(마 5:33-37). 주님은 헛된 맹세뿐만이 아니라 맹세자체를 금지하셨다. 옳은 것은 옳다라고 말하고 아닌 것은 아니라 라고 말하라는 것이다. 할 수 있는 것은 예하고 할 수 없는 것은 아니요 라고 말하라는 말씀이다. 우리는 한 터럭도 희고 검게 할 수 없기 때문이다. 맹세 ὅρκος (호르코스)는, 가두다, 내쫓다 등에서 유래한 서약과 맹세를 말하며, 자신의 말을 묶거나 확증할 때 사용되었다. 성경에서 맹세에 대하여 사용된 경우는 하나님께서 언약백성들에게 하신 것으로 기록하고 있다(시 132:11,89:3;눅 1:73;행 2:30;히 6:17). 이는 자기보다 더 큰 이가 없기 때문에 자기를 가리켜 맹세하신 것이다(히 6:13,16). 이름은 그분의 품성과 속성 인격 전체를 나타낸다. 그러므로 하나님의 맹세는 그분의 품성과 속성의 인격을 걸고 하신 것이다. 사람들은 신실하신 하나님의 인격을 믿기 때문에 그분의 맹세를 기억한다. 그리고 사람들은 자신의 신앙과 말을 확증할 때(사 19:18,65:16), 맹세한 후에 실수하거나 후회하는 경우들에게 사용된 것을 기록하고 있다(마 26:72;막 6:26). 사람들은 모든 일의 최후 확정으로 맹세와 서약을 한다(히 6:16). 서약은 하나님께 무엇을 어떻게 하겠다고 자원하는 신앙적인 고백이며, 맹세는 사람들에게 자신의 말이나 행위의 진실성을 입증하기 위한 도구로 사용되었다. 교회서 하는 서약과 맹세는 세례를 받을 때, 직분을 맡을 때, 헌금을 작정할 때, 결혼식 때 등으로 사용되고 있다. 그런데 하나님의 이름으로 하는 서약과 맹세는 진심으로 그분을 경외하는 마음과 사랑하는 마음으로 해야 하며 반드시 지켜야 한다. 지키지 못하면 하나님의 이름을 헛되이 사용되기 때문에 맹세를 금하는 것이다. 지킬 수 있는 것은 예하고 지킬 수 없는 것은 아니요 해야 한다. 서신서는 야고보서와 사도행전에서 맹세와 서원에 대한 기록이 있다. 야고보서는 산상수훈과 동일하게 맹세에 대한 교훈이며, 사도행전은 바울이 서원하여 머리를 깎은 사건이다(약 5:12;행 18:18). 이것이 구약의 십계명의 삼 계명에 대한 신약의 해석이다.

4) 사 계명

십계명의 사 계명에 대하여 신약에서는 다음과 같이 해석하고 있다. 구약에서 여호와 하나님께서 언약백성들에게 안식일을 지키도록 사 계명으로 주신 것은 신약에서 참 안식을 성취하실 모형과 그림자였다. 그 모형과 그림자를 성취하시기 위하여 여호와 하나님께서 신약에서 인간의 모양으로 오신 이름이 인자다. "인자는 안식일의 주인이니라 하시니라"(마 12:8). 안식의 주인 κύριος (퀴리오스)는, 명사, 주격, 남성, 단수며, 힘과 권위에서 유래한 주, 주인이란 의미며, 명사 주격 단수는 주님께서 안식일의 주인이 되신 것이 주체라는 의미로 안식일은 주체가 되는 주인에게 속한다는 의미다. 속한다는 말은 안식일의 문법이 소유격이기 때문이다. 소유격은 인자에게 속한 안식일, 인자에 안식일, 인자에 관한 안식일이란 의미다. 이를 더 명확하게 해석하면 인자에게 속한 안식일, 인자에 안식일, 인자에 관한 안식일이란 의미다. 그러므로 주님자신이 친히 인자는 안식일의 주인이라고 증언하신 말씀은 구약의 십계명에서 사 계명으로 주신 안식일은 주님에게 속한 날이며, 주님의 날이며, 주님께 관한 날이라는 의미다. 이것이 구약에서 여호와 하나님께서 언약백성들에게 사 계명을 지키도록 명령하실 때에 안식일은 여호와의 안식일이라고 하신 말씀과 동일하며, 또한 구약에서 십계명으로 언약을 맺으신 여호와 하나님이 신약에 예수 그리스도의 이름, 곧, 인자로 오셨다는 증거다. 그러므로 구약에 여호와 하나님의 안식일을 신약에서 완선하게 성취하시기 위하여 인자의 모양으로 오신분이 예수 그리스도라는 것이다. 인자의 이름으로 오신 주님은 신약에서 구약의 여호와의 안식일을 완전하게 성취하시기 위하여 죄와 사망으로 참 안식을 누리지 못하고 있는 인류에게 십자가에서 인류의 모든 죄와 사망과 고통의 멍에를 짊어지심으로 참 자유를 주시고 부활하심으로 여호와의 안식일을 완전하게 성취하심으로 참 안식일의 주인이심을 증명하신 것이다. 이러한 참 안식을 주시기 위하여 구약에서 언약백성들에게 안식일을 거룩하게 지키도록 사 계명으로 주신 것이며, 언약백성들은 참 안식을 누리게 될 표징으로 언약을 맺었던 것이다. "이스라엘 자손이 안식일을 지켜서 그것으로 대대로 영원한 언약을 삼을 것이니 이는 나와 이스라엘 자손 사이에 영원한 표징이며 나 여호와가 엿새 동안에 천지를 창조하고 일곱째 날에 일을 마치고 쉬었음이니라 하라"(출 31:16-17). 표징 אוֹת (오트)는, 신호, 증거, 예표, 표징이란 의미다. 이는 영원한 참 안식을 누리게 될 신호 증거 예표 표징으로 사 계명으로 언약을 삼았다는 말씀이다.

그리고 구약의 안식일은 두 가지 메시지가 있었다. 하나는 문자적인 메시지며, 다른 하나는 계시적인 메시지다. 문자는 실제로 여호와 하나님께서 육일에 천지를 창조하시고 일곱째 날에 안식하신 것을 말하며, 계시는 장차 예수 그리스도께서 성취하실 것을 보여주는 예언이 숨겨져 있는 것을 말한다. 숨겨져 있는 계시는 주님께서 성취하실 영원한 하늘의 안식까지를 말한다. 구약에서는 신약에서 성취할 모형과 그림자의 안식을 계명으로 주셨고 신약에는 구약의 모형과 그림자로 주신 안식일을 성취하시면서 하늘에서 준비된 영원한 안식까지 보여주신 것을 말한다. 그것이 계시록에서 완성되는 천년왕국과 새 예루살렘이다(계 21-22장). 때문에 참 안식이라 부른다. 그러므로 구약의 안식일에 대한 계명은 신약에서 주님께서 참 안식으로 성취하실 것을 보여주신 계시적인 계명이었다. 주님은 그 계시를 십자가에서 성취하시고 부활하셨기 때문에 신약의 교회는 주님께서 부활하신 그날을 안식일로 지키게 된 것이다. 신약의 교회는 구약의 안식을 완전하게 성취하셨기 때문에 주님께서 부활하신 주일을 안식일로 지키게 된 것이다. 주일은 주님께서 오순절에 성령을 부어주셔서 신약의 교회를 세우신 날이기도 하다. 때문에 초대교회는 주일을 안식일로 지키면서 주님께서 성취하신 참 안식을 맛보며 누리기 위하여 함께 모여 예배와 친교와 가르침을 받았던 것이다. 부활은 주님께서 구약의 안식일을 십자가에서 완전하게 성취하시고 참 자유를 주시고 다시 살아나신 날이기 때문이다. 부활하신 날이 주일이다. 그러므로 초대교회부터 시작된 주일은 콘스탄틴 황제가 313년 로마를 기독교를 정식으로 공인한 후에 321년에 일요일을 공휴일로 확정하였다. 하지만 그가 공휴일을 제정하기 이전에 이미 초대교회는 주일에 모여서 예배를 드렸다(행 2:1-2,20:7; 고전 16:2). 칼빈은 기독교 강요에서 초대교회 교부들은 구약의 인식일은 신약에서 주님께서 오심으로 폐지되었다고 하면서 주일을 지켰다고 한다. 주님께서 구약의 율법적인 안식일을 십자가에서 폐지시키시고 신약에서 영적인 참 안식을 주셨다는 것이다. 그러므로 신약의 주일을 구약의 안식일과 동일하게 거룩하게 구별하여 하나님께서 택하신 장소에서 경건하게 지키고 있다. 택하신 장소는 성도들의 모임을 지정한 장소를 말한다(가정, 교회). 초대교회는 예루살렘 교회이후에 약 300년 동안 지정된 가정에서 모였다. 주일을 지정된 장소에서 경건한 예배와 감사와 십일조를 드리면서 모든 교인들이 함께 모여서 교제하며 지켰다(행 2:42-47). 안식일은 영원한 언약의 표징이며(출 31:13-17), 또한 함께 모여서 율법을 가르치라고 명령하신 것처럼(느 9:15), 일곱

날 중에 한 날을 정하여 지켜야 된다는 것이다. 그 한 날이 주님께서 부활하신 주일에 모든 활동을 쉬면서 하나님께 경배를 드리며 말씀을 가르치며 교제하면서 장차 하늘에서 누리게 될 영원한 안식을 맛보는 날이다. 때문에 예루살렘교회부터 성전과 가정에서 함께 모여서 서로 교제하며 사도의 가르침과 오로지 기도와 찬미를 드렸던 것을 성경에 기록하고 있다. 때문에 주일은 반드시 지정된 장소에서 함께 모여서 지켜야 한다. 안식일과 주일에 대한 용어적인 의미는 안식일은 구약 적인 개념이며, 주일은 신약 적인 개념이다. 안식일은 유대교적인 개념이며, 주일은 기독교적인 개념이다. 기독교의 주일은 안식일과 부활을 모두 포함하는 포괄적인 개념이다. 이것이 구약의 십계명의 사 계명에 대한 신약의 해석이다.

5) 오 계명

십계명의 오 계명에 대하여 신약에서는 다음과 같이 해석하고 있다. 복음서에서는 주님께서 산상수훈에서 부모를 공경하는 것이 집안 모든 사람에게 빛이 되는 것으로 해석하셨다. 부모공경은 집안에 비취는 착한 행실이며 그 행실은 하늘에 계시는 아버지께도 영광이 된다고 하셨다(마 5:15-16). 착한 καλός (칼로스)는, 아름다운, 좋은, 유용한, 도덕적인 선함과 고상함, 흠잡을 것이 없는, 훌륭한, 착한, 마땅한, 옳은, 유익을 얻는 등의 의미며, 행실 ἔργον (에르곤)은, 행위, 행동, 증거, 공적, 임무, 역사, 실천, 사업 등의 의미다. 이는 집안에 빛이 되는 여러 가지 아름답고 옳은 흠잡을 것이 없는 실천적인 행동의 사역들이 착한 행실이라는 것이다. 이러한 착한 행실은 집안의 모든 사람에게 빛이 되어 하나님께 영광이 된다. 그런데 본문에서 등장하는 집안의 사람들은 두 부류로 해석할 수 있다. 하나는 집안에 있는 부모며, 다른 하나는 교회 목회자와 성도들이다. 집 οἰκία (오이키아)는, 가족과 교회에 사용된 단어다. 집안에 모든 사람을 부모에게 적용하는 것은 집안의 대표는 부모들이기 때문이며, 집안에 어둠이 사라지고 빛이 드러나는 것은 부모공경으로 나타나기 때문이다. 그리고 십계명 중에 사람의 관계를 위하여 주신 첫 번째 계명이 부모공경이기 때문이다. 교회는 목회자와 성도는 하나님의 나라의 한 가족이기 때문에 적용이 가능하다. 목회자와 성도들이 착한 행실로 인하여 교회어둠이 사라지고 빛이 나타나게 되어 하나님께 영광이 된다는 의미다. 부모는 혈통적인 직계가족과 부양자와 양육자까지로 적용하는 단어다. 그러므로 혈통적인 가족과 부양자와 양육자에게 착한 행실을 하는 것이 집안의 모든 사람들에게 빛이 되며 하나님께 영광이 되는 일이라는 것이다. 하지만 바리새인과 서기관들은 사람의 전통으로 부모를 공경하라는 하나님의 계명을 버려버렸다. 그들은 하나님께 드림이 되었다고 하면서 부모에게는 드리는 것을 불순종했다(막 7:8-12). 그들은 사람이 만든 전통으로 오 계명을 버린 것이다. 그것이 입술로는 하나님을 공경하되 마음은 떠난 신앙이다(마 15:8). 주님은 부모를 공경하지 않는 자는 입술만 고백하는 신앙인 것으로 책망하셨다.

신약의 서신서는 부모공경에 대하여 약속 있는 첫 계명으로 해석한다. 약속 있는 첫 계명이란 부모를 공경하면 자녀들이 하는 일이 잘 되고 장수하는 복을 말하며, 또한 착한 행실은 이웃에 대한 나머지 계명들을 자연히 지키게 된다는 것이다. 하는 일이 잘 되고 착한 행실인 이웃에게 빛이 되어 뒤에 있는 육 계명에서 열 계명까지는 자연적으로 지켜지게 된다. 일이 잘 되지 않고 잘못된 행실에서 나타나는 현상이 이웃에 대한 미움과 간음과 도둑질과 거짓증언과 탐욕을 품게 되기 때문이다. 그러므로 약속 있는 첫 계명의 복을 받기위해서는 주 안에서 부모에게 순종하라는 명령이다(엡 6:1). 주 안에서 ἐν (엔)은, 주님 안에, 주님과 함께, 주님 앞에서, 주님 곁에서, 주님의 힘으로, 주님에 의하여, 주님 때문에, 주님에 관하여, 주님을 가지고 등을 의미하며, 이와 같은 의미는 두 가지다. 하나는 부모가 먼저 주님 안에 관련된 말씀과 주님을 위하여 하는 말씀에 순종하라는 의미며, 다른 하나는 자녀들이 주님 안에서 주님과 함께, 또는 주님에 관하여 순종하는 것을 의미한다. 전자는 부모가 주님 안에서 주님과 함께, 주님에 관하여 먼저 순종하는 본을 자녀들에게 보여주는 것을 말한다. 부모가 주님에게 순종하면서 주의 교훈과 훈계로 자녀들을 양육하는 것을 말하며, 후자는 자녀들이 부모에게 주의 교훈과 훈계로 양육을 받는 대로 순종하는 것을 말한다. 이것이 자녀들이 주 안에서 부모를 공경하라는 의미다. 부모가 주의 교훈과 훈계로 양육하지 않는 것이 자녀들을 노엽게 하는 것이며, 자녀들이 부모가 주의 교훈으로 양육한 대로 사는 것이 주 안에서 부모에게 순종하는 것이며, 또한 부모에게 즐거움이다(엡 6:4;골 3:20). 자녀들이 주 안에 순종하는 것이 믿음으로 사는 것이다. 순종하라 ὑπακούω (휘파쿠오)는, 동사, 명령, 현재, 능동, 2인, 복수며, 말을 듣다, 순종하다, 복종하다, 열어주다, 대답하다, 응하다, 영접하다 등의 의미며, 동사 명령 현재 능동 복수는 자녀들은 언제나 어디서나 항상 스스로 주 안에서 부모의 말을 듣고 순종하고 복종하며 영접하라는 절대적인 명령이다. 순종은 자신의 의지와 경험과 지식을 내려놓을 때가능하다. 자신의 의지와 경험과 지식을 내려놓아야 순종할 수 있다. 부모가 자녀들에게 하는 말은 종말론적인 교훈이라는 말이 있다. 종말론적이란 유언과 같은 의미다. 이는 부모들이 자녀들보다 먼저 주의 교훈과 훈계로 살아온 경험의 지혜로 자녀들에 유언처럼 당부하는 것을 말한다. 때문에 성경에는 늙은 자에게는 지혜가 있다는 것이며, 백발은 영화의 면류관이며, 늙은 자의 아름다움은 백발이라는 것이며, 센 머리 앞에서 일어서고 노인의 얼굴을 공경하라는 것이다(레 19:32,욥 12:12, 잠 16:31,20:29). 부모는 자녀들이 세상적인 물질과 지식과 명예를 많이 얻는 것보다 제일먼저 자녀들이 신앙생활에 충실하기를 바라며, 부모를 인정하고 말을 들어주는 것이 최고의 기쁨으로 여긴다. 그리고 자녀들이 주 안에서 부모를 공경하라는 것은 자녀는 부모를 통하여 생명을 받았으며, 또한 부모를 통하여 주님을 섬기는 믿음과 신앙의 교육을 받기 때문이다. 부모에게 순종함이 없으면 자녀들은 주님의 교훈과 훈계를 받지 못한다. 칼빈은 주 안에서란 단어해석에서 만일에 부모가 자녀에게 하나님의 계명을 범하도록 부추기거나 하나님을 공경하지 못하도록 유혹하면 타인으로 간주할 권리가 있다고 하였으며, 또한 정치인들과 고관들도 이와 같은 일을 한다면 동일한 원리를 적용해야 한다고 주장하였다. 왜냐하면 하나님의 계명을 범하도록 가르치는 일들은 무가치하고 어리석인 일이기 때문이다(기독교 강요. 상. 495p). 부모가 자녀에게 하나님의 계명을 범하도록 부추기거나 하나님을 공경하지 못하도록 유혹하는 것이 자녀들을 노엽게 하는 일이기 때문에 타인과 같이 간주할 권리가 있다는 것이라고 할 수 있다. 따라서 부모나 고관들이 하나님의 말씀에 위배되는 것을 가르치고 인도하는 것은 단호하게 거부해야 한다. 그것은 주 안에서 가르치는 교훈이 아니기 때문이다.

그리고 부모공경은 약속 있는 첫 계명이며, 진실한 진리의 말씀이다. 자녀들이 주 안에서 부모에게 순종하면 하는 일이 잘 되고 장수하는 복을 받는다. 잘 되고 γίνομαι (기노마이)는, 동가정, 과거, 중간디포, 3인, 단수며, 일어나다, 태어나다, 창조되다, 만들어지다, 임하다, 이루다, 차다 등의 의미며, 동가정 과거 중간디포 단수는 주 안에서 부모에게 순종하는 그 결과로 그가 하는 모든 일이 잘되게 좋은 일들이 만들어지고 창조되고 그 일들을 이루어져서 차고 넘치게 된다는 의미다. 순종하면 잘 되고 불순종하면 일이 잘 안 된다. 사람들은 일이 잘되면 자기 탓이고 일이 잘 못되면 부모나 다른 사람에게 탓을 돌린다. 그러나 일이 잘안될 때 남을 탓하지 말고 자신을 돌아보며 원인을 찾는 지혜를 가져야 한다. 하나님의 약속은 자녀들이 주 안에서 부모에게 순종하면 반드시 하나님께서 일이 잘 되는 복을 내려주신다. 그리고 땅에서 장수한다. 장수하리라 εἰμί (에이미)는, 동사, 직설법, 미래, 중간디포, 2인, 단수며, 땅에서 오래 살게 되는 것을 말하며, 동사 직설법 미래 중간디포 단수는 자녀들이 주 안에서 부모에게 순종할 때, 그 결과로 땅에서 실제적으로 오래 동안 살게 된다는 의미다. 이것이 약속 있는 첫 계명이다. 자녀들 τέκνον (테크논)은, 남녀 관계없이 부모로부터 출생한 모든 자들을 말하며, 넓은 의미로는 성도, 자손, 제자, 주민들까지를 말하는 단어지만 본문에서 직계가족의 자녀들을 의미한다. 옛부터 우리나라는 장남이 부모를 모시고 다른 자녀들은 분가하여 살았다. 때문에 부모를 모시는 장남만 부모와 관련된 모든 대소간에 문제에 대한 일들로 인하여 짐이 무거웠다. 하지만 성경은 모든 자녀들이 함께 협력하여 부모를 공경하도록 명령하고 있음을 기억해야 한다. 때문에 모든 자녀들은 세상풍조를 따르지 말고 주님의 말씀에 순종하여 부모에게 관련된 모든 일들은 서로 협력하여 섬겨야 한다. 백지장도 맞들면 낫다는 말과 같이 함께 협력해서 공경하면 부모를 모시는 것이 무거운 짐이 되지 않고 한결 가볍고 또한 즐거움이 될 것이다. 모든 자녀들이 협력하여 부모를 공경할 때, 부모의 기쁨이 배가 될 것이다. 그리고 후손들에게 부모에게 순종하는 것을 배우게 해야 한다(골 3:20;딤전 5:4). 배우게 하라 μανθάνω (만다노)는, 동사, 명령, 현재, 능동, 3인, 복수며, 마음이 부모를 공경하는 것으로 향하게 하다 라는 의미에서 익숙해지다, 경험하다, 알게 되다, 이해하다, 가르침을 배우다, 지도를 받다, 깨우치다, 배우다 등의 의미며, 동사 명령 현재 능동 복수는 자녀에게 부모를 공경할 수 있는 마음이 들게 하기 위하여 언제나 어디서나 항상 가르치고 경험하게 하며 깨우쳐서 배우게 하라는 절대적인 명령이다. 왜냐하면 자기 친족과 가족을 돌아보지 않는 자는 믿음을 배반한 자가되며, 불신자보다 더 악한 자가 되기 때문이다(딤전 5:8). 돌아보지 προνοέω (프로노에오)는, 동사, 직설법, 현재, 능동, 3인, 단수며, 먼저, 특히 라는 전치사와 인지하다, 깨닫다, 알다 등의 합성어에서 유래한 미리생각하다, 조심하다, 돌보다, 공급하다, 고려하다, 무엇을 걱정하다, 도모하다 등의 의미며, 동사 직설법 현재 능동 단수는 자기 친척과 가족을 언제나 어디서나 항상 실제적으로 먼저 인지하고 미리생각하고 고려하며 돌보며 공급하는 것을 의미한다. 돌아보라는 것은 두 가지 의미다. 먼저는 주 안에서 부모에게 순종하는 것을 말하며, 다른 하나는 친척과 가족이 그의 나라와 그의 의를 구하는 일에 도움을 주라는 의미다. 주 안에서 친척과 가족들에게 복음을 전파하여 하나님의 백성들이 되게 하는 것을 말한다. 하나님의 백성이 되게 하는 것이 최상의 부모공경이다. 그리고 교회는 늙은이를 꾸짖지 말고 아버지에게 하듯 권하며 늙은 여자에게는 어머니에게 하듯하며, 잘 다스리는 장로들은 배나 존경하되 말씀과 가르침에 수고하는 목회자에게는 더욱 존경하며, 순종하며 귀히 여기며 서로 화목해야 한다(살전 5:12-13;딤전 5:1-3;17-18,히 13:17). 그런데 카이로스 종말의 때가 되면 많은 사람들이 자기만 사랑하여 부모를 거역하며 경건의 모양만 가진다(딤후 3:2). 이는 바리새인과 서기관들이 입술은 하나님을 공경하되 마음은 떠나있다는 것과 같이, 자기만 사랑하는 자는 신앙의 모양은 있지만 순종하는 것은 거역해버린다. 거역 ἀπειθής(아페이데스)는, 부모에게 순종하지 않는, 부모에게 복종하지 아니하는, 부모를 거스르는, 부모를 거역하는 것을 말한다. 그러므로 우리가 사는 시대는 경건의 모양만 의존하여 부모를 거역하는 현상들이 많이 일어나는 때를 맞이하고 있다. 때문에 경건의 모양에 의존하여 부모를 거역하는 일에서 돌아서야 한다(딤후 3:5). 돌아서지 않으면 쭉정이가 될 수 있으며, 쭉정이는 지옥 불에 떨어지며, 부모를 거역하는 자는 하나님께 미움을 받는다(마 3:12;롬 1:30). 이것이 구약의 십계명의 오 계명에 대한 신약의 해석이다.

6) 육 계명

십계명의 육 계명에 대하여 신약에서는 다음과 같이 해석하고 있다. 주님은 육 계명에 대하여 산상수훈에서 마음의 동기가 곧 살인이라는 것으로 해석하셨다. 살인은 이미 마음에서 다른 사람에 대한 증오와 분노와 악의에 찬 속임수와 사리사욕의 동기에서 시작된다는 것이다. “옛 사람에게 말한바 살인하지 말라-살인하면 심판을 받게 되리라 하였다는 것을 너희가 들었으나 나는 너희에게 이르노니 형제에게 노하는 자마다 심판을 받게 되고 형제를 대하여 라가라 하는 자는 공회에 잡혀가게 되고 미련한 놈이라 하는 자는 지옥 불에 들어가게 되리라"(마 5:21-22). 분문은 구약의 십계명의 육 계명에 대한 해석이다. 본문에서 옛 사람에게 말한 것이 십계명을 말하며, 십계명에서 살인하지 말라는 계명에 대한 해석으로 누구든지 형제에게 노하면 심판을 받게 되며, 형제에게 라가라 하면 공회에 잡혀가게 되며, 미련한 놈이라고 하면 지옥 불에 들어가게 된다는 것이다. 형제는 성경에서 믿는 성도를 말하며, 넓은 의미로는 이웃까지다. 그러나 본문의 문맥은 성도다. 따라서 믿는 형제에게 노하는 것, 라가라 하는 것, 미련한 놈이라고 하면 그것이 육 계명을 범하는 살인죄가 되어 심판을 받게 되며, 공회에 잡혀가게 되며, 지옥 불에 떨어지게 된다. 여기서 우리는 십계명과 율법으로 범한 죄는 지옥 불에 떨어지는 심판인 것을 알 수 있다. 노하면 ὀργίζω (오르기조)는, 동분사, 현재, 중수디포, 주격, 남성, 단수며, 손을 내밀다, 열망하다, 원하다, 간절히 바라는 분노, 진노, 분함 등에서 유래한 능동적으로 화를 내다, 노하다, 격분하다 이며, 수동적으로 노하게 되다 등의 의미다. 동분사 현재는 우리가 사는 시간과 장소에서 언제나 어디서나 항상 여러 가지 방법으로 형제에게 능동적으로 화를 내는 것과, 또한 수동적으로 화를 내게 되는 환경을 만나는 것을 의미한다. 능동은 자신의 성격과 원한과 미움의 감정에서 나오는 분노를 말하며, 수동은 다른 사람에게 화를 낼 수 있는 영향을 받은 경우를 말한다. 때문에 킹제임스 성경에는 형제에게 까닭 없이 성내는 사람으로 번역되어 있다. 까닭 없이 형제에게 성낸다는 말은 성을 낼 수 있는 환경을 만나면 성을 내게 된다는 것을 전제하는 말이다. 때문에 본문에서 말하는 분노는 두 가지로 해석할 수 있다. 하나는 자기스스로 형제에게 분노하는 것과, 다른 하나는 분노할 수 있는 이유가 발생했을 때, 나타나는 것을 말한다. 하지만 수동이든 능동이든 형제를 미워하는 열망과 원한에 찬 마음은 버려야 한다. 그렇지 않으면 미움의 분노가 살인의 동기가 되기 때문이다. 라가라 ῥακά (라카)는, 히브리어로 가치 없는, 무익한 등에서 유래한 형제에게 머리가 텅 빈 돌대가리, 바보, 미련한 놈으로 멸시하는 욕설을 말하며, 미련한 놈 μωρός (모로스)는, 형제를 어리석고 미련하다고 천시하는 것을 의미한다. 이 단어는 맛이 없는 음식이나 겨울에 동작이 둔한 동물들에게, 또는 고된 일로 고통을 당하는 사람들에게, 부적절한 행동과 사상에 빠진 분별력이 결여된 지식의 결핍과 관련하여 사용되었다. 따라서 형제에 대하여 맛이 없는 음식과 겨울에 동작이 둔한 동물들과 고통을 당한 사람들과 부적절한 행동과 사상에 빠진 분별력의 결여자로 또는 지식의 결핍에 처한 사람처럼 미련하게 여기며 무시하면 지옥 불에 들어가는 살인죄가 된다는 말씀이다. 왜냐하면 그 형제는 주님께서 피로 값을 주고 구원하신 하나님의 아들이기 때문이다. 그리고 형제에게 원망들을 만한 일이 생각나면 예물을 제단 앞에 두고 먼저 화목하고 와서 드리라고 하셨다(마 23-24). 원망은 형제에게 노하거나 멸시하는 욕설이나 미련한 놈이라고 하여 그 형제에게 원망을 들을 수 있는 환경을 말한다. 원망을 들을 만한 일이 생각나면 먼저 화목하고 예물을 드리라는 것이다. 원망 들을 만한 일들이 없어야 하겠지만 생활하는 가운데 능동적이든 수동적이든 그런일이 발생했을 때는 먼저 화목하고 하나님께 예물을 드리라는 것이다. 이는 예물을 드리는 것보다 형제와 화목한 것이 더 우선적이라는 의미다. 화목 διαλλάσσω (디알랏소)는, 동사,

명령, 과거, 수동, 2인, 단수며, 바꾸다, 변하다 등에서 유래한 화해하다, 조정하다, 변경하다, 교환하다 등의 의미며, 동사 명령 과거 수동 단수는 형제에게 원망들을 만한 일이 발생했을 때, 바꾸어 변화되어 화해하고 조정하고 변경하고 서로 교환된 상태에서 예물을 드리라는 절대적인 명령이다(마 5:23-26). 형제를 용서하고 화해하고 드려야 그 예물을 하나님께서 기뻐하신다(막 11:25). 때문에 하나님은 제사보다 인애를 더 원하신다고 하셨으며(호 6:6), 순종이 제사보다 낫고 듣는 것이 숫양의 기름보다 낫다고 하셨다(삼상 15:22).

서신서는 복음서보다 더 자세하게 교훈하고 있다. 형제를 미워하는 자는 살인자가 되어 영생이 그 속에 없는 것으로 해석한다(요일 3:15). 그러므로 부모는 자녀에게, 형제는 다른 형제에게 미움의 분노가 일어나지 않게 해야 하며(엡 6:4), 듣기는 속히 하되 성내는 것은 더디 하여 하나님의 의가 이루어지게 해야 하며(약 1:19-20), 분을 내어도 죄는 짓지 말고 해가 지도록 분을 품지 말고 마귀가 틈을 타지 못하게 해야 한다고 교훈하고 있다(엡 4:26, 31;골 3:8;딛 1:7). 또한 야고보서는 형제에 대하여 부자와 가난한 자로 차별하지 말라고 경고한다. 차별하는 것은 악한 생각으로 판단하여 가난한 자를 업신여기는 것이 된다는 것이다(약 2:1-6). 형제를 업신여기는 것이 무시하며 천하게 여기는 것이다. 도리어 가난하고 약한 자에게 협력자가 되어야 한다(마 25:34-40). 이렇게 육 계명은 생명의 존엄성을 보장하며, 사회생활 안전의 기초가 되는 계명이다. 오늘 우리는 양심에 가책도 없이 살인을 백주에 자행하며 자살(낙태)도 아무런 주저함도 없이 성행하는 시대에 살고 있다. 그러나 자살도 스스로 짓는 살인죄에 해당되기 때문에 절대로 금해야 한다. 그리고 성경에는 하나님의 분노(마 18:34,22:7;막 10:14;눅 14:21; 히 3:10,11,15,16,17,4:3)와 의로운 분노도 기록되어 있다(출 32:19,27-28;마 21:12-13). 하나님의 분노와 의분은 불순종하는 자들에게 나타났다. 여호와께서 모세와 이스라엘 백성들에게, 모세는 이스라엘 백성들에게 분노하였으며, 주님께서 성전을 강도의 굴혈로 만든 것에 대하여, 또는 행함이 없는 바리새인과 서기관들에게 분노하셨다(출 4:14,16:20,32:10,32:19;마 21:12-13,23:33). 이와 같이 이웃과 형제의 죄에 대해서는 책선해야 한다. 그리하면 그가 범한 죄는 담당하지 않는다(레 19:17). 이것이 원수를 사랑하는 것이며, 그를 미워하지 않는 것이다. 다만 미워하는 감정을 버리고 죄만 책선해야 한다. 책선 יָכַח (야카흐)는, 앞에 나서다, 표면에 나타나다, 논증하다, 입증하다, 다투다, 보여주다, 증명하다, 주장하다, 설복시키다, 논박하다, 유죄를 입증하다, 책망하다, 꾸짖다, 판단하다, 판결하다, 심판하다, 중재하다, 분쟁하다, 언쟁하다 등의 의미다. 이는 이웃이 죄를 지으면 그를 마음으로 미워하지 말고 표면에 나타나서 입증하며 책망하고 꾸짖고 판결하라는 말씀이다. 구약에는 제사장과 선지자들이 표면에 나타나서 죄를 책망하였다. 그리고 이웃이 곁에서 평안히 살거든 그를 해하려고 꾀하지 말며 네게 악을 행하지 아니하였거든 까닭 없이 더불어 다투지 말아야 한다(잠 3:30). 하지만 이웃이 악을 행하면 그를 책망해야 한다. 주님은 형제가 죄를 범하거든 권고하되 들으면 그를 얻을 것이며 듣지 않으면 교회에 말하고 교회의 말도 듣지 않으면 이방인과 세리같이 여기라고 하셨다(마 18:15-17). 그리고 바울은 무슨 범죄한 일이 드러나면 신령한 자가 온유한 심령으로 바로잡고 자신도 살펴서 시험을 받을까 두려워하라고 권하였다(롬 6:1). 권고 ἐλέγχω (엘렝코)는, 동사, 명령, 과거,

능동, 2인, 단수며, 빛으로 가져오다, 노출시키다, 드러내다, 증명하다, 폭로하다, 견책하다, 시정하다, 처벌하다, 징치하다, 권고하다, 조롱하다, 비웃다, 모욕을 주다, 비난하다, 저항하다, 해석하다, 상술하다, 조사하다 등의 의미며, 동사 명령 과거 능동 단수는 형제가 죄를 범하거든 신령한 자가 온유한 심령으로 그를 먼저 상대하여 말씀의 빛으로 드러내고 증명하여 견책하고 시정하라는 절대적인 명령이며, 바로잡고 καταρτίζω (카타르티조)는, 동사, 명령, 현재, 능동, 2인, 복수며, 온전한, 완전한, 모든 요구를 받아드릴 수 있는, 유능한 등에서 유래한 정돈하다, 복구시키다, 완전하게 하다, 고치다, 마련하다, 준비하다, 만들다, 짓다, 바로잡다, 예비하다 등의 의미며, 동사 명령 현재 능동 복수는 범죄한 일이 드러나거든 신령한 자가 온유한 심령으로 언제든지 어디서나 항상 스스로 완전하게 고쳐서 바로잡고 자신도 시험에 빠지지 않도록 조심하라는 절대적인 명령이다. 신령한 πνευματικός (프뉴마티코스)는, 형용사, 주격, 남성, 복수며, 불다, 숨을 쉬다 등에서 유래한 불기, 숨, 기운, 생명, 영혼, 영적상태, 마음의 상태, 그리스도의 영, 성령, 심령 등의 의미며, 이는 성령의 인도를 받는 영적인 사람을 의미하며, 형용사 주격 복수는 여러 가지 성령의 은사가 풍성한 자가 죄를 바로잡는 일에 주체가 되라는 의미다. 이것이 구약의 십계명의 육 계명에 대한 신약의 해석이다.

7) 칠 계명

십계명의 칠 계명에 대하여 신약에서는 다음과 같이 해석하고 있다. 주님은 칠 계명에 대하여 산상수훈에서 마음에 음욕을 품는 자체가 간음이라고 해석하셨다. "간음하지 말라 하였다는 것을 너희가 들었으나 나는 너희에게 이르노니 음욕을 품고 여자를 보는 자마다 마음에 이미 간음하였느니라"(마 5:27-28). 주님은 간음죄는 마음에 음욕을 품는 것부터 이미 시작되었다는 것을 인정하셨다. 음욕을 품는 ἐπιθυμέω (에피뒤메오)는, 동부정사, 과거, 능동, 대격이며, ~향하여 와 욕정, 열망이란 합성어에서 유래한 탐색하여 찾다, 애써 노력하다, 바라다, 원하다, 요구하다, 갈망하다, 구하다, 찾다 등의 의미며, 동부정사 과거 능동 대격은 간음을 향한 욕정에 목적을 두고 마음으로 자신이 사는 시간과 장소를 여러 가지 방법을 동원하여 눈으로 탐색하고 손으로 찾아 애를 써서 노력하고 바라보고 원하며 요구하여 갈망하며 구하는 것을 의미한다. 때문에 주님은 눈과 손이 음욕을 품는 도구로 사용이 되면 빼버리고 찍어 버리라고 하신 것이다. 빼버리라 ἐξαιρέω (엑사이레오)는, 동사, 명령, 과거, 능동, 2인, 단수며, 취하다, 선택하다 등에서 유래한 끄집어내다, 빼내다, 뽑아내다, 벗어나게 하다, 선택하다, 구해내다 등의 의미며, 동사 명령 과거 능동 단수는 눈이 음욕을 품어 실족하게 하면 그 눈을 스스로 뽑아내서 실족케 하는 것에서 벗어나라는 절대적인 명령이다. 이는 우리가 사는 시간과 장소에서 여러 가지 방법으로 실족하게 하는 자리에서 떠나라는 의미다. 이를테면 눈으로 음욕을 품게 하는 폰, 메일, 영화 또는 교육(학교, 학원, 세미나 등), 장소(공연, 동성애축제, 극장, 유흥가)등과 여름에 심한 노출(노상, 해수욕장)로 눈으로 실족하게 하는 것들에서 벗어나라는 말씀이다. 그러므로 현대인들의 과도한 노출은 다른 사람들을 실족하게 하는 범죄행위임을 알아야 한다. 찍어버리라 ἐκκόπτω (에크콥토)는, 동사, 명령, 과거, 능동, 2인, 단수며, ~에서부터 와 자르다, 끊어버리다, 꺾다 등에서 유래한 잘라버리다, 절단하다, 찍어버리다 등의 의미며, 동사 명령 과거 능동 단수는 네 오른손이 실족하게 하거든 자르고 절단하여 찍어버리라는 절대적인 명령이다. 눈은 음욕을 품게 하는 동기를 유발한다면 오른손은 행동으로 실천하는 도구로 사용되기 때문에 단호하게 잘라버리라는 의미다. 눈과 손이 없어지고 지옥에 던져지지 않는 것이 유익하기 때문이다(마 5:29-30). 이는 간음죄는 지옥에 떨어지는 죄가 되기 때문이다. 그런데 오늘 우리는 간음죄에 빠지게 하는 유혹들이 홍수처럼 쏟아지는 시대에 살고 있다. 때문에 진실로 정신을 차리고 깨어서 분별해야 한다. 베드로는 노아시대와 소돔과 고모라 사람들이 이성 없는 짐승같이 음심이 가득한 눈으로 범죄하여 굳세지 못한 영혼들을 유혹하는 탐욕으로 연단되어 저주받은 자식들이 되었다고 증언하고 있다(벧후 2:5:14). 그리고 주님께서도 재림의 때가 되면 사람들이 노아와 롯이 살았던 시대와 같이 먹과 마시고 시집가고 장가가는 것만 몰두하여 멸망하게 될 것을 경고하고 있다(눅 17:26-30). 시집가고 장가가는 것이 베드로후서의 증언으로 해석하면 이성 없는 짐승같이 음심이 가득한 눈으로 탐욕으로 연단되어 저주받은 자식들이다. 그리고 주님은 음행한 이유 없이 이혼하는 것과 버림받은 여자와 결혼하는 것도 간음죄로 해석하셨다. "누구든지 아내를 버리려거든 이혼 증서를 줄 것이라 하였으나 나는 너희에게 이르노니 누구든지 음행한 이유 없이 아내를 버리면 이는 그로 간음하게 함이요 또 누구든지 버림받은 여자에게 장가드는 자도 간음함이니라"(마 5:31-32). 결혼은 하나님께서 짝지어 주신 한 몸이기 때문에 이혼을 금지하셨다(마 19:6,9). 그런데 허락된 이혼은 두 가지가 있다. 하나는 음행을 한 경우며, 다른 하나는 믿지 않는 불신자가 요구할 때다(고전 7:15-16). 바울시신은 이혼한 경우라면

혼자 지내든지 아니면 다시 합치든지 하라고 권한다(고전 7:10-11).

서신서에는 복음서의 산상수훈과 동일하게 간음죄는 하나님의 나라를 유업으로 받지 못하기 때문에 절대적으로 금하고 있다. 따라서 음행과 온갖 더러운 것과 탐욕은 이름조차도 부르지 못하게 하며, 음행은 자기 몸에게 죄를 범하는 것이다. 몸이 음행으로 더러워지면 그리스도의 지체인 우리의 몸이 창기의 지체를 만드는 결과가 된다. 창기의 지체가 되면 거룩한 성령이 계시는 성전이 더럽히게 된다. 그러므로 절대적으로 피해야 한다. 성전을 더럽히면 하나님이 그 사람을 멸하시기 때문이다. 하나님의 나라는 음란한 행위자와 우상 숭배자와 간음하는 자와 동성애자는 유업으로 받지 못한다(고전 3:16-17,6:15-18; 갈 5:19;엡 5:3). 세상 사람들과 거룩하게 구별된 성도는 낮과 같이 단정하게 하여 오직 예수 그리스도로 옷을 입고 정욕을 위하여 육신의 일은 절대로 도모하지 말아야 한다(롬 13:13-14). 도모하지 ποιέω (포이에오)는, 동사, 명령, 현재, 중간, 2인, 복수며, 갖은 노력을 다하다, 만들다, 행하다, 이루다, 일으키다, 완수하다, 가져오다, 베풀다, 세우다, 가지다, 지키다 등의 의미며, 동사 명령 현재 중간 복수는 언제나 어디서나 항상 정욕을 위하여 육신의 일을 위하여 노력하고 만들어 행하고 이루며 일으켜서 완수하고 가져와서 베풀어 세우고 가지며 지켜서 그 결과로 어둠의 일들인 방탕과 술 취함과 음란과 호색과 다툼과 시기하는 일들이 일어나지 않게 하라는 절대적인 명령이다. 그러므로 베드로는 영혼을 거스려 싸우는 육체의 정욕을 제어하라고 명령하고 있다(벧전 2:11). 정욕을 제어하라 ἀπέχω (아페코)는, 동부정사, 현재, 중간이며, ~부터와 갖게 하다, 매달리다 등의 합성어에서 유래한 멀리하다, 삼가다, 끊다 등의 의미며, 동부정사 현재 중간은 언제나 어디서나 항상 우리가 살아가는 시간과 장소에서 여러 가지 방법으로 육체의 정욕으로부터 굳게 매달리지 않게 멀리하고 삼가하며 끊어버린 결과로 영혼이 거슬러 싸우지 않게 하라는 의미다. 그런데 고린도교회는 영혼을 거슬리며 싸우는 그리스도의 지체인 성전을 더럽히는 음행하는 죄를 범하는 자들이 있었다. 그 음행은 이방인들도 짓지 않는 아버지의 아내를 취하는 아주 부끄러운 죄였다. 그런데도 누구도 그를 책망하며 쫓아내는 사람이 없었기 때문에 신랄한 책망을 받았다(고전 5:1-22). 도리어 교만하여 그 죄에 대하여 애통하거나 염려하지도 않았다. 때문에 바울은 그러한 성도는 교회 밖으로 쫓아내고 사귀지도 말고 함께 같이 먹지도 말라고 명령했다(고전 5:6,9,11,13). 음행의 누룩이 퍼져서 온 덩어리를 만들기 때문이다. 그리고 음행을 피하기 위하여 결혼한자는 서로에게 의무를 다하라고 한 것이며, 거룩함과 존귀함으로 아내 취할 줄을 알고 이방인과 같이 색욕을 좇지 말라고 한 것이며, 결혼을 귀히 여겨 침소를 더럽히지 말라고 한 것이며, 남편은 주님께서 교회를 사랑하사 자신을 주심 같이 아내를 사랑하며 괴롭게 하지 말라고 한 것이며, 아내는 남편에게 주님께 하듯 복종하라고 명령한 것이다(고전 7:24;엡 5:22;골 3:18-19;살전 4:4-5;히 13:4;벧전 3:3-7). 그리고 카이로스 종말의 때가되면 남자는 여자가 없는 자 같이 여자는 남자가 없는 자같이 살아야 하며, 처녀는 그냥지내는 것도 유익하다고 권면한 것이다. 그때는 임박한 환난 날이기 때문이다(고전 7:26-38). 이것이 천국을 위하여 스스로 결심하는 것이다(마 19:12). 때 καιρός (카이로스)는, 대 환난의 종말을 말하며, 단축하여진 고로 συστέλλω (쉬스텔로)는, 동분사, 완료, 수동, 주격, 남성, 단수며, ~와, 더불어 와 정돈하다, 준비하다, 움츠리다, 제지하다, 억제하다 등의 합성어에서 유래한 제한하다, 짧게 하다, 옮겨가다, 단축하여지다 등의 의미며, 동분사 완료 수동 주격 단수는 대 환난의 시간이 이르면 우리가 사는 장소에서 여러 가지 방법으로 정돈되고 제지를 당하고 억제되고 제한되고 단축된 시간 안에 들어가는 시간이기 때문에 아내 있는 자들은 없는 자 같이, 우는 자들은 울지 않는 자 같이, 매매하는 자들은 없는 자 같이, 세상 물건을 쓰는 자들은 다 쓰지 못하는 자 같이 하여 생활에 염려가 없기를 원한다는 것이다. 이는 생활의 염려로 마음이 둔하여 뜻밖에 주님의 재림의 날이 덫과 같이 임하지 않게 하기 위함이다(눅 21:34). 기독교 역사는 복음전파와 자신의 경건생활을 위하여 독신으로 살았던 신앙인들이 많이 있었다. 대 환난 날에는 사탄이 이세벨 같은 거짓 선지자를 교회 안에 침투시켜 성도들을 꾀어 행음하게 하고 우상의 제물을 먹게 하는 미혹이 일어나며, 온 세상이 음행의 포도주에 취하게 된다(계 2:20,17:1-2). 그 음행의 포도주로 많은 목회자와 성도들이 배교하게 된다. "내가 보매 이 여자가 성도들의 피와 예수의 증인들의 피에 취한지라"(계 17:6). 취한지라 μεθύω (메뒤오)는, 동분사, 현재, 능동, 대격, 여성, 단수며, 포도주에서 유래한 술에 취하다 이며, 정상적인 정신 상태에서 벗어나 황홀경에 빠져있는 상태를 의미하며, 동분사 현재 능동 대격 단수는 대 환난 날의 시간이 되면 음녀가 온 세상을 음행의 포도주로 성도들과 예수의 증인들을 피에 취하게 하여 정상적인 정신 상태에서 벗어난 황홀경에 빠지게 하기위한 목적으로 여러 가지 방법을 동원하여 미혹하게 된다는 것을 의미한다. 음녀는 사탄의 사자를 말하며, 음행의 포도주는 육체의 소욕인 물질, 문화, 사치, 과학, 거짓 교훈 등을 의미하며(계 18장), 예수의 증인들은 대환난 날에 지상에 있는 모든 목회자들을 말하며, 성도들은 지상에 있는 모든 성도들을 말하며, 피에 취했다는 것은 돈과 사치와 세상문화와 과학, 거짓 교리 등으로 미혹되어 신앙을 배교하게 된 것을 말한다(계 2:20,12:3-4,9,17,18:7). 이것이 목회자와 성도들이 하나님을 사랑하는 것보다 세상쾌락을 더 사랑하며 경건의 모양만 가지게 된 것이다(딤후 3:1-5). 경건의 모양이 쭉정이다. 쭉정이는 재림하시는 주님을 만나지 못하고 불못에 떨어지는 심판을 받는다(계 14:9-10). 때문에 경건의 모양에서 돌아서라고 강력하게 명령하는 것이다. 귀 있는 자는 성령이 교회들에게 하시는 말씀으로 이기라고 명령한다(마 24:42;계 2:7). 이겨야 새 하늘과 새 땅을 상속받기 때문이다(계 21:7). 사탄은 이미 대 환난이 가까운 이 시대에 돈과 사치의 문화로 미혹을 진행하고 있다. 현대인들은 거짓된 교훈과 타락된 가치관에 빠져서 정상적인 결혼제도에 대한 개념이 무너져서 간통죄 불륜 권태기 이혼 또는 동성애 등으로 간음과 음행으로 무너지고 있다. 하지만 거룩하게 구별된 성도는 그리스도의 지체를 창녀의 지체로 만드는 음란을 피해야 한다. 이것이 구약의 십계명의 칠 계명에 대한 신약의 해석이다.

8) 팔 계명

십계명의 팔 계명에 대한 신약성경의 해석은 통일성과 차이점이 있다. 통일성은 구약과 동일한 해석을 말하며, 차이점은 더 보충한 것을 말한다. 이는 남의 것을 도둑질 하는 것을 금지한 반면에 더 적극적으로 남을 돕는 삶이 되라는 것이다. 이는 도둑질에 대한 근본적인 문제를 해결하는 동시에 구약의 계명을 신약에서 성취되게 하는 것을 말한다. 첫째는 산상수훈이다. 주님은 산상수훈에서 반의적인해법으로 해석하셨다. 남의 것을 탐내지 못하게 하는 해법이다. 무엇이든지 남에게 대접을 받고자 하려면 너희가 먼저 남을 대접하라는 말씀이다. 무엇이든지 남에게 대접을 받고자 하려면 먼저 대접하라는 의미가 네게 구하는 자에게 먼저 주는 것이며, 꾸고자 하는 자에게 거절하지 않는 것이며, 억지로 오리를 가게 하는 자에게 십리까지 동행하라는 것이며, 고발하여 속옷을 가지고자 하는 자에게 겉옷 까지도 가져가게 하라는 것이며, 악한 자를 대적하지 말고 오른편 뺨을 치거든 왼편도 돌려 대주라는 말씀이다. 이것이 이웃과 원수를 사랑하는 여유 있는 넉넉한 삶을 교훈하는 것이며, 아버지의 온전하심과 같이 온전하게 되는 교훈이다(마 5:39-48,7:12). 온전 τέλειος (텔레 이오스)는, 마침내, 결국 등에서 유래한 목적을 달성한 완전한, 완성한, 성숙한, 장성한 등의 의미며, 하라 εἰμί (에이미)는, 동사, 직설법, 미래, 중간디포, 2인, 복수며, 나는 ~이다, 내가 존재하다 등의 의미며, 동사 직설법 미래 중간디포 복수는 이웃과 원수를 사랑하여 남에게 대접하는 여러 가지 사건들이 주체가 되면 마침내 성숙하고 장성한 사람이 되는 결과를 의미한다. 이는 남에게 먼저 대접하는 삶을 살게 되면 남의 것을 탐을 내는 도둑질은 자연적으로 성취되게 하는 말씀이다. 둘째는 복음서다. 주님은 복음서에서 남의 것을 도둑질 하는 것이 마음의 부패함에서 나오는 결과로 해석하셨다. 부패한 마음에서 악한 생각과 살인과 간음과 음란과 도둑질과 거짓 증언과 비방하는 것들이 나온다는 것이다. 때문에 마음이 청결한 자가 하나님을 보는 복이 있다는 것이며, 선한 사람은 마음에 쌓은 선에서 선을 내며, 악한 자는 마음에 쌓은 악에서 악을 낸다는 것이다(마 5:8,15:19;눅 6:47). 이러한 관점에서 가룟유다는 사탄이 마음에 예수를 팔려는 생각을 넣었기 때문에 그는 도둑이 되어 주님을 팔았던 것이며(막 3:19;요 12:6,13:2), 아나니아와 삽비라도 사탄이 마음에 가득하여 자신의 소유를 팔아 얼마를 감추고 성령을 속이는 도둑이 되어 영혼이 떠나는 심판을 받았던 것이다(행 5:1-10). 그러므로 주님은 보물이 있는 곳에 네 마음이 있기 때문에 하늘에 보물을 쌓는 삶을 살 것을 교훈하신 것이다(마 6:21). 하늘에 보물을 쌓는 것이 자신의 소유를 팔아 가난한 자들에게 구제하는 것이다(눅 12:33). 팔이 πωλέω (폴레오)는, 동사, 명령, 과거, 능동, 2인, 복수며, 바쁘다 에서 유래한 팔다, 매매하다, 장사하다 등의 의미며, 동사 명령 과거 능동 복수는 가난한 자에게 구제하기 위하여 스스로 바쁘게 열심히 장사하고, 사업하고, 직장에서 일을 하라는 절대적인 명령이며, 구제 ἐλεημοσύνη (엘레에모쉬네)는, 명사, 대격, 여성, 단수며, 자비, 연민, 온유 등에서 유래한 친절한 행위, 긍휼, 동정, 자선행위, 구제 등의 의미며, 명사 대격 단수는 열심히 장사와 사업과 직장의 일을 하는 것은 하늘에 보물을 쌓기 위한 목적으로 친절한 자선행위와 긍휼과 구제 등을 하라는 의미다. 구제는 가난한 자들을 돕는 것만이 아니라 영혼을 구원하는 선교와 복음 전파와 교회를 위하여 사용되는 것 등을 말한다. 그리고 영적인 도둑질도 있다. 영적인 도둑질은 주님보다 먼저 온 종교지도들은 영적인 도둑이며 강도들이다. 그들은 사람의 영혼을 도둑질하고 죽이고 멸망시키려고 나타났기 때문이다. 하지만 주님은 양들에게 생명을 주시고 더 풍성히 주시기 위하여 오셨다(요 10:8-10). 이것이 복음서에서 남의 것을 탐내는 도둑질을 금하는 행위에 대한 해석들이다.

셋째는 서신서다. 서신서에는 이웃을 사랑하는 것이 모든 율법이 완성되는 것으로 해석하고 있다. 사랑하는 자는 율법을 다 이루기 때문에 사랑의 빚 외에는 아무 빚도 지지 말라고 요구한다. 간음하지 말라, 살인하지 말라, 도둑질하지 말라, 탐내지 말라 한 것과 다른 계명들도 사랑하면 완성이다(롬 13:8-10). 이것이 성령의 법이다. 성령의 법으로 이웃을 사랑하면 다시는 도둑질을 하지 않고 도리어 가난한 자에게 구제하기 위하여 자기 손으로 열심히 수고하여 선한 일을 하게 되며, 규모 없이 일하기 싫어하는 게으름에서 돌아서게 된다(엡 4:28;살후 3:6,10). 선한 일을 하기 위하여 열심히 수고하는 사업장과 직장과 일터에서 범사에 신실하여 남의 것을 훔치지 않고 또는 남의 일에도 간섭하여 고난도 받지 않는다(디 2:9-10;벧전 4:15). 그리고 가난한 사람과 고아를 변호해 주고, 가련한 사람과 궁핍한 사람에게 공의를 베풀며, 그러한 일을 위하여 아침부터 저녁까지 손을 거두지 않고 힘을 다하여 섬긴다(시 82:3;전 9:10,11,6). 넷째는 계시록이다. 계시록에는 주님께서 재림하실 때, 깨어서 성령과 말씀으로 준비하지 못한 자는 재림하시는 주님을 도둑같이 맞이하게 될 것을 예언하고 있다. 주님을 도둑같이 맞이하면 주님께서 예비하신 천년왕국에 들어가지 못하기 때문에 깨어서 준비하라고 명령하신 것이다(마 24:42,44,25:10;계 3:3). 이것이 구약의 십계명의 팔 계명에 대한 신약의 해석이다.

9) 구 계명

십계명의 구 계명의 거짓증인에 대하여 신약성경에도 동일하게 문자 그대로 금지하고 있다(막 10:19). 산상수훈에서는 주님으로 말미암아 욕을 먹고 박해를 받고 거짓으로 모든 악한 말을 듣는 것은 복이 있으니 기뻐하라고 하셨으며, 양의 옷을 입고 속에는 노략질하기 위하여 나타나는 거짓 선지자를 삼가 하라고 하셨다(마 5:11,7:15). 삼가 προσέχω(프로세코)는, 동사, 명령, 현재, 능동, 2인, 복수며, 가지다, 쥐다, 소유하다 등에서 유래한 마음을 그에게 돌리다, 주목하다, 따르다, 관심을 가지다, 전념하다, 몰두하다, 빠지다, 주의하다, 삼가다, 조심하다 등의 의미며, 동사 명령 현재 능동 복수는 언제나 어디서나 항상 스스로 거짓선지자들에게 마음을 돌리서 주목하고 따르고 관심을 가지고 전념하고 몰두하여 빠지지 않게 주의하고 삼가하고 조심하라는 절대적인 명령이다. 그들을 주의하지 않으면 영혼이 멸망하기 때문이다. 그리고 복음서에는 교회 안에서 형제가 범죄 한 일이 드러나면 두세 증인의 입으로 확증하며, 말을 듣고 회개하면 형제를 얻는 것이며 듣지 아니하면 이방인과 세리같이 여기라는 것이다(마 18:15-17). 죄를 회개하지 않고 자신을 변명하는 것은 이방인과 세리처럼 죄인으로 인정하라는 엄한 명령이다. 그리고 주님은 대제사장들과 온 공회의 거짓 증거로 십자가를 지셨으며(마 26:59;막 14:57), 바울은 유대인들에게 고발을 당하여 거짓증거자를 찾지 못하여 죄수의 몸으로 로마에 끌려가서 2년 동안 감옥생활을 하였으며(행 25:7), 스데반은 모세와 하나님을 모독한다는 거짓증거를 세워 공회에 잡혀 가서 순교하였다(행 6:11-13). 그리고 거짓증인의 배후에는 사탄이다. 그는 거짓의 아비이기 때문이다(요 8:44).

신약이 서신서에는 거짓은 옛 사람의 성품인 육체의 소욕에서 나타나는 열매로 해석하고 있다. 때문에 옛 사람의 소욕을 벗어버리라고 한다. 우리에게 가장 위험한 사람은 밖에 있는 사람보다 내부에 사람이다. 밖에 있는 자들은 경계하면 되지만 안에 있는 사람은 직접적인 관계를 맺고 살아야 되는 까닭에 더 위험하며 더욱 힘든 일이다. 안에 있는 사람이 우리의 옛 사람이다. 우리에게는 옛 사람의 성품과 새 사람의 성품이 공존하고 있다. 옛 사람의 성품에서 나타나는 것이 거짓말이다. "너희가 서로 거짓말을 하지 말라 옛 사람과 그 행위를 벗어 버리고"(골 3:9). 벗어버리고 ἀπεκδύομαι(아페크뒤오마이)는, 동분사, 과거, 중간디포, 주격, 2인, 남성, 복수며, 벗어버리다, 완전히 벗기다, 무기를 빼앗다, 무장 해제하다 등의 의미며, 동분사 과거 중간디포는 우리가 살아가는 시간과 장소에서 여러 가지 생활에서 옛 사람의 행위를 완전하게 벗어버리고 무장해제 한 결과로 거짓말을 하지 않게 된다는 의미다. 이는 거짓말은 옛 사람에게 속한 행위라는 것이다. 옛 사람의 행위는 거짓말뿐만이 아니라 육체의 유혹의 욕심을 따라 썩어져 가는 구습을 따르게 하기 때문에 단호하게 버려야 한다(엡 4:22-25). 그리고 계시록이다. 계시록에는 대 환난 날에 사탄이 일곱 교회 안에 거짓사도와 거짓선지자들을 많이 파송하여 교회와 성도들을 미혹할 것을 예언하고 있다. 또한 자칭 유대인의 당을 만들어 거짓된 정보를 많이 만들어 전파 할 것이며, 하늘에 불이 내려오게 하는 표적과 기사들을 행하며 지상에 있는 목회자와 성도들을 미혹하게 될 것이다. 그들이 전파하는 거짓된 정보가 하나님의 말씀을 변개시켜 종말의 징조와 재림을 부정하여 주님의 재림을 준비하지 못하게 할 것이다. 따라서 거짓된 자들에게 미혹을 받으면 새 하늘과 새 땅을 상속으로 받지 못하고 불과 유황불에 던져지는 심판을 받기 때문에 매우 조심해야 한다(계 2:2,3:9,13:13,12:8). 때문에 주님은 일곱 교회들에게 다가올 대 환난 날에 일어날 일들에 대하여 미리대비하며 그들에게 속지 말고 이기라고 명령하신 것이다. 한국교회는 옷 로비사건으로 청문회에서 권사와 집사들의 거짓증인의 논란으로 교회가 곤욕을 당한 일화가 있다. 우리는 함께 더불어 사는 세상에 살고 있다. 때문에 항상 이웃과 함께 희(기쁨) 노(화냄) 애(슬픔) 락(즐거움)을 공유하며 생활한다. 이웃과 함께 공유하는 질서를 깨뜨리는 것이 거짓이다. 때문에 신구약 성경은 거짓증인과 거짓말을 금하는 것이다. 이것이 구약의 십계명의 구 계명에 대한 신약의 해석이다.

10) 열 계명

십계명의 열 계명에 대한 신약의 해석은 산상수훈에서 시작된다. 주님은 산상수훈에서 열 계명에 대한 탐심은 생활의 염려 때문에 일어나는 것으로 해석하셨다. 때문에 무엇을 먹을까 무엇을 마실까 무엇을 입을까 염려하지 말라는 것이다. 생활에 대한 염려는 다 이방인들이 구하는 것들이기 때문이다(마 6:31-32). 염려 μεριμνάω (메림나오)는, 동사, 명령, 과거, 능동, 2인, 복수며, 염려하다, 근심하다, 걱정하다, 돌보다, 관심을 가지다, 생각하다 등의 의미며, 동사 명령 과거 능동 복수는 우리스스로 무엇을 먹을까 무엇을 마실까 무엇을 입을까 염려하고 걱정하면서 돌아보며 그것들에 관심을 가지고 생각하지 말라는 절대적인 명령이다. 우리스스로 무엇을 먹을까 무엇을 마실까 무엇을 입을까에 대한 생활의 염려에 빠지면 탐심이 일어나기 때문에 절대적으로 금하신 것이다. 그렇다고 하여 생활에 대한 것이 필요 없다는 말은 아니다. 천국백성들은 생활의 염려보다 먼저 구할 것이 있다는 것이다. 그것이 그의 나라와 그의 의다. 그의 나라와 그의 의를 먼저 구하면 생활에 필요한 요구는 하나님께서 더하여 주신다는 것이다(눅 12:31-32). 그 나라와 의를 먼저 구하면 생활에 대한 문제는 하나님께서 책임져 주신다는 것이다. 공중에 날아다니는 새들과 들에 피는 꽃들과 들판에 있는 여러 종류의 풀들도 하나님께서 다 먹이시고 입히고 기르시는데 하나님께서 머리털까지도 다 세신바 된 천국백성들을 돌보시지 않으시겠느냐는 것이다(마 6:26:30). 그런데 믿음이 적은 자들은 생활에 대한 문제를 염려함으로 책망을 받는다(마 6:30;눅 12:7). 그리고 주님은 복음서에서 탐심은 물리치라고 명령하셨다. 사람의 생명이 소유의 넉넉한 데 있지 않기 때문이다(눅 12:15). 물리치라 φυλάσσω (퓔랏소)는, 동사, 명령, 현재, 중간, 2인, 복수며, 삼가다, 주의하다, 피하다, 물리치다 등의 의미며, 동사 명령 현재는 언제나 어디서나 항상 생활에 대한 탐심을 삼가하고 주의하고 피하고 물리치라는 절대적인 명령이다. 절대적인 명령은 반드시 탐심은 물리치라는 강력한 경고다.

신약의 서신서에는 탐심은 곧, 우상숭배로 해석한다. "땅에 있는 지체를 죽이라 음란과 부정과 사욕과 악한 정욕과 탐심이니 탐심은 우상숭배니라"(골 3:5). 탐심 πλεονεξία (플레오넥시아)는, 욕심꾸러기 사람이 더 많이 가지기를 원하는 것에서 유래한, 탐심, 탐욕을 의미한다. 이는 육체의 소욕에서 나타나는 물질에 대한 지나친 욕심을 말한다. 물질에 대한 지나친 욕심에 빠지지 않는 길은 먹을 것과 입을 것이 있는 것에 만족하는 것이다(딤전 6:8). 그리고 그리스도 예수의 사람들은 육체와 함께 정욕과 탐심을 십자가에 이미 못 박았다(갈 5:24). 때문에 그리스도 예수의 사람들은 안에서 일어나는 육체의 지체를 날마다 죽이고 십자가에 못 박고 성령을 따라 살아야 한다(롬 7:8;갈 5:16). 그렇지 않고 육체를 따라 행하면 하나님의 나라를 유업으로 받지 못한다(고전 6:9;엡 5:5). 하지만 거짓 선지자들은 육체의 탐심으로 지어낸 말로 사람들을 미혹하여 이득을 삼는다(벧후 2:3). 가룟 유다는 돈에 대한 탐심을 버리지 못하여 주님의 제자로 선택받았지만 도둑이 되어 주님을 배반하여 자살하고 말았다(요 12:6). 그러나 바울은 아첨하는 말과 탐심의 탈을 쓰지 않고 자족하는 삶으로 경건의 이익을 위하여 살았으며(빌 4:11;살전 2:5;딤전 6:6), 교회감독자와 집사의 자격에서 탐히는 자를 금하도록 명령하였다(딤전 3:1-8). 탐심은 돈을 사랑하기 때문이다. 돈을 사랑하면 일만 악의 뿌리가 되어 믿음에서 떠나며, 정함이 없는 재물에 소망을 두고 살게 된다(마 19:22;딤전 6:10,17). 그러므로 경건하게 살고자 하는 자는 박해를 받으며, 돈을 사랑하지 말고 있는 것으로 만족해야 한다. 하나님께서 지켜 주시기 때문이다(딤후 3:12;히 13:5). 의인의 적은 소유가 악인의 풍부함보다 나으며, 악인이 잘되는 것을 부러워하지 말아야 한다(시 37:16;잠 24:1,19). 악인의 맛있는 것을 탐하지 말고 음식은 먹지도 말아야 한다. 그것은 속이는 음식이다(잠 23:3,6).

그리고 신약의 계시록이다. 계시록에는 대 환난 날에 생활의 염려 때문에 666표를 받고 적그리스도를 섬기게 될 것을 예언하고 있다(계 13:16-17). 그런데 그 표를 받고 짐승을 섬기는 자는 재림하시는 주님을 맞이하지 못하고 세세토록 불과 유황불에 던짐을 받아 고통을 받는다(계 14:9-11). 때문에 주님은 지혜 있는 자는 짐승의 수를 세워보라고 하셨다(계 13:18). 세워보라 ψηφίζω (프세피조)는, 동사, 명령, 과거, 능동, 3인, 단수며, 계산하다, 청산하다, 판결을 내리다, 결정하다 등의 의미며, 동사 명령 과거 능동 단수는 지혜 있는 자는 이미 예언되어 있는 짐승의 수에 대하여 계산해보고 청산하고 판결을 내려서 절대로 그 표를 받지 않도록 결정하라는 절대적인 명령이다. 이렇게 절대적인 명령으로 경고하시는 이유는 666표를 받아 불과 유황불에 던져지는 심판을 받지 않게 하기 위함이다. 이것이 구약의 십계명의 열 계명에 대한 신약의 해석이다.

11) 요약

양괄식(兩括式)은 중요한 주제가 글의 앞부분과 끝부분에 반복하여 나타나는 방식을 말한다. 십계명도 유사하다. 첫째 계명이 십계명 전체를 지키는데 매우 중요한 첫 단추가 되듯이, 마지막 계명인 열 번째 계명도 십계명 전체를 지키게 하는 마무리 역할을 한다. 첫 번째 계명으로 시작한 명령이 마지막 열 번째 계명에서 십계명 전체를 지키게 하는 중요한 동기를 제공한다. 그 동기는 마지막 계명인 탐심이다. 탐심을 가지게 되면 하나님 보다 돈을 더 사랑하게 되며, 돈을 하나님보다 더 사랑하면 다른 신들을 섬기는 우상숭배가 된다. 돈을 사랑하면 하나님께 서약한 것을 잊어버리게 되며, 주일을 거룩하게 지키지 못하게 되며, 부모를 거역하게 되며, 이웃에 대한 사랑도 식어지며, 미움과 멸시와 차별을 하게 되며, 온갖 행음으로 방탕하며, 남의 것을 탐내며, 거짓된 말과 행동을 하게 된다. 그러나 탐심을 버리면 하나님을 더 사랑하며, 이웃을 내 몸처럼 사랑하게 된다. 따라서 탐심은 모든 십계명을 지키는 중요한 동기를 제공하는 계명으로 십계명을 종결한다. 그리고 구약의 십계명은 여호와 하나님께서 모세에게 두 돌판에 기록하여 주셨다. 첫 번째 돌판은 하나님께 대한 계명이며, 두 번째 돌판은 사람에 대한 계명이다. 첫 번째 돌판은 하나님을 마음과 뜻과 힘을 다하여 사랑하라는 내용들이며, 두 번째 계명들은 이웃을 네 몸처럼 사랑하라는 내용들이다. 이같이 신약에도 주님께서 동일하게 두 부류로 해석하셨다(마 22:37-39;눅 10:27). 이것이 신구약 모든 성경의 강령이다. 그러므로 십계명과 율법은 조금도 가감하지 말고 영원히 관수하여 지켜야한다(신 4:2,12:32). 그런데 구약에는 십계명과 율법을 돌판에 기록하여 주셨지만 신약에는 새 언약의 성령으로 마음에 기록해 주셨다(렘 31:31,33). 때문에 마음으로 다른 신들을 섬기려는 생각을 품거나 또는 새긴 우상을 만들어 섬길 생각을 하지 말아야 하며, 마음으로 이웃에 대한 악을 행하려는 생각을 품지 말아야 한다. 솔로몬은 일찍부터 마음에서 생명의 근원이 나오는 까닭에 더욱 마음을 지키라고 증언하였다(잠 4:23). 그러므로 신구약 성경은 십계명과 율법을 기록한 성경이라는 증거가 되며, 신약은 구약을 성취하는 연속성과 통일성이 있다는 증거다. 구약의 십계명과 율법을 제정하신 여호와 하나님께서 신약에서 인간의 모양으로 오셔서 십계명과 율법을 재해석하여 교훈하시고 삶으로 친히 본을 보여주시고, 십자가에서 새 언약의 성령으로 십계명과 율법을 온전하게 성취하셨기 때문에 성경 안에 감추어져 있는 예수 그리스도의 비밀이며, 보화다.

복 있는 자

오복이란 말이 있다. 누구나 가지고 싶은 다섯 가지의 복을 말한다. 옛날에는 중국에서 전해오는 오복으로 오래 사는 것, 경제적으로 넉넉한 것, 건강과 마음이 편안한 것, 도덕과 윤리로 선행을 베푸는 것, 제 명대로 살다가 편하게 죽는 것들이며, 서민들의 오복으로 치아가 좋은 것, 자손이 많은 것, 부부사이가 좋은 것, 재물에 부족함이 없는 것, 좋은 자리에 묻히는 것들이며, 현대인들의 오복은 건강한 것, 좋은 배우자를 만나는 것, 적당한 물질이 있는 것, 일자리가 있는 것, 좋은 친구들이 있는 것이라고 한다. 그런데 그렇게 원하고 바라지만 오복 그대로 모두 받아 누리는 자는 한 사람도 없단다. 희망과 소원만 가진다. 한두 가지는 얻으면 다른 것이 모자란다는 것이다. 그러나 신구약 성경에는 세상 사람들이 소원하는 오복 이상의 복이 약속되어 있다. 그 복은 영과 육이 받는 복이다. 그 복은 우리가 지금까지 앞에서 상고한 십계명과 율법을 지키고 따를 때 받는다. 이는 신구약 성경의 증언이며, 약속이다. 따라서 이번 단락에서는 신구약 성경에서 약속된 영과 육의 복이 어떤 복이며, 또는 어떻게 그 복을 받아 누릴 수 있는지 등에 대하여 성경에서 찾아보고자 한다.

1) 시편

시편 1편에는 두 부류의 복이 약속되어 있다. 하나는 땅에서 받는 육신의 복이며, 다른 하나는 하늘에서 받는 영적인 복이다. 육신의 복은 땅에서 하는 모든 일들이 형통하게 되는 것을 말하며, 영적인 복은 의인의 회중에 들어가는 것을 말한다. 첫째, 육신의 복이다. 그 복은 그가 하는 모든 일이 형통하여 마치 시냇가에 심은 나무가 철을 따라 열매를 맺으며 그 잎사귀가 마르지 아니함 같이 모든 일이 다 잘 된다(시 1:3). 형통 צָלַח (찰라흐)는, 히필, 미완료, 3인, 남성, 단수며, 돌진하다, 침범하다, 시작하다, 번영하다, 성공하게 하다, 잘 성취하다, 끝내다, 평탄하다, 윤택하다 등의 의미며, 히필 미완료 단수는 언제나 어디서나 항상 그가 하는 모든 일이 다 번성하며 성공하여 잘 성취되어 평탄하고 윤택하게 되는 것을 의미한다. 둘째, 영적인 복이다. 그 복은 악인들이 받는 심판의 장소와 구별된 여호와께서 인정하시는 의인들의 모임에 들어가는 것을 말한다(시 1:5-6). 의인들의 모임 עֵדָה (에다)는, 지정하다, 모으다, 소집하다 등에서 유래한 정해진 모임, 총회, 회중, 무리 등의 의미며, 이는 악인과 죄인들이 들어가는 장소와 구별된 의인들의 모임, 총회, 회중, 무리들을 말한다. 의인들의 모임은 천국이다. 천국은 영적인 복이며, 의인들이 들어가는 장소다. 그러므로 시편 1편에서는 복 있는 사람은 땅에서도 형통하며, 천국까지 들어가는 영생을 약속하고 있다.

2) 어떻게

그렇다면 시편에서 말하는 복 있는 자는 누구일까? 이것이 핵심이다. 그런데 문제와 답은 시편 1편 안에 있다. 그렇기 때문에 그 복을 약속한 시편에서 해답을 찾고자 한다. 그 해법은 신구약 성경에 기록된 십계명과 율법이다. "오직 여호와의 율법을 즐거워하여 그의 율법을 주야로 묵상하는 도다."(시 1:2). 오직 여호와의 율법을 즐거워하여 주야로 묵상하면 천국에 들어가는 영적인 복과 땅에서 잘 되는 육의 복을 받는다. 그렇다면 이제는 오직 여호와의 율법을 즐거워하는 것과 그 율법을 주야로 묵상한다는 의미가 무엇인지 알아야 한다. 오직 אִם (임)은, 복을 받는 자의 조건을 나타내는 불변사로 진실로, 결단코, 참으로, 반드시 등의 의미며, 이는 절대적으로 변할 수 없는 조건적인 의미로 진실로, 결단코, 참으로, 반드시 여호와의 율법을 즐거워하여 주야로 묵상해야 되는 것을 말한다. 다른 그 어떤 것보다, 그 무엇보다 최우선적으로 여호와의 율법을 즐거워하며 묵상해야 되는 조건이다. 이것은 그 어떤 것을 타협 하거나 양보를 할 수 없는 절대적인 진리를 말한다. 영원히 변할 수 없는 약속이 담겨져 있는 진리다. 율법 תּוֹרָה (토라)는, 교훈하다, 기초를 놓다, 토대를 놓다, 건설하다, 알게 하다, 가르치다 등에서 유래한 십계명과 율법, 법도, 규례, 법률, 말씀, 교훈, 교리 등의 의미며, 이는 복 있는 자가 되게 하기위한 기초와 토대를 건설하기 위하여 주신 십계명을 말한다. 십계명을 해석한 것이 율법이며, 그 율법을 구체적으로 실천할 수 있도록 확대해석한 것이 법도와 규례와 법률들이며, 그 모든 것들을 기록한 것이 신구약 성경말씀이며, 그 말씀에서 나온 것이 교리며, 말씀을 가르치는 것이 교훈이다.

그러므로 넓은 의미로 해석하면 신구약 성경이지만 좁은 의미의 율법은 십계명이다. 때문에 오직 십계명과 그 계명을 해석하고 있는 신구약 성경을 즐거워하며 주야로 묵상하는 자가 복 있는 자가 된다는 약속이다. 다시 말하면 성경을 즐거워하며 주야로 묵상하는 것을 말한다. 즐거워하여 חֵפֶץ (헤페츠)는, 기뻐하다, 즐거워하다 등에서 유래한, 기쁨, 즐거움, 바람, 욕구, 의지, 소원, 추구, 열정, 열의, 일, 용무, 뜻, 사모함, 원함 등의 의미며, 이는 성경을 즐거워하며 찾아보고 그 속에 기록된 말씀들을 알고 싶은 욕구와 의지와 소원을 가지고 추구(알려고 노력)하는 열정과 열의에 최우선순위를 정하고 나의 뜻(계획, 생각)으로 사모하고 원하는 것을 말한다. 우리의 모든 생각과 의지와 열정과 힘을 다하여 성경을 기뻐하며 즐거워서 읽고 듣고 배우는 열정을 말한다. 그렇게 되면 주야로 묵상한다. 묵상 הָגָה (하가)는, 칼 미완료, 3인, 남성, 단수며, 작은 소리로 중얼(낭송)거리다, 말하다, 노래하다, 찬양하다, 곰곰이 생각하다, 되새기다, 연구하다, 품다, 울다 등의 의미며, 칼 미완료 단수는 성경을 언제나 어디서나 항상 스스로 주야로 즐거워서 잊지 않고 마음에 품고 곰곰이 생각하며 되새기며 중얼거리고 말하며 시와 찬양으로 여호와께 영광을 돌려드리는 것을 의미한다. 이것이 땅에서도 형통하며, 천국에도 들어가는 복을 받는 해답이다.

3) 방법

모세오경 중에 신명기는 모세의 설교다. 모세는 가나안 땅에 들어갈 광야 이 세대들에게 마지막으로 유언으로 가르치며 전한 것이 신명기다. 그는 시내산에서 여호와께 직접 받은 십계명과 율법을 광야 이 세대들에게 다시 한번자세하게 해석하여 교훈하였다. 가나안은 아브라함과 이삭과 야곱에게 약속한 땅이다. 그 약속한 땅으로 들어갈 아브라함의 후손들에게 오직 십계명과 율법을 주야로 즐거워하여 그들이 들어갈 가나안 땅에서 형통하게 살며, 의인의 모임에 참여할 수 있도록 교훈하였다. 모세는 신명기에서 시편 1편에서 여호와의 율법을 주야로 묵상할 수 있는 방법과 땅에서 받는 형통한 복이 구체적으로 무엇인지 자세하게 가르쳤다. 첫째는 사랑이다. 오직 여호와의 율법을 주야로 즐거워 할 수 있는 방법은 사랑하면 된다는 것을 가르쳤다. 여호와 하나님을 사랑하면 언제나 어디서나 항상 기쁨과 즐거움으로 그분이 주신 율법을 묵상하게 된다는 것이다. "너는 마음을 다하고 뜻을 다하고 힘을 다하여 네 하나님 여호와를 사랑하라"(신 6:6). 복 있는 자가 되는 기초가 되는 십계명과 율법을 주신 여호와 하나님을 마음을 다하고 뜻을 다하고 힘을 다하여 사랑하면 오직 여호와의 율법을 주야로 즐거워하며 묵상한다. 이것이 방법이다. 마음을 다하고 뜻을 다하고 힘을 다하는 것이 시편 1편에서 말하는 오직이란 단어와 동일한 동의어다. 사랑 אָהֵב (아헤브)는, 칼 완료, 2인, 남성, 단수며, 미완료형으로 언제나 어디서나 항상 좋아하다, 사랑하다, 즐거워하다, 기뻐하다 등의 의미며, 칼 완료 단수는 언제나 어디서나 항상 여호와 하나님을 마음을 다하고 뜻을 다하고 힘을 다하여 좋아하며 사랑하며 즐거워하며 기뻐하는 상태를 말한다. 여호와 하나님을 사랑하기 때문에 그분께서 명령하신 십계명과 그 계명을 해석한 율법과 그 율법을 교훈하는 모든 신구약 성경을 주야로 즐거워하며 묵상하게 되는 것을 말한다.

둘째, 새겨야 한다. 오직 여호와의 율법을 즐거워하여 주야로 묵상하려면 그 율법을 마음에 새겨야 한다. 마음을 다하고 뜻을 다하고 힘을 다하여 사랑하려면 십계명의 말씀이 마음에 새겨져 있어야 주야로 묵상하게 된다. 모세는 말씀을 너 마음에 먼저 새기며, 그리고 자녀들에게도 부지런히 가르치라고 명하였다. "오늘 내가 네게 명하는 이 말씀을 너는 마음에 새기고"(신 6:6). 모세가 명하는 이 말씀이 십계명과 율법을 말하며, 그 율법을 마음에 새기라는 것이다. 마음에 새겨야 주야로 말씀이 기억나서 즐겁게 묵상할 수 있기 때문이다. 마치 마리아가 예수님이 탄생하셨을 때, 하늘의 수많은 천군과 천사들이 하나님께 찬송으로 영광을 돌려드리는 소리를 들을 때, 그 모든 말을 마음에 새겨서 생각한 것 같다(눅 2:14). 마음에 새기고 הָיָה (하야)는, 와우 계속법-칼 완료, 3인, 공성, 복수며, 있다, 존재하다, 전념하다, ~이 일어나다, ~이 행해지다, 발생하다, 장막을 치다, 임하다, 계시다, 섬기다, 따르다, 두다, 성취하다 등의 의미며, 와우 계속법-칼 완료 복수는 스스로 십계명과 율법을 기록한 성경을 언제나 어디서나 항상 마음에 있게(두고) 하여 존재하고 그 말씀에 전념하는 일이 일어나게 행하며 섬기고 따르고 성취하게 하라는 의미다. 마음에 있는 말씀으로 행하며 자녀들에게 부지런히 가르치라는 명령이다. 셋째, 형통의 복이다. 오직 성경을 즐거워하며 주야로 묵상하는 개인, 자녀, 가정, 사업, 도시, 국가 전체가 하는 모든 일들이 형통하여 세계 모든 민족 위에 뛰어나게 된다(신 28:1). 때문에 마음에 말씀을 새겨서 자녀들에게 부지런히 가르치라고 명한 것이다. 그리하면 사업과 몸의 자녀와 토지소산과 짐승과 떡 반죽 그릇에 복을 내려 들어와도 나가도 복을 받는다. 대적하는 적군들이 일곱 길로 도망하게 하며, 자녀와 행하는 모든 일이 형통하여 잘 되게 하며, 남에게 꾸어줄지라도 꾸는 자가되지 않게 되며, 남보다 머리가 되고 꼬리가 되지 않게 하며, 위에만 있고 아래에 있지 않게 되는 복과 또한 하나님의 성민이 되어 천국의 기업을 받는다(신 28:3-14). 모세는 신명기에서 시편 1편에서 말씀한 형통의 복을 구체적으로 자세하게 가르쳤다. 땅에서 받은 복이 개인과 자녀, 가정과 사업, 도시와 국가 전체가 하는 모든 일들이 형통하여 세계 모든 민족 위에 뛰어나게 되는 것을 말하며, 천국에 들어가는 복이 하나님의 성민이 되는 것이다. 성민 קָדוֹשׁ (카도쉬)는, 거룩하다, 깨끗하다, 구별하다, 예비하다, 드리다, 성회 등에서 유래한 하나님께 사용되는 거룩한, 또는 하나님께 드려진 거룩한 것들 즉, 천국의 백성, 성민, 성소, 성전 등에 사용된 단어다. 여기서 우리는 지금까지 상고한 십계명과 율법은 땅에서만 잘 되는 복만이 아니라 천국에까지 들어가는 약속이라는 사실을 잊지 말아야 한다. 십계명과 율법은 이것을 위하여 맺은 언약이다(출 19:5-8). 오직 십계명과 율법을 사랑하며 마음에 새겨서 주야로 묵상하며 지켜 행하면 하나님의 소유(천국)가 되고 제사장 나라와 거룩한 백성이 되는 영원한 복을 약속하신 언약이다.

4) 목자

시편 1편에서는 복 있는 자는 시냇가에 심겨진 나무처럼 그가 하는 일이 형통하리라 하신 말씀이 신 28:1-14절에서 모세를 통하여 구체적으로 무엇이 형통한 복인지에 대하여 기록하게 하였다. 또한 시편 23편에서는 복 있는 자가 어떻게 형통하게 되는지에 대한 원인과 과정을 밝혀주고 있다. 그 원인 과정은 오직 여호와의 율법을 즐거워하여 주야로 묵상하는 자는 그분이 목자가 되셔서 그가 하는 모든 일이 형통하게 하시며, 의인의 회중인 천국까지 이르게 인도하신다는 것이다. "여호와는 나의 목자시니 내게 부족함이 없으리로다."(시 23:1). 여호와의 율법을 즐거워하여 주야로 묵상하는 부모와 자녀는 여호와께서 목자가 되셔서 부족함이 없는 형통한 길로 인도 하신다는 고백이다. 부족 함 חָסֵר (하세르)는, 칼 미완료, 1인, 공성, 단수며, 줄이다, 감소하다, 부족하다, 결여되다, 결핍되다, 가난하다, 부족하다, 없어지다, 그치다 등의 의미며, 칼 미완료 단수는 여호와께서 목자가 되셔서 언제나 어디서나 항상 형통하여 줄어들지 않고 감소하지 않으며 결핍하여 가난함과 부족함이 없게 되는 것을 의미한다. 미완료는 일시적인 형통이 아니라 항상 지속적인 것을 말한다. 왜냐하면 여호와께서 목자가 되셔서 푸른 풀밭에 누이시며 쉴 만한 물 가로 인도하시기 때문이다. 그리고 영혼까지 소생시켜주시고 여호와의 이름을 위하여 의의 길로 인도하여 주신다(시 23:2-3). 푸른 풀밭에 누이시며 쉴 만한 물 가로 인도하시는 것이 땅에서 하는 모든 일이 형통하게 하시는 것을 의미하며, 영혼을 소생시키시고 의의 길로 인도하시는 것이 의인의 모임(천국)까지 인도하신다는 의미다. 목자 רָעָה (라아)는, 칼 분사, 남성, 단수며, 목자장, 사귀는 자, 관리자, 인도자, 친구, 방목하다, 다스리다, 지배하다, 먹이를 주자, 양육하다, 기르다, 지키다, 사귀다 등의 의미며, 칼 분사 단수는 여호와의 율법을 즐거워하여 주야로 묵상하는 부모와 자녀는 여호와께서 여러 가지 방법으로 목자장, 관리자, 인도자와 친구가 되셔서 방목하시며 다스리시며 지배하시고 먹여주셔서 양육하여 기르시고 지켜주시며 항상 가까이에 계시면서 돌보셔서 푸른 풀밭에 누이시며 쉴 만한 물 가로 인도하시며 영혼까지 소생시켜주시고 자기 이름을 위하여 의의 길로 인도해주신다는 의미다. 이것이 신구약 성경에서 기록한 십계명과 율법에 순종하는 자에게 허락된 언약이다. 그런데 우리는 복의 근원으로 주신 성경을 얼마나 사랑하고 따르며, 순종하고 있는지가 문제다. 신앙의 성장을 지도하는 전문가들에 의하며 전세계 기독교인들 중에는 세 부류가 있다고 한다. 첫째는 선데이(Sunday)교인이다. 이 부류는 60-70%라고 한다. 영적인 어린아이 수준에 머물러 있는 자들이다. 그들은 믿는 일과 영적인일에는 관심이 없다. 둘째는 기복신앙과 번영신앙 교인이다. 이 부류는 20-30%라고 한다. 이들은 주일성수, 십일조, 섬김 등으로 신앙생활은 열심히 한다. 그런데 열심히 하는 목적이 세상에서 받는 복을 추구하는 자들이다. 신앙생활을 장수, 부유, 명예 등 세상에 속한 것에 대한 관심으로 열심히 한다. 세 번째는 부류는 히브리서 11장 믿음의 사람들과 동일하게 사는 자들이다. 이 부류는 5-10%라고 한다. 이들은 이 세상에 살고 있지만 살아가는 관심이 하나님나라를 바라보며 그 나라를 위하여 사는 자들이다. 이러한 현상은 현대교인들이 성경에서 약속한 진정한 복과, 예수 그리스도를 믿는 다는 것이 무엇인지에 대한 무지 때문에 나타나는 현상들이다. 그러므로 우리의 구원을 위하여 기록해주신 오직 성경을 즐거워하여 주야로 묵상하며 순종하면 주님께서 목자가 되셔서 우리의 영혼과 육신을 형통하게 인도하신다는 사실을 믿는 신앙으로 회복해야 한다. 그리하면 우리의 영혼을 소생시켜주시는 것만이 아니라 또한 성령으로 십계명과 율법의 의를 이루도록 인도해주신다. 소생 שׁוּב (슈브)는, 폴렐, 미완료, 3인, 남성, 단수며, 돌이키다, 회복하다, 새롭게 하다, 중건되다 복직하다, 소생시키다 등의 의미며, 미완료는 여호와께서 목자가 되셔서 우리의 영혼을 언제나 어디서나 항상 돌보아 주시며 회복시켜주시며 새롭게 하여주신다는 의미다. 그리고 의의 길로도 인도하신다. 의의 길 מַעְגָּל (마갈)는, 행하도록 인도하심, 길로 가도록 도우심, 있는 곳에 머물게 하심 등의 의미며, 의의 길은 십계명과 율법으로 규정한 여러 가지 말씀으로 항상 인도하시며 그 길로 가도록 도와주시고 그 말씀이 있는 곳에 머물게 하도록 인도해주신다는 의미다. 십계명과 율법으로 규정한 모든 말씀들을 따르는 것이 의의 길, 의로움의 길, 공의의 길, 올바름의 길이기 때문이다.

그러므로 어떠한 사망의 음침한 골짜기 같은 세상에 다닐지라도 해를 두려워하지 않는다. 주께서 목자가 되셔서 지팡이와 막대기로 안위해주시기 때문이다. 그리고 원수의 목전에서 상을 차려 주시고 기름을 머리에 부어주셔서 잔이 넘치게 하신다(시 23:4-5). 해 רַע (라)는, 악한, 사악한, 나쁜, 해로운, 악의 있는, 잘못된, 불행한, 슬픈, 사나운, 불길한, 고난, 슬픔, 험악한, 속임, 재난, 환난, 상애 등의 의미며, 이는 사망의 음침한 골짜기 같은 세상에서 일어나는 온갖 나쁜 것들을 말하며, 신 28:15-48 저주로 임하는 모든 재난들을 말한다. 여호와께서 목자가 되시면 자신의 지팡이와 막대기로 세상에서 일어나는 온갖 나쁜 일들과 저주로 임하는 모든 심판에서 안전하게 보호해주신다는 약속이다. 또한 원수의 목전에서 상을 베풀어주신다. 원수 צָרַר (차라르)는, 칼 분사, 남성, 복수며, 묶다, 붙잡다, 차단하다, 닫다, 압제하다, 박해하다, 괴롭히다, 환난을 당하다, 애통하다, 대적하다, 질투하다, 압박하다, 싸이다, 산고를 당하다, 원수 등의 의미며, 이 단어는 어떤 불행한 일들을 만나 묶이고 싸이는 것과 적들이 공격하여 포위를 당한 환경과 불신앙으로 심판을 당하는 것들에 사용된 단어다. 본문에서는 밖에서 적들의 공격으로 당하는 압제와 박해와 괴롭힘과 그로 인한 애통과 산고를 당하는 것과 안으로 묶이고 싸이는 환난들과 고난이 원수다(찬 95장, 3절 참조). 칼 분사 복수는 여러 가지 밖에서 당하는 적대자들의 괴롭힘과 안으로 만나는 환난과 고난 등을 의미한다. 이러한 여러 가지 만나는 원수들 앞에서 여호와께서 목자가 되셔서 상을 베풀어주신다는 것이다. 상 שֻׁלְחָן (슐한)은, 떠나게 하다, 물리치다, 훼방하다, 처리하다, 쫓아내다, 던져버리다, 죽이다 등에서 유래한 식탁, 상, 식사 등의 의미며, 이는 여러 가지 만나는 원수들과 맞서서, 물리쳐주시고 쫓아내시며 던져버리고 죽이시고 그 앞에서 잔치의 식탁을 베풀어주신다는 의미다. 마치 모르드개와 유대민족을 말살시키기 위하여 준비한 하만의 모든 계략들에 대하여 도리어 여호와께서 그를 장대에 매달고 그의 자녀들을 심판하신 경우와 같다(에 7:9). 그리고 머리에 기름을 부어주셔서 넘치게 하신다. 머리 ראשׁ (로쉬)는, 근원, 우두머리, 봉우리, 가장 좋은 최고의 것, 총체적, 정상 꼭대기, 시작, 처음의 사람, 지도자, 지휘관, 아버지, 상석, 선두, 높아지다, 보배롭다, 창조되다, 앞서다 등의 의미며, 기름 שֶׁמֶן (셰멘)는, 살찌다 등에서 유래한, 기름짐, 향기로운 기름, 감람유, 등유, 관유 등의 의미다. 이는 여호와께서 목자가 되셔서 원수의 목전에서 기쁨의 상을 베풀어주시고 최고의 기름진 삶으로 인도해주신다는 말씀이다. 이것이 사업과 자녀와 토지의 소산에 복을 내려 들오며 나가도 복을 받는 것이며, 대적하는 적군들이 일곱 길로 도망하게 되는 것이며, 하늘의 보고를 열어 남에게 꾸어줄지라도 꾸지 않게 되며, 머리가 되고 꼬리가 되지 않고 위에만 있고 아래에 있지 않게 되는 형통한 복이다(신 28:1-14). 이러한 복이 평생에 따르게 되며, 결국에는 여호와의 집에서 영원히 살게 하신다(시 23:6). 여호와의 집 בַּיִת (바이트)는, 짓다, 세우다, 건축하다, 복구시키다, 번성하다 등에서 유래한 집, 장막, 왕궁, 요새, 성전, 성막, 궁내, 권속 등의 의미로, 여호와께서 계시는 왕궁(천국), 성전, 성소를 말한다. 이것이 신구약 성경에서 기록한 십계명과 율법을 즐거워하여 주야로 묵상하는 자에게 여호와께서 약속하신 복이다. 이러한 복이 약속되어 있는 십계명과 율법에 대하여 지금까지 우리는 상고하게 된 것이다. 그리고 이제부터는 신구약 성경에서 증언하는 십계명과 율법이 신약의 믿음의 법과 성령의 법과는 어떻게 연속성이 있는지, 또는 그 연속에서 어떻게 율법을 즐거워하며 묵상하는 자에게 약속된 복이 임하게 되는지 등에 관하여 자세하게 성경에서 찾아서 상고하고자 한다.

3부

신구약 성경에 기록된 십계명과 율법의 의는
믿음의 법과 성령의 법으로 성취되며, 완전하게 된다.
십계명과 율법의 의는 모세가 기록하였지만,
성취되는 해석은 신약의 바울이다.

믿음의 법

빛 좋은 개살구란 말이 있다. 겉만 번지르하고 그에 맞는 알찬 내용이나 실속이 없다는 비유다. 유다민족이 그렇다. 그들은 세상에서 유일하게 여호와 하나님께 선민으로 선택받아 십계명과 율법으로 언약을 맺은 민족이지만 내용을 버리고 겉모양만 붙잡고 있다. 이와 같이 이방교회도 복음으로 죄와 율법의 종노릇에서 자유를 주시기 위하여 부르심은 받았지만 자유만 붙잡고 사랑으로 종노릇하는 것은 버리고 겉모양만 붙잡고 있다. 유대인들과 이방교회가 다같이 붙잡아야할 본질은 십계명과 율법을 성취하는 믿음의 법이다. 우리가 앞에서 상고한 바대로 모든 신구약 성경에는 십계명과 율법에 대하여 기록하고 있다. 성경에서 구약의 언약백성들과 신약의 이방교회를 위하여 십계명과 율법을 기록하여 주신 이유와 목적에 대하여는 예수 그리스도의 비밀 1권에서 자세하게 기술한바가 있기 때문에 2권에서는 1권에서 해석하지 못한 부분과 더 보충적인 내용들만 기술하고자 한다. 그런데 신구약 성경에는 십계명과 율법이란 단어는 수 없이 등장하지만 믿음의 법이란 단 한번만 등장한다. 믿음의 법이 단 한 번만 등장하지만 그 내용은 측량할 수 없는 너비와 길이와 넓이와 깊이는 신구약 성경전체의 심장과 같이 관통한다. 사람의 몸에는 248가지의 지체들로 이루어져 있다고 한다. 그중에 심장이 가장 핵심적인 지체이듯, 믿음의 법도 성경전체의 핵심적인 역할을 한다. 이렇게 신구약 성경전체를 관통하는 믿음의 법에 대한 이해를 하기위해서는 다음과 같은 세 가지를 기억해야 한다. 첫째는 앞에서 상고한 삼위일체 하나님의 경륜이다. 삼위일체 하나님의 경륜은 창세전에 이미 삼위일체 하나님께서 인류구원에 대하여 예정하신 섭리를 말한다(엡 1:4). 성부 하나님은 인류구원에 대한 설계도를 만드시고, 성자 하나님은 성부 하나님께서 만드신 설계도에 따라서 인류구원에 대하여 성취하시고, 성령 하나님은 성자 하나님께서 인류구원에 대하여 성취하신 것을 때에 맞게 완성하시는 것을 말한다. 성자 하나님께서 인류구원을 위하여 성취하시는 과정이 구약에서는 아담을 창조하셔서, 그와 함께 선악과로 언약을 맺으신 것이며, 또한 아브라함과 그의 후손들에게 십계명과 율법으로 언약을 맺으신 것이다. 그리고 아브라함과 그의 후손들에게 십계명과 율법으로 언약을 맺으신 것을 완전하게 성취하시기 위하여 인간의 몸으로 이 땅으로 오신 것이 초림이며, 또한 재림이다. 이것이 모든 신구약 성경의 증거며, 예수 그리스도 안에 감추어져 있는 비밀이다. 이 비밀이 믿음의 법 안에 감추어져 있다. 둘째는 구약의 모세다. 모세는 여호와 하나님께서 아브라함의 후손인 이스라엘 백성들과 언약을 맺으시기 위하여 부르셨다. 그 언약이 십계명과 율법이다. 부르심을 받은 모세는 언약을 위하여 시내산에서 여호와 하나님을 직접 대면하여 그분이 친히 써 주신 십계명과 율법을 받았으며, 또한 듣고 기록한 것이 모세오경이다(출 24:12,34:27). 셋째는 신약의 바울이다. 바울은 모세가 기록한 십계명과 율법을 완전하게 성취하려 오신 예수 그리스도에 관하여, 또는 그분께서 완전하게 성취하신 십계명과 율법에 대하여 자세하게 해석하여 기록하게 하기 위하여 주님께 부르심과 택정함을 받는 사도다(롬 1:1). 모세는 시내산에서 여호와를 직접 대면함같이 바울도 낙원에서 주님을 직접 대면하여 보고 들었다(고후 12:4). 바울이 주님께서 십계명과 율법을 완전하게 성취하신 것을 기록한 대표적인 성경이 신약의 로마서와 갈라디아서다. 바울이 로마서와 갈라디아서를 통하여 주님께서 구약의 십계명과 율법을 신약에서 완전하게 성취하신 내용에 관하여 기록한 것이 믿음의 법이다. 따라서 본 단락에서 상고하는 믿음의 법에 대한 이해를 위한 세 가지를 기억하면서 바울이 기록한 믿음의 법에서 주님께서 어떻게 십계명과 율법을 완전하게 성취하게 하셨는지, 그리고 그 믿음의 법의 내용이 무엇이며, 그 내용이 어떻게 믿음으로 믿음에 이르게 되는지 등에 관하여 상고하고자 한다. 본 단락에서 상고하는 믿음의 법에 대하여 깨닫게 되면 믿음이 빛 좋은 개살구가 되지 않고, 믿음의 알찬 실속을 가지게 될 것이다.

1) 서론

미국의 아이비리그 대학에 한인들이 많이 들어간다고 한다. 그런데 90%가 중도에 탈락하고 있단다. 때문에 학교당국에서 그 이유를 찾아봤더니 학생들이 학교에 들어온 목적이 없다는 것이다. 그냥부모들의 권유로 또는 자신의 스펙과 명예를 위하여 입학은 했지만 목적이 없으니 들어간 후에는 연구는 하지 않고 부모들이 사준 좋은 차나 몰고 다니면서 타락하여 중도에 탈락하고 있단다. 이와 같이 현대인들의 신앙도 동일한 것 같다. 신앙의 본질에는 관심이 없고 모양만 붙잡고 있다가 가나안 성도가 되거나, 또는 이단들과 종교다원주의와 자유주의신학 등에 빠져서 믿음에서 탈락하는 경우들을 많이 보기 때문이다. 그러므로 본 단락에서는 성경의 심장과 같고 신앙의 본질이 되는 믿음의 법을 이해하기 위해서는 서론으로 먼저 믿음의 법에 대한 이해를 위한 세 가지 기억과 동일하게 몇 가지 상황에 대하여 상고하고자 한다. 첫째는 삼위일체 하나님의 경륜에 대한 것이다. 삼위일체 하나님의 경륜이란 삼위일체 하나님께서 믿음이 법에 대하여 창세전에 이미 때를 정히시고 그 때에 맞게 실행하신 것을 말한다. 심위일세 하나님께서 믿음의 법을 위하여 정하신 때에 대하여 바울은 그리스도 안에서 때가 찬 경륜, 또는 영원부터 하나님 속에 감추어졌던 비밀의 경륜이 드러난 것이라고 해석하고 있다(엡 1:9,3:9). 그러므로 믿음의 법은 창세전에 이미 삼위일체 하나님께서 믿음의 때를 위하여 예정하신 것을 성취하신 것을 말한다. 삼위일체 하나님께서 예정하신 비밀의 경륜에서 우리는 신약의 믿음의 법과 구약의 율법이 차이점과 통일성이 있다는 사실이다. 차이점은 구약과 신약의 때와 시기문제며, 통일성은 신약의 믿음의 법과 구약의 율법은 동일하다는 점이다. 때와 시기는 구약과 신약의 때와 시기를 정하신 것을 말하며, 통일성은 구약의 율법은 신약에도 동일하다는 점이다. 구약의 율법은 신약에서 성취할 모형이며, 신약의 믿음의 법은 율법을 완전하게 성취되게 한다. 율법은 하나님의 의를 이루는 생명의 말씀이기 때문이다. 이것이 삼위일체 하나님의 인류구원에 대한 때가 찬 경륜의 비밀이며, 설계도다. 둘째는 예수 그리스도다. 삼위일체 하나님의 경륜은 구약과 신약의 중심에는 예수 그리스도를 정하신 것이다. 예수 그리스도께서 오시기 이전의 때와, 예수 그리스도께서 오신 이후의 때를 정하셨다. 예수 그리스도께서 오시기 이전의 때가 구약이며, 예수 그리스도께서 오신 이후의 때는 신약이다. 예수 그리스도께서 오시기 이전의 구약에는 언약백성들이 율법아래 매여 있었으며, 갇혀 있었던 때였으며(롬 3:23,7:1-2), 예수 그리스도께서 오신 이후의 신약에는 예수 그리스도께서 율법아래 매이고 갇혀있던 것에서 믿음의 법으로 자유롭게 해방하는 때며, 구약에는 예수 그리스도께서 율법을 완전하게 성취하실 계시, 예언, 예표, 모형, 그림자로 주신 때와 시기였으며, 신약에는 계시, 예언, 예표, 모형, 그림자로 보여주신 것을 예수 그리스도께서 오셔서 완전하게 성취하신 때와 시기였으며, 구약에는 율법에 갇혀서 저주와 사망에 이르는 죽이는 때와 시기였으며, 신약에는 구약의 저주와 사망에서 자유롭게 해방하여 생명에 이르는 은혜의 때와 시대였으며, 구약에는 율법의 초등교사아래 어린아이상태였던 때와 시기였으며, 신약에는 율법을 완전하게 성취하려 오신 예수 그리스도의 것으로 장성하게 성장하게 하는 시기와 때다. 그러므로 신약에는 이때부터, 비로소, 완전하게, 때가 찼고, 때까지, 이제는, 오기 전에, 마침이, 폐하였으니, 갇혔으니, 때가 차매, 그 때에, 이 비밀, 바꾸어지리니, 첫째 것을 폐하심, 둘째 것을 세우려 하심 등의 용어를 사용하여 구약의 시기와 때에 대한 차이점에 대하여 해석하고 있다(마 4:17,5:17;막 1:15;눅 16:16;롬 3:21,10:4;엡 2:12,15;갈 3:23,4:4;골 1:17;히7:12,10:9). 이것이 신구약 성경 안에 감추어져 있는 예수 그리스도의 비밀이며, 보화다. 따라서 예수 그리스도를 부정하면 성경을 부정하는 것이며, 생명의 말씀으로 주신 율법을 부정하는 것이며, 성경의 심장과 같은 믿음의 법을 부정하는 배교자가 된다.

셋째는 용어에 대한 이해다. 용어에 대한 이해란 바울이 로마서에서 믿음의 법에 대한 해석을 하기 위하여 선제적으로 사용하는 용어를 말한다. 이를테면 죄 아래, 율법 아래, 심판 아래, 율법 외에 한 의에 대한 용어들이다. 바울은 롬 3:27절에서 믿음의 법을 해석하기 위하여 유대인이나 헬라인이나 다 죄 아래에 있다고 이미 선언하였다는 것과(롬 3:9), 율법이 말하는 바는 율법 아래에 있는 자들에게 말하는 것이라는 것과, 모든 입을 막고 온 세상으로 하나님의 심판 아래에 있게 하려 함이라는 것과(롬 3:19), 그러므로 율법의 행위로는 의롭다 하심을 얻을 육체가 없나니 율법 외에 한 의가 나타났다는 것을 증언한다(롬 3:20-21). 우리가 성경의 심장과 같은 믿음의 법을 명확하게 이해하려면 바울이 사용한 이러한 용어가 무엇을 의미하는지, 그리고 왜 믿음의 법을 해석하기 이전에 이러한 용어들을 증언하고 있는지, 또한 그가 증언하는 용어들과 믿음의 법은 어떤 관계성을 가지게 되는지 등에 대하여 이해가 먼저 전제되어야 믿음의 법에 대한 정확한 이해를 할 수 있으며, 또한 삼위일체 하나님의 때가 찬 경륜과 성경 안에 감추어져 있는 예수 그리스도의 비밀과 보화를 발견 할 수 있기 때문이다. 이러한 이해가 없거나 부족하면 유대인들처럼 문자적인 율법에만 매달려 겉모양만 붙잡을 수 있으며, 이방교회는 율법은 버리고 신앙의 껍데기만 붙잡고 있다가 가나안 교인이 되거나 이단이나 종교다원주의 등에 넘어져서 타락할 수 있기 때문이다. 따라서 바울이 사용한 용어들에 대하여 간단하게 서론적으로 먼저 요약을 한 후에 다음 단락부터 자세하게 각론적인 해석을 하고자 하는 것이다. 바울이 유대인이나 헬라인이나 다 죄 아래에 있다고 이미 선언하였다는 것은 아담이후의 모든 인류는 죄의 지배아래에서 종노릇을 하고 있었다는 전제다. 이는 한 사람 아담의 범죄로 모든 사람이 죄를 범하여 하나님의 영광에 이르지 못하게 되었으며(롬 3:23,5:18-19), 율법 아래 있는 있다는 것도 동일하게 율법의 지배아래에서 종노릇을 하고 있으며, 율법 아래 있게 되면 율법의 행위로는 의롭다 하심을 얻을 육체가 아무도 없는 까닭에 율법으로 죄를 깨닫게 하여 모든 사람들의 입을 막고 하나님의 심판 아래에 있게 되었다는 것이다. 하나님의 심판 아래 있으면 그 마지막은 사망에 이르게 되기 때문에 구약의 율법과 선지자들에게 증거를 받은 율법 외에 하나님의 한 의가 나타났는데 그 의가 예수 그리스도를 믿음으로 의롭다 함을 받게 되는 믿음의 법이라는 것이다. 따라서 믿음의 법은 죄의 종노릇에서, 율법의 종노릇에서, 사망의 심판에서 자유하게 하는 의로운 법이라는 사실이다. 그 의를 이루시기 위하여 아담의 모형으로 한 사람 예수 그리스도를 십자가에서 피를 쏟게 하셔서 화목제물을 삼으셨으며, 그 예수 그리스도의 피를 믿는 자에게 은혜의 선물이 모든 사람에게 넘치게 하여, 죄의 종노릇과 율법의 종노릇과 사망의 심판에서 자유하게 하는 의롭다고 인정하신다는 증언이다. 바울이 믿음의 법을 해석하기 이전에 이러한 논리를 증언하는 것은 믿음의 법을 위하여 하나님께서 독생자 예수 그리스도를 십자가에서 희생의 피로 화목제물로 삼으신 사실에 대하여 아무런 의미와 가치도 알지도 못하면서 맹목적으로 믿기만 하면 의롭게 된다는 것을 경계하기 위함이라고 본다. 그러므로 믿음의 법에 대하여 상고하기 이전에 이러한 전이해를 먼저 알고 성경에서 단 한번만 등장하는 단어지만 그 깊이와 넓이와 높이는 모든 성경의 심장과 같음을 알게 되면 유대인이든 이방인이든 바른 믿음을 가지게 될 것이다. 이것이 삼위일체 하나님의 때가 찬 비밀의 경륜이며, 아들을 아끼지 아니하시고 모든 사람을 위하여 내주신 전적인 하나님의 사랑이며, 예수 그리스도 안에 감추어져 있는 비밀이며, 보화다. 이러한 서론적인 이해를 바탕으로 하여 이제는 지금부터 바울이 사용한 용어들과 믿음의 법에 대하여 자세하게 상고해 보고자 한다.

2) 법

믿음의 법이라는 단어는 성경전체에서 로마서에서만 단 한 번만 등장한다. "그런즉 자랑할 데가 어디냐 있을 수가 없느니라 무슨 법으로냐 행위로냐 아니라 오직 '믿음의 법' 으로니라"(롬 3:27). 믿음의 법은 율법의 행위로 의롭게 되는 것이 아니라, 오직 예수 그리스도를 믿음으로 의롭게 되어 율법을 굳게 세우는 법을 말한다(롬 3:28,31). 이는 율법의 행위로 하나님 앞에 의롭다 하심을 얻을 육체가 아무도 없기 때문에, 율법 외에 하나님께서 은혜로 값없이 주시는 한 의다(롬 3:22-24). 그 의는 십계명과 율법을 모두 지켜서, 또는 인간의 어떤 선한 행위로 되는 의가 아니다. 오직 믿음으로만 되는 의다. 믿음의 법이란, 두 단어의 합성어다. 믿음 πίστις (피스티스)는, 명사, 속격, 여성, 단수며, 동사 미완료형으로 동사 확신을 가지게 하다, 설득하다, 끌어드리다, 기쁘게 하려고 애를 쓰다, 화해하게 하다, 만족시키다, 권면하다 등에서 유래한 믿음을 가지게 하는 신실, 신임, 엄숙한 약속, 서약, 증거, 담보, 보증, 신뢰를 말하며, 그 신뢰에 대한 확신, 신앙, 인정, 수락, 충성, 믿음을 의미하며, 명사 속격 단수는 율법의 행위가 아닌 오직 예수 그리스도에게 속한 믿음과, 오식 예수 그리스도에 관하여 인정하고 신뢰하며 확신을 가지고 수락하여 믿는 믿음과 그 믿음을 위하여 신앙생활에 충성하게 되는 것을 의미한다. 미완료형은 언제나 어디서나 항상 변하지 않고 끝까지 오직 예수 그리스도에게 속한 믿음과, 오직 예수 그리스도에 관하여 신실하게 충성하는 것을 말한다. 예수 그리스도에게 속한 믿음은 오직 예수 그리스도만을 믿는 것을 말하며, 예수 그리스도에 관하여 믿는 믿음은 예수 그리스도께서 죄의 종노릇에서, 율법의 종노릇에서, 사망의 심판에서 속량하시기 위하여 십자가에서 피를 쏟으시면서 화목제물이 되셔서 모든 믿는 자들에게 은혜의 선물이 넘치게 하여, 죄와 율법과 사망의 종노릇에서 자유하게 하신 것을 믿는 것을 말한다. 이것을 바울은 그리스도 안에서 하늘에 속한 신령한 복을 받는 것으로 해석한다(엡 1:3). 법 νόμος (노모스)는, 명사, 속격, 남성, 단수며, 동사 할당하다, 분배하다, 지정하다 등에서 유래한, 율법, 법, 법규, 규칙, 원리, 규범, 모세오경, 복음, 그리스도의 법 등의 의미를 가지는 단어지만 본문에서는 예수 그리스도를 믿는 자에게 사법적인 효력으로 하나님께서 의롭다고 인정해 주시는 그리스도의 법을 말하며, 속격 단수는 예수 그리스도에게 속한 법과, 예수 그리스도에 관한 법이며, 이는 믿음과 동일하게 오직 예수 그리스도만 믿는 자에게 의롭다고 인정을 받게 되는 유일한 법과 예수 그리스도께서 믿는 자에게 자유를 주시기 위하여 사역하신 절대적인 법을 말한다. 때문에 그 무슨 율법과 인간의 선한 행위로 의롭게 되는 것이 아니라 오직 예수 그리스도를 믿는 믿음의 법으로 된다고 강조한 것이다. 법으로 δια (디아)는, ~을 통하여, ~때문에, ~동안, ~함께, ~말미암아 등을 의미하는 전치사며, 이는 오직 믿음의 법을 통하여, 오직 믿음의 법 때문에, 오직 믿음의 법 안에 있는 동안에, 오직 믿음의 법과 함께, 오직 믿음의 법으로 말미암아 의롭다 하심을 얻게 되는 것을 의미하며, 또한 예수 그리스도를 믿는 믿음의 법안에 있는 동안에, 예수 그리스도에게 속한 믿음의 법으로 말미암아, 또는 예수 그리스도에 관한 믿음의 법 안에 있는 동안에, 예수 그리스도에게 속한 믿음의 법으로 말미암아 의롭다고 인정함을 받게 된다는 의미다. 이는 율법의 행위로 의롭게 될 수 없는 까닭에 예수 그리스도를 믿는 자에게 의롭다고 인정해주시는 변할 수 없는 하나님의 확정적인 법을 말한다. 때문에 율법의 행위로는 의롭다 하심을 얻을 육체가 아무도 없다는 것이다(롬 3:20). 율법의 행위로는 구원을 받을 수 없기 때문에 하나님께서 인류를 사랑하심으로 믿음의 법으로 의에 이르게 하신 것을 말한다(요 3:16). 이것이 값없이 주시는 하나님의 은혜의 선물이다.

이러한 믿음의 법 안에는 두 가지 의로움이 담겨져 있다. 하나는 누구든지 예수 그리스도를 믿는 자에게 의롭다고 인정함을 받는 것을 말하며, 다른 하나는 하나님께서는 의로우신 분이시라는 것을 드러내신 것을 말한다. 하나님께서 의로우신 분이시기 때문에 믿음의 법을 계획하셔서, 그 법을 받아드리는 자는 누구든지 의롭다고 인정해주시면서 자신의 의로움을 드러내신 다는 것이다(롬 3:26). 의로우신 하나님과 화평을 이루기 위해서는 상대방도 의롭다는 인정함을 받아야 화목하게 될 수 있기 때문이다(롬 5:1). 하나님과 화평이 이루어진 곳이 천국이며, 영원한 하늘의 기업이다. 그런데 율법은 하나님의 의를 나타내시는 계명이며 규례들이지만, 육신이 연약한 우리는 그 계명과 율법을 모두 지키는 행위로는 아무도 의로운 자가 될 수 없기 때문에 믿음의 법을 수신 것이다. 이것이 믿음의 법이며, 하나님의 전적인 은혜라는 점이다. 구약에서는 계명과 율법이 두 가지의 연약함 때문에 하나님의 의를 완전하게 성취하지 못하여 저주와 사망에서 죽었지만, 신약에서는 두 가지 연약함을 예수 그리스도께서 완전하게 성취하심으로 믿음으로 자유와 해방을 맞이하여 생명을 얻게 되었다. 두 가지 연약함의 하나는 구약에는 계명과 율법을 돌판에 기록된 조문으로 주셨기 때문에 예수 그리스도와 비교하는 점에서 연약하다는 것이며, 다른 하나는 육신이 연약하여 계명과 율법의 의에 요구를 이루지 못하는 것을 말한다(롬 8:3,히 7:18). 구약의 십계명과 율법의 두 가지 연약함을 신약의 예수 그리스도께서 십자가에서 율법의 저주와 육신이 연약하여 의를 이루지 못한 죄를 모두 속량하시고, 성령으로 십계명과 율법을 마음에 기록하여 성령으로 이루어지게 하신 것이다. 이것이 차이점과 통일성이다. 하지만 여기서 우리가 반드시 잊지 말고 기억해야 되는 것이 있다. 그것은 주어다. 주어는 예수 그리스도다. 우리를 의롭게 하는 믿음의 법에 대한 주어는 오직 예수 그리스도라는 것을 절대적으로 잊으면 안 된다. 이는 아무리 강조해도 지나치지 않는 진리다. 예수 그리스도에게 속한 믿음의 법이며, 예수 그리스도에 관한 믿음의 법이기 때문이다. 예수 그리스도가 빠진 믿음은 아무런 효력이 없다. 그런데 유대인들은 예수 그리스도는 버리고 계명과 율법만 붙잡고 있는 까닭에 겉모양만 선민이며, 이방교회도 예수 그리스도를 버리고 믿음만 붙잡고 있기 때문에 신앙의 겉모양만 가지고 있다. 그 증거가 유대인들은 예수 그리스도를 믿지 않는 것이며, 이방교회는 종교다원주의와 자유주의 신학에 빠져있는 것이다. 유대인과 이방교회가 아무리 변해도 절대적으로 예수 그리스도 안에서 예수 그리스도에게 속한, 예수 그리스도에 관한 믿음의 법을 믿는 신앙을 버리고 포기하면 안 된다는 사실을 명심해야 한다. 많은 현대교회들이 모든 종교에도 구원이 있다고 주장하는 종교다원주의와 자유주의 신학을 단호하게 거부해야 한다. 이는 영원한 영생에 관한 구원의 문제이기 때문이다. 이것이 하나님께서 한의를 위하여 예정하신 오직 예수 그리스도를 믿는 믿음의 법이다.

3) 피

모기는 지구촌에 2천 500여종이나 서식하고 있다. 그런데 모기는 자신의 생명을 유지하기 위하여 사람의 피를 빨아먹고 살려고 한다. 사람의 피를 찾아내기 위한 환경적응력은 혀를 내두를 만큼 위력을 가지고 있다. 아무리 어두운 깊은 밤이라도 또는 한적하고 깊은 산속이라도 쉽게 사람을 찾아 낼 수 있는 냄새 감지능력을 가지고 있다. 모기는 사람이 내뿜는 극미량의 탄산가스를 20m전방에서 탐지하는 후각이 있다. 사람의 피를 빨아먹기 위하여 1초에 300-500회의 빠른 날개 짓으로 한치의 오차도 없이 날아와서 정확하게 피부 아래 말초혈관을 찾아서 입을 박고 피를 빨아 배를 채운다. 때문에 모기는 사람의 생명인 피를 빼앗아 자신의 생명을 유지하려는 살인죄에 속한다. 피는 곧 생명이기 때문이다. 그런데 주님은 다른 사람에게 생명을 주시기 위하여 자신의 생명의 피를 쏟으셨다. 생명은 피에 있는 까닭에 피가 죄를 속하기 때문에 주님의 피로 우리의 죄를 대속하여 주시기 위하여 십자가에서 자신의 생명의 피를 쏟으셨다(레 17:11). 그러므로 성경에서 한번만 등장하는 믿음의 법이 성경전체의 심장과 같다면, 주님의 피는 동맥과 같다. 동맥과 같은 피를 예수 그리스도께서 십자가에서 몸을 드리시며 쏟으신 것이다. 때문에 신약의 성도는 구약의 언약백성들과 구별되게 예수 그리스도의 피 뿌림을 얻기 위하여 택하심을 받은 자들이 된 것이다(벧전 1:2). 이렇게 주님의 피 뿌림을 얻기 위하여 택하심을 받은 신약의 성도들에게 주님의 피는 여러 가지 목적으로 적용되고 있음을 성경에서 증언하고 있다. 이것이 예수 그리스도 안에 감추어져 있는 비밀이며, 보화들이다. 첫 번째 보화는 주님의 피는 예수 그리스도를 믿는 자들의 죄를 속량해주신다. 아담의 범죄로 모든 사람이 죄를 범하여 유대인이나 헬라인이나 다 죄 아래에서 종노릇을 하고 있는 죄를 대신 속량해주시기 위한 피다(롬 3:24). 속량 ἀπολύτρωσις (아폴뤼트로시스)는, 명사, 속격, 여성, 단수며, 전치사 ~부터와 속전을 받고 놓아주다 의 합성어에서 유래한 풀어주다, 해방하다, 속량하다, 구속하다 등의 의미며, 명사 속격 단수는 예수 그리스도께서 소유하신 피로부터 속전을 받고 우리의 모든 죄에서 풀어주시고 해방하심으로 인하여 구속함을 받게 된 것을 의미한다. 이는 주님의 피가 우리의 죄에 대한 속전이 되셔서 우리의 모든 죄가 용서받게 된 것을 말한다. 피 흘림이 없으면 사함이 없기 때문이다. 구약의 율법에는 짐승의 피로 정결하게 되었지만 신약에는 흠과 점이 없는 보배로운 그리스도의 피로 영원한 속죄를 이루사 우리의 죽은 행실에서 깨끗하게 하셨다(엡 1:7;히 9:12-14; 벧전 1:19;계 1:5). 영원한 속죄 αἰώνιος (아이오니오스)는, 형용사, 대격, 여성, 단수며, 영원한 시간을 의미하는 아이온에서 유래한 시작이나 끝이 없는, 영원한, 세세의 등의 의미며, 형용사 대격 단수는 창조로부터 세상 끝날까지 영원한 시간 안에서 예수 그리스도를 믿는 자들에게 여러 가지 다양한 죄들에 대하여 속량해주시기 위한 목적으로 주님께서 십자가에서 피를 쏟으셨다는 의미다. 이는 아담부터 재림 때까지 믿는 자들의 원죄와 자범죄에 대한 속죄를 말한다. 이것이 영원한 속죄다. 다시 말하면 영원한 속죄란 어느 특정한 시대와 특정한 사람들에게만 단회적으로 적용되는 속죄를 말함이 아니라는 의미다. 창세로부터 세상끝날까지며, 단회적인 용서만이 아니라 반복되는 영원한 용서를 말한다. 이러한 속죄는 우리의 불의에 대하여 긍휼히 여기시고 죄를 다시는 기억하지 아니하시겠다고 약속하신 언약의 성취며, 우리로 하여금 빛 가운데서 성도의 기업을 얻기에 합당하게 하기 위하여 흑암의 권세에서 건져내사 사랑의 아들의 나라로 옮기시는 속량의 죄 사함이다(골 1:12-14;히 8:12,10:17). 다만 아들을 믿는 자들은 두 가지는 요청을 받는다. 하나는 자신의 입으로 죄를 자백하는 요청이며, 다른 하나는 다른 사람의 잘못을 용서해 주는 요청이다. 자신의 입으로 자백하는 것이 일곱 번을 일흔 번까지 생활 속에서 잘못된 자범죄에 대한 자신의 반복되는 죄도 회개하라는 것이다. 우리의 몸도 매일같이 손과 발을 비누를 사용하여 깨끗하게 씻듯이, 또는 목욕을 하듯, 자신을 돌아보며 십계명과 십계명을 해석한 신구약 성경에서 떠난 삶에 대하여 주님의 피로 회개하라는 것이다. 주님의 피는 과거 수동태지만 회개는 현재 능동태다. 과거 수동태는 100% 주님의 은혜로 이미 십자가에서 대속의 피를 쏟아주신 것을 말하며, 현재 능동태는 100% 언제나 어디서나 항상 우리스스로 우리의 죄를 회개해야 되는 것을 말한다. 주님께서 우리가 회개하면 죄를 용서해주시도록 피를 준비하셨는데 우리가 회개하지 않으면 주님의 피가 헛되게 만드는 경우가 된다. 마치 부모들이 자녀들을 위하여 비누를 준비해두었지만 그들이 비누를 사용하여 얼굴과 손과 발을 씻지 아니하면 그 비누는 허비되는 것과 같다. 때문에 계시록의 일곱 교회 중에 다섯 교회는 회개를 명령하신 것이며(계시록 해석. 1권. 회개로 열리는 계시록. 61p. 참조), 대 환난 날에는 셀 수 없는 큰 무리들이 회개하고 돌아오며, 회개한 그들이 천년왕국에 들어간다(마 4:17;계 7:14,22:14). 우리가 날마다 주님의 보혈의 피로 회개하면 범한 모든 죄가 하나도 기억되지 않게 용서해주시지만 회개하지 않으면 용서를 받지 못한다(겔 33:11-16). 이것이 흠과 티가 없는 주님의 피로 속량함을 받는 영원한 속죄다. 때문에 나의 죄를 씻는 것도, 다시 정하게 되는 것도, 사죄하는 증거도, 아무공로 없지만 나의 의는 이것뿐, 오직 예수의 흘린 피로된 것이니 귀하고 귀하다 예수의 피 밖에 없다고 고백하며 찬송으로 하나님께 영광을 돌리는 것이다(찬 252장). 다른 사람을 용서하는 것은 형제가 내게 죄를 범할 때, 일곱 번을 일흔 번까지 용서하라는 것과 서로 사랑하라는 것을 말한다(마 6:12,14-15,18:21-35;요일 1:9). 형제가 잘못한 것에 대하여 일곱 번을 일흔 번까지 용서를 구하면 용서해야 된다는 것이다. 우리는 주님에게 큰 죄도 회개하면 용서를 받는데 형제의 작은 잘못도 용서해주지 못하면 우리의 큰 죄도 용서하지 않겠다는 말씀이다. 서로 사랑하면 허다한 죄도 덮게 된다(벧전 4:8).

두 번째 보화는 주님의 피는 예수 그리스도를 믿는 자들을 의롭게 한다. 하나님께서 믿는 자들을 주님의 피로 죄를 속량해주시고, 그리고 은혜로 값없이 의롭다 하시고, 의롭다고 하셨기 때문에 하나님의 진노하심에서 구원해 주신 것이다(롬 3:24,5:9). 이것이 믿음의 법으로 예수 그리스도를 믿는 자들의 죄에 대하여 용서해 주시고 의롭다고 인정하심이다. 죄에 대한 속량도 없이 의롭게 하심이 아니다. 먼저 죄를 용서해주시고 죄가 없는 자처럼 인정해주시는 것이다(롬 5:9). 의롭다 δικαιόω (디카이오오)는, 동분사, 현재, 수동, 주격, 남성, 복수며, 형벌과 정죄에서 유래한 계명과 율법으로 사는 의로운, 올바른, 무죄 등에서 옳은 것으로 세우다, 정당화하다, 권리로서 요구하다, 옳다고 간주하다, 판단하다, 승인하다, 마땅히 받아야 할 것으로 의롭다고 선언하다, 정당하다고 인정하다 등의 의미며, 동분사 현재 수동은 어느 시대든, 어떤 장소든 어떤 방법으로 살든지 언제나 어디서나 항상 형벌과 정죄의 진노아래 있는 자라도 언제나 어디서나 예수 그리스도를 믿기만 하면 예수 그리스도의 피로 속량해주시고 계명과 율법을 지키는 자에게 인정하는 의로움의 무죄처럼 옳은 것으로 세워지며, 옳다고 판단을 받고, 마땅히 받아야 할 선언으로 정당하게 인정을 받은 것을 의미하며, 주격 복수는 모든 사람들이 믿음으로 의롭다 함을 인정받게 되는 것이 주체라는 의미다. 이러한 의미에서 아브라함이 하나님을 믿으매 그것이 그에게 의로 여겨진바 되었다는 것이며, 또한 자기만이 아니라 믿음에 속한 자에게도 그와 같이 여김을 받게 될 것에 대한 조상이라는 것이다(롬 4:3,16). 이것이 하나님의 은혜로 값없이 주시는 의의 선물이다. 세 번째 보화는 주님의 피는 화목케 하신다. 이는 주님께서 십자가에서 화목제물이 되신 것을 말한다. "이 예수를 하나님이 그의 피로써 믿음으로 말미암는 화목제물로 세우셨으니"(롬 3:25). 세우셨으니 προτίθημι (프로티데미)는, 동사, 직설법, 과거, 중간, 3인, 단수며, 전시하다, 예정하다, 앞에 놓다, 드러내 보이다, 공개적으로 제시하다, 계획하다, 의도하다, 뜻하다, 결심하다 등의 의미며, 동사 직설법 과거는 하나님께서 창세전에 이미 주님을 화목제물로 삼으시기 위하여 뜻을 정하시고 계획하시고 결심하신 것을 때가 차매, 실제적으로 주님께서 공개적으로 십자가에서 화목제물로 되신 것을 의미하며, 중간 단수는 하나님께서 계획하신 것을 주님께서 십자가에서 성취하신 결과를 말하며, 또한 성취하신 결과로 화목제물이 되셨다는 의미다. 이는 주님께서 하나님의 뜻을 성취하시기 위하여 십자가에서 화목제물이 되신 것을 말한다. 이것이 주님께서 몸으로 우리를 값 주고 사신 것이며, 향기로운 산 제물이 되신 것이다(고전 6:20;엡 5:2). 그런데 주님은 세 부류에서 화목케 하셨다. 하나는 하나님과 믿는 자들의 화목이며, 다른 하나는 유대인과 이방인들의 화목이며, 또 다른 하나는 땅에 있는 것들과 하늘에 있는 것들과의 화목이다. 하나님과 화목은 믿음으로 의롭다 함을 받은 자들이 하나님의 은혜에 들어가는 구원에 이르게 된 것을 말하며, 때문에 곤고나 박해나 기근이나 적신이나 위험이나 칼이 위협하는 환난에서도 끊을 수 없으며, 그 누구도 고발하거나 정죄하지 못하는 그리스도의 사랑에서 즐거워하게 되는 관계를 말한다(롬 5:10-11,8:33-35). 유대인과 이방인의 화목은 믿음의 법이 오기전의 이방인들은 그리스도 밖에 있었고, 이스라엘 나라 밖의 사람이었으며, 약속의 언약들에 대하여는 외인이며, 세상에서 소망이 없고 하나님도 없는 자리에서 이제는 예수 안에서 그의 피로 가까워진 것을 말하며, 참감람나무에 접붙임이 되어 진액을 함께 받게 된 것을 말한다(롬 11:17;엡 2:12-13). 땅과 하늘의 화목은 아버지께서 모든 충만을 주님 안에 거하게 하시고, 만물이 주님으로 창조되게 하셨고, 만물이 주님을 위하여 창조되게 하셨으며, 만물이 주님 안에 서게 하셨으며, 주님을 친히 만물의 으뜸이 되게 하신 것을 말한다(엡 2:23;골 1:16-20;계 5:9). 이것이 하나님이 그의 피로써 믿음으로 말미암는 화목제물로 세우심이며, 예수 그리스도 안에 감추어져 있는 비밀이다.

네 번째 보화는 주님의 피는 하나님의 성소에 들어갈 수 있는 길을 열어주셨다. "형제들아 우리가 예수의 피를 힘입어 성소에 들어갈 담력을 얻었나니"(히 10:19). 성소는 성전에 있는 지성소를 말한다. 그 지성소는 대제사장 외에는 아무도 들어갈 수 없는 장소다. 그런데 주님께서 십자가에서 지성소 앞에 가려져 있는 휘장을 찢으시고 들어갈 수 있는 새로운 길을 열어주신 것이다(마 27:51;히 10:20). 새로운 길을 열어주신 것이 구약의 율법으로 주신 제사제도는 폐하여지고 신약에서 이때부터 영과 진리로 하나님께 예배하게 되는 시대를 열어주신 것을 말한다(요 4:23). 이것이 구약의 율법을 신약에서 주님께서 완전하게 하심이다. 다섯 번째 보화는 주님의 피로 새 언약을 맺으셨다. 새 언약이란 구약의 옛 언약과 구별된 새로운 언약을 말한다. "이 잔은 내 피로 세우는 새 언약이니"(마 26:28;막 14:24;눅 22:20). 구약의 율법은 짐승의 피로 언약을 맺었지만 신약의 새 언약은 주님께서 친히 십자가에서 자신의 피로 맺으셨다. 그리고 주님께서 새 언약을 맺으시기 위하여 십자가를 지시기 전날 밤에 자신의 몸과 피를 기념하라고 명령하셨다. 때문에 신약의 교회는 주님의 몸과 피를 기념하는 성찬식을 거행하고 있다(고전 11:25;히 9:18,9:20,12:24,13:20). 여섯 번째 보화는 신약의 교회를 세우신 것이다. "여러분은 자기를 위하여 또는 온 양 떼를 위하여 삼가라 성령이 그들 가운데 여러분을 감독자로 삼고 하나님이 자기 피로 사신 교회를 보살피게 하셨느니라"(행 20:28). 교회는 주님께서 자신의 피로 사셨다. 사신 περιποιέομαι (페리포이에오마이)는, 동사, 직설법, 과거, 중간, 3인, 단수며, 전치사 ~에 대하여 와 행하다, 만들다, 획득하다 등에서 유래한 자신을 위해 소유하다, 남겨 두다, 보존하거나 간수하다 등의 의미며, 동사 직설법 과거 중간 단수는 주님께서 신약의 교회에 세우시기 위하여 십자가에서 실제적으로 자신의 피로 만들고 획득하신 결과로 교회를 자신을 위하여 소유하시고 남겨두시고 보존하시며 간수하신다는 의미다. 이는 주님께서 십자가에서 자신의 피로 댓가를 지불하시고 교회를 만드셨다는 것은 자기 피로 사신 교회라는 것이다. 때문에 바울은 신약의 교회를 만물을 충만하게 하는 주님의 몸과 머리로, 물로 씻어 말씀으로 깨끗하게 하사 거룩하고 영광스러운, 흠과 티나 주름 잡힌 것이 없는 교회로 해석하고 있다(엡 1:22-23). 그러므로 누구든지 주님의 몸과 머리이신 교회를 대적하거나 핍박하는 자는 주님을 대적하는 것이며, 또는 교회를 섬기고 충성한 자는 주님을 섬기며 충성하는 것이다(행 9:4).

일곱 번째 보화는 주님의 피는 믿는 자의 생명의 양식과 음료다. 이는 주님께서 친히 하신 말씀이다. 십자가에서 몸을 드리시고 피를 쏟으심이 믿는 우리의 생명의 참된 양식이며, 참된 음료라는 것이다. 그리고 살을 먹고 피를 마시는 자라야 주님 안에 거하는 자며, 주님도 그 안에 들어오셔서 생명을 얻는 영생에 이르게 된다는 것이다(요 6:53-56). 주님의 살을 먹고 피를 마시는 행위에 대하여는 두 가지다. 하나는 문맥에 따른 해석이며, 다른 하나는 기념에 대한 해석이다. 문맥에 따른 해석은 본문의 문맥에서 주님께서 친히 하신 말씀에서 찾는 해석이다. 본문의 문맥에서 주님은 아버지께서 보내신 자신을 믿는 자가 곧 자신의 살을 먹고 피를 마시는 자이며, 때문에 영생을 얻게 된다고 하신 것이다. 이것을 바울은 믿음의 법으로 해석한 것이다. 기념에 대한 해석도 주님께서 친히 십자가를 지시는 전날 밤에 나를 기념하라고 명령하신 것을 말한다. 주님께서 십자가에서 자신의 몸을 드리시고 피를 쏟으시는 것을 기념하라는 것이다. 주님의 몸과 피를 기념하는 것이 성찬예식이다. 그러므로 성찬식에 참여함으로 주님께서 십자가에서 몸을 드리시고 피를 쏟으신 사건에 대하여 잊지 않고 기념하는 것이다. 기념은 주님께서 십자가에서 몸을 드리시고 피를 쏟으신 의미를 헛되게 하지 않게 하는 것을 말한다. 때문에 성찬식에 대한 올바른 지식과 믿음도 없이 참여하면 죄가 되기 때문에 자기를 살핀 후에 참여해야 한다(고전 10:16,11:27-28). 살피고 δοκιμάζω (도키마조)는, 동사, 명령, 현재, 능동, 3인, 단수며, 살피고 시험받은, 입증된 등에서 유래한 시험하다, 조사하다, 시도하다 와 시험한 결과에 대한 시험하여 증거하다, 알아내다, 받아들이다, 인정하다, 시인하다, 분별하다, 감찰하다 등의 의미며, 동사 명령 현재 능동 단수는 성찬식에 참여하는 자는 언제나 어디서나 항상 자기스스로 성찬식에 대한 참된 의미에 대하여 조사해보고 입증이 된 증거를 가지고, 그 증거로 주님의 몸과 피를 인정하고 받아드림으로 참여하라는 절대적인 명령이다. 그러한 시험으로 확정이 될 때, 죄가 되지 않고 주님의 살을 먹고 피를 마시는 생명에 참여된다는 의미다. 성찬식에 참여하기 위하여 자신을 시험하는 과정이 학습과 세례문답을 통한 세례예식이며, 그 세례를 통하여 입증이 된 자들이 참여하는 것이 성찬식이다. 이러한 두 가지 해석이 주님의 살을 먹고 피를 마시는 행위다.

여덟 번째 보화는 주님의 피로 대 환난 날에 대적하는 마귀와 싸워 이기게 한다. 계시록에는 대 환난 날에 하늘에서 미가엘과 마귀와의 전쟁이 일어날 것을 예언하고 있다. 그 전쟁에서 지금까지 공중에서 밤낮없이 성도들을 하나님께 참소하던 마귀가 땅으로 내쫓기면서 자기 때가 얼마 남지 않은 줄을 알고는 크게 분내어 교회와 성도들을 대적한다. 이때 마귀는 그 입으로 물을 강 같이 토하여 성도들을 물에 떠내려가게 한다. 물 ὕδωρ (휘도르)는, 명사, 대격, 중성, 단수며, 성경에는 문자적인 물과 바다의 광풍과, 상징적으로 불의한 악인들과, 영적으로 성령의 생수에 사용되었다. 그런데 본문에서는 마귀가 입에서 토하는 물이기 때문에 상징으로 불의한 악인들을 통하여 바다의 광풍처럼 큰 박해를 가하는 환난으로 볼 수 있다(막 4:37;계 12:13). 불의한 악인들을 이용하여 광풍처럼 대적하는 것이 불의한 신학자와 목회자들을 통하여 주님의 십자가와 구속의 피를 부정하게 하는 자유주의, 번영신학과 종교다원주의를 교회 안에 침투시켜서 쓰나미처럼 성도들을 미혹할 것을 말한다. 그 증거가 일곱 교회다. 일곱 교회 안에 나타나는 거짓사도, 거짓선지자, 삯군목자들이다. 이는 대 환난 날에 마귀가 그들을 교회 안에 침투시켜 주님의 동정녀 탄생과 십자가 사건과 부활과 재림과 징조 등을 부정하며, 동성애를 지지하며 세속주의 등에 성도들을 빠지게 할 예언이다. 이러한 불법의 현상들은 대 환난이 가까운 현시대에도 이미 활동은 하고 있다. 불법의 신학자와 목회자들이 전세계적으로 구름같이 일어나서 종교다원주의와 자유주의 신학을 가르치며 동성애 등을 지지하고 있다(살후 2:7). 그런데 대 환난 날에는 더욱 극심하게 될 것을 말한다. 주님께서 마리아 탄생으로 육신으로 오신 것과 십자가에서 돌아가신 사건과 부활과 재림을 부정하는 것은 삼위일체 하나님의 경륜과 성경에 기록된 모든 말씀들과 주님의 피를 부정하는 광풍과 같은 배교행위다. 생수를 누가 마시느냐에 따라 결과는 다르게 나타난다. 뱀이 마시면 독을 내게 되며, 사람이 마시면 생명을 얻는다. 이처럼 생명의 말씀을 누가 사용하느냐에 따라 독이 되며, 생명이 된다. 이단들과 거짓선지자와 적그리스도와 삯군 목자들이 성경을 사용하면 독을 내는 사탄이 된다. 모기는 사람에게 다가올 때는 최소한 애-앵하는 소리로 선전포고를 하고 달려온다. 그런데 우리의 영혼의 생명을 피를 빠앗기 위하여 찾아오는 배교자들은 선전포고도 없이 인기척도 없이 찾아온다. 도리어 광명의 천사로 포장하여 나타난다(1권. 현대교회 241p. 참조). 이것이 마귀가 입으로 물을 강 같이 토하여 성도들을 타락시키려는 미혹이다. 그러나 그때 성도들은 자기의 생명을 아끼지 아니하는 순교적인 각오로 주님의 피와 자기들이 증언하는 말씀으로 그를 이긴다(계 12:7-17). 이러한 마귀의 대적 앞에서 자기 생명을 아끼지 않고 순교적인 믿음으로 무장한 성도들은 성경에서 확실하게 증인하고 있는 주님의 십자가 피의 복음과 신구약 말씀으로 그를 대적하여 이긴다는 것이다. 계시록에는 또 다른 곳에서 마귀가 그의 사자인 음녀를 통하여 교회성도와 목회자들을 미혹하여 피에 취하게 될 것도 예언하고 있다(계 17:6). 때문에 이러한 예언의 성취가 가까운 시대에 사는 성도들은 크게 두 가지를 무장해야 한다. 하나는 신구약 성경에 기록된 예수 그리스도에 관한 진리의 말씀으로 무장해야 하며, 다른 하나는 마귀와 전쟁에서 이기기 위해서는 생명을 아끼지 않는 순교적인 신앙으로 무장되어야 한다. 만일에 무장하지 못하면 마귀의 미혹에 빠져서 영원한 생명을 잃게 되는 배교자가 될 수 있기 때문이다. 이것이 주님의 피의 증언으로 마귀를 대적하여 승리케 하는 예수 그리스도의 보화다.

아홉 번째 보화는 주님께서 친히 자신의 피를 뿌린 옷으로 재림하셔서 세상의 악인들과 악령들을 심판하심이다. 계시록에는 대 환난 날에 일곱 번째 나팔을 불려고 할 때, 주님께서 공중으로 재림하셔서 알곡으로 준비된 성도들을 완전하게 먼저 휴거시키신 이후에 마지막 재앙인 일곱 대접으로 온 세상을 심판하는 여섯째 대접을 쏟는 시점에, 주님께서 하늘군대를 대동하시고 지상으로 내려오셔서 세상의 모든 악인들과 악령들을 심판하실 것을 예언하고 있다. 그런데 하늘군대와 함께 지상으로 내려오실 때, 주님께서 친히 자신의 피를 뿌린 옷을 입으시고 오셔서 심판하실 것이다. "또 그가 피 뿌린 옷을 입었는데 그 이름은 하나님의 말씀이라 칭하더라"(계 19:13). 피 뿌린 βάπτω (밥토)는, 동분사, 완료, 수동, 대격, 중성, 단수며, 담그다, 물들이다, 목욕하다, 씻다 등의 의미며, 동분사 완료 수동은 주님께서 하늘군대와 지상으로 내려오시는 시간과 그 장소에서 옷에 피로 담그고 물들인 옷을 입으신 모습으로 무장된 상태로 오신다는 의미며, 대격 단수는 세상의 마지막으로 악인들과 악령들을 심판하실 목적으로 임하시는 단 하나밖에 없는 사건이라는 의미다. 그런데 세상을 심판하려 오시는 주님께서 왜 피를 뿌린 옷으로 무장하여 오시게 되는지에 대하여 우리는 세 가지 의미로 해석해 볼 수 있다. 하나는 자신의 정체성을 드러내심이며, 다른 하나는 심판하는 이유를 드러내심이며, 또 다른 하나는 말씀의 성취를 드러내심이다. 자신의 정체성이란 주님께서 세상을 심판하시는 마지막심판자이심을 나타내신다는 의미며, 심판하는 이유에 대하여는 주님께서 이미 세상을 구원하시기 위하여 십자가에서 피를 쏟으시면서 누구든지 믿으면 구원을 받게 하셨음에도 끝까지 믿지 않고 불신앙으로 남아있는 세상의 악인들과 또한 주님의 십자가 피를 부정하게 하는 미혹으로 사람들을 타락하게 한 악령들을 심판하시려 오신다는 의미며, 말씀의 성취는 신구약 성경에서 세상의 마지막 종말과 그 종말에 주님께서 악인과 악령들을 심판하실 것을 예언한 말씀들의 성취라는 의미다. 주님은 이미 아버지께서 자신에게 세상을 심판할 권세를 주셨다고 말씀하셨으며, 아버지께서 세상을 사랑하사 독생자를 보내주셨다고 증언하셨으며, 그 증언의 성취를 위하여 주님께서 십자가에서 피를 쏟으신 것이다 (요 3:16,5:22,27). 때문에 피를 뿌린 옷으로 심판하려 오신다는 것이다. 이것이 대 환난 날에 주님의 피로 세상을 심판하실 계시록의 예언이다. 마지막으로 열 번째 보화는 성령께서 주님의 피를 증언하심이다. "이는 물과 피로 임하신 이시니 곧 예수 그리스도시라 물로만 아니요 물과 피로 임하셨고 증언하는 이는 성령이시니 성령은 진리니"(요일 5:6). 예수 그리스도는 물과 피로 이 땅에 임하셨는데 그것을 증언하는 분이 진리이신 성령이 하신다는 것이다. 증언 μαρτυρέω (마르튀레오)는, 동분사, 현재, 능동, 주격, 중성, 단수며, 증언하다, 증인이 되다, 입증하다, 언명하다, 선언하다, 확증하다, 증명하다, 호의적으로 잘 말하다 등의 의미며, 동분사 현재 능동 주격 단수는 진리이신 성령은 언제나 어디서나 항상 역사적인 긴 시간과 어떠한 장소든지 여러 가지 방법으로 물과 피로 임하신 예수 그리스도에 대하여 증언하고 증인이 되고 입증을 하고 언명하며, 선언하고 확증하며 증명하여 호의적인 말로 잘 전하는 것이 주체라는 의미다. 이는 주님께서 물과 피로 임하셔서 성취하신 인류구원에 대하여 성령께서 증언하고 확증하여 완성되게 하는 것을 말한다. 때문에 주님의 탄생도 성령으로, 사역도 성령으로, 부활도 성령으로, 하늘로 승천하신 이후에 제자들을 통하여 교회시대도 성령으로, 십계명과 율법의 완성도 성령으로, 믿음의 법도 성령의 법으로 완전하게 완성하게 되는 것이다. 이것이 성령의 비밀이며(1권. 성령의 비밀. 참조),창세전에 영원부터 삼위일체 하나님 속에 감추어졌던 때가 찬 경륜의 비밀이다. 성부 하나님께서 인류구원에 대하여 예정하신 뜻을 성자 하나님께서 물과 피로 임하셔서 성취하셨고, 성취하신 것을 성령 하나님께서 때에 맞게 완성되게 하시는 경륜을 말한다. 이 경륜의 성취를 위하여 성부 하나님은 성자 하나님을 범죄한 우리를 위하여 내주셨으며, 우리를 의롭다 하시기 위하여 살아나게 하셨으며, 아들을 아끼지 아니하시고 모든 사람을 위하여 내주신 지극하신 사랑이시다. 성자 하나님께서도 아버지께서 내주심으로 이 땅에 오셔서 자신도 십자가에서 자신의 몸을 친히 내주심으로 우리를 향하신 사랑을 성취하셨다. 그 사랑은 측량할 수 없는 너비와 길이와 높이와 깊이가 감추어져 있는 아가페 사랑이다. 주님은 그 사랑을 성취하시기 위하여 자신의 몸을 드리셨다(롬 4:25,8:32;엡 3:18-19). 하늘의 영광의 보좌를 버리시고 종의 형체와 낮고 천한 인간의 모양으로 오셔서 심한 통곡과 눈물과 간구와 소원을 올리는 경건의 고난으로 순종함을 배우시면서 십자가에서 허리에 창으로 찔리시며 또는 채찍과 못에 박히셔서 물과 피를 모두 쏟으셨다(1권. 십자가. 84p. 참조). 그리고 십자가에 돌아가신 이후에 부활하셔서 하늘로 승천하셨지만, 지속적으로 우리를 위하여 하늘의 처소를 예비하시며, 중보자와 대제사장으로 계시면서 우리를 친히 돌보시며, 기도해주시며 성령을 보내주시며 날마다 생명과 은혜를 공급하시고 계신다. 이 모든 것들이 주님의 보혈의 능력으로 믿음의 법과 구약의 십계명과 율법을 성취하는 신구약 성경 안에 감추어져 있는 예수 그리스도의 비밀이며, 동맥과 같은 피에 대한 보화들이다.

4) 죄에 대한 죽음

세상의 모든 사람들은 죽음을 두려워한다. 때문에 종교개혁자 칼빈은 기독교 강요에서 그리스도인라고 자랑하는 많은 성도들이 왜 죽음을 두려워하는가? 그리고 죽음을 이야기하는 것조차 무슨 불길한 징조가 되는 것처럼 벌벌 떨고 있는가? 라고 비판을 하였다. 세상에서 사라진다는 것이 본성적으로 다소간 충격을 느끼는 것은 놀랄 일은 아니지만 그보다 더 큰 위로로 그러한 두려움을 극복하고 이길 수 있는 믿음의 빛이 성도들의 마음에 없다면 그것은 참으로 묵과할 수 없는 심각한 문제라고 말했다. 그리고 우리의 본성은 본래부터 불안전함으로 육체가 무너지는 모습을 보거든 도리어 믿음으로 더 좋은 부활의 영광을 바라보는 소망을 가지라고 권고한다. 그런데 사람들은 죽음을 두려워한다. 죽음을 두려워하는 것은 죄 때문이다. 죄 때문에 죽음에 이르게 되었고, 죽음이후에 심판 때문에 두려워한다. 그러므로 주님께서 십자가에서 피를 쏟으시면서 죄를 속량하신 것이며, 죽음에 이르게 하는 죄와 심판의 두려움에서 자유하게 하신 것이다. 그리고 죄의 속량만이 아니라 죄 자체를 죽이셨다는 것이다. 세상의 모든 사람들은 아담으로 말미암아 육신에 속한 죄 아래 팔렸다. 그러므로 하나님께서 마음의 정욕대로 행하는 더러움에 내버려두셨다. 버려두심으로 세상의 모든 사람들의 생각이 허망하여 마음이 어두워져서 스스로 지혜있다 하나 어리석게 되었고, 썩어질 사람과 새와 동물모양의 우상으로 바꾸어 피조물을 조물주보다 더 경배하고, 순리대로 쓸 것을 역리로 바꾸어 음욕이 불일듯하여 남자는 남자끼리, 여자는 여자끼리 음행하며, 불의, 추악, 탐욕, 시기, 살인, 분쟁, 사기, 악독이 가득하며, 수군수군하며 능욕하며 교만하며 자랑하며 악을 도모하며 부모를 거역하며 우매하며 배약하며 무정하며 무자비하며, 다 치우쳐 무익하여 선을 행하는 사는 하나도 없었다. 그 결과로 목구멍은 열린 무덤이며, 그 혀는 속임을 일삼는 독사의 독이 있고, 저주와 악독이 가득하고, 그 발은 피 흘리는 데 빨랐다. 그렇지만 깨닫는 자도 없고 하나님을 찾는 의인은 한 사람도 없었다. 때문에 파멸과 고생이 그 길에 있으며, 평강의 길을 알지 못하며, 하나님도 두려워하지 않으며, 마침내 하나님의 영광에 이르지 못하는 진노의 심판으로 죽임에 이르게 된 것이다. 이것이 로마서의 증언이다(롬 1:21-31,2:5-6,3:10-18,23,5:19,7:14). 그런데 주님께서 십자가에서 하나님의 진노의 심판과 죽음에 이르게 하는 죄에 대하여 피로 속량해주시고, 또한 하나님의 진노의 심판에 이르게 하는 그 죄에 대하여 대신 죽으셨다는 것이다. 죄에 대한 속량은 앞 단락에서 이미 상고하였음으로 이번 단락에서는 죄에 대하여 죽으셨다는 의미가 무엇인지에 대하여 상고해 보고자 한다. 주님께서 죄에 대하여 죽으신 의미를 알게 되면 칼빈이 비판하는 죽음에 대하여 자유하게 될 것이다. “그가 죽으심은 죄에 대하여 단번에 죽으심이요”(롬 6:10). 본문에서 그가 죽으심이 주님께서 십자가를 지신 것을 말하며, 죄에 대하여 단번에 죽으심이 주님께서 죄에 대하여 십자가를 지신 것을 말한다. 주님께서 십자가에서 죽으심이 단순한 죄에 대한 용서만이 아니라 모든 사람의 죄에 대하여도 단번에 죽으셨다는 것이다. 단번에 죽으심 ἀποθνήσκω (아포드네스코)는, 동사, 직설법, 과거, 능동, 1인, 복수며, 모든 사람이 죄로 인하여 이르게 된 자연적인 죽음과, 하나님을 믿지 않는 죄로 인하여 영적으로 죽게 된 것과, 육신에 속하여 죄 아래 팔려 있는 모습에서 나타나는 행실에 대하여 죽이는 것에 대하여 신비적인 연합의 죽음을 의미하며, 동사 직설법 과거 능동 복수는 주님은 실제적으로 십자가에서 모든 사람이 죄로 인하여 이르게 된 죽음과, 영적인 죽음과, 육신의 행실에서 나타나는 죄에 대하여 스스로 단번에 죽으신 것을 의미한다. 그 죽으심이 신비적인 연합의 죽음이라는 것이다. 주님께서 십자가에서 단번에 죽으심이 아담에게 속한 모든 사람의 죄와, 영적인 죄와, 육신의 행실에 나타나는 죄, 즉 세 부류의 죄와 신비적인 연합의 죽음이라는 것이다. 이것이 그가 죽으심은 죄에 대하여 단번에 죽으심이다. 이러한 세 부류의 신비적인 연합의 죽음에서 우리는 십자가 안에 감추어져 있는 매우 중요한 세 가지 비밀의 보화를 발견할 수 있다. 첫째는 주님께서 십자가를 지신 것은 아담으로 죄가 세상에 들어옴으로 인하여 모든 사람이 범한 죄와, 또한 언약백성들이 십계명과 율법에 불순종하여 지은 모든 죄를 대속하셨다는 사실이다(롬 3:20.5:11). 이는 아담으로 들어온 죄는 세상의 모든 죄를 대속하신 것을 말하며, 언약백성들이 십계명과 율법으로 범한 죄는 이스라엘의 죄를 대속하신 것을 말한다. 둘째는 주님은 십자가에서 아담과 율법의 범죄로 인하여 영적으로 죽었던 모든 사람의 영혼을 십자가에서 다시 살리셨다는 사실이다(롬 6:11). 이는 예수 그리스도를 믿는 이스라엘과 세상의 모든 사람들의 영혼을 영적으로 살리신 것을 말한다. 셋째는 아담이후의 모든 사람들이 육신에 속하여 죄 아래 팔린 행실로 나타나는 죄 자체를 죽이셨다는 사실이다. 죄 자체를 죽이셨다는 것은 세 가지 의미가 있다. 하나는 아담으로 죄 아래 팔려서 나타나는 육신적인 의지와 뜻을 죽이셨다는 것과, 십계명과 율법에 불순종하는 의지와 뜻을 죽이셨다는 의미며, 두 번째는 육신 안에 역사하는 죄를 끊으셨다는 의미며, 세 번째는 죄가 가지고 있는 권세와 권능을 멸하여 헛것으로 만들었다는 의미다. 육신의 의지와 뜻을 죽이셨다는 것은 하나님의 말씀과 뜻을 거부하는 인간의 본성을 죽여서 하나님의 말씀과 뜻에 복종하게 하셨다는 것을 말하며(창 3:6;벧전 4:2), 육체 안에 역사하는 죄를 끊으셨다는 것은 육체 안에 있는 죄를 그치게 하셨다는 것을 말하며(롬 7:17;벧전 4:1). 죄의 권세와 권능을 멸하여 헛것으로 만들었다는 의미는 죄가 쏘는 권세와 권능을 죽인 것을 말한다. 죄는 사망 안에서 왕 노릇하는 권세와 권능을 가지고 있기 때문이다(롬 5:21). “사망이 쏘는 것은 죄요 죄의 권능은 율법이라”(고전 15:56). 죄의 권능 δύναμις (뒤나미스)는, 명사, 주격, 여성, 단수며, 동사 ~할 수 있다, 가능하다 등에서 유래한 힘, 권능, 권세, 능력, 역량, 세력, 강함 등의 의미며, 명사 주격 단수는 죄는 무엇이든지 할 수 있는 권능과 권세와 능력과 역량과 세력의 강한 힘을 가지게 된 것이 주체라는 의미다. 이는 죄의 권세와 능력으로 사망을 지배하는 왕 노릇으로 사람들에게 죽음에 이르게 하는 것을 말한다. 때문에 사람들은 죽음을 두려워한다. 그런데 주님께서 십자가에서 죄가 가지고 있는 그 권세를 멸하시고, 또한 죄 아래 팔린 행실에서 나타나는 육신의 의지와 뜻을 죽이시며 육체의 죄를 그치게 하셨다는 말씀이다. 때문에 누구든지 예수 그리스도를 믿는 자들에게는 다시는 죄의 권세로 이르게 된 사망에서와 십계명과 율법을 범하는 육신의 의지에서 드러나는 죄를 완전하게 끊어버리고 벗어나게 하셔서 의로운 사람으로 다시 살아나게 하셨다는 것이다(롬 6:7;벧전 2:24). 마치 노예가 살아 있는 생전에는 주인의 소유로서 그의 지배아래서 종노릇을 하지만 그가 죽으면 모든 의무에서 벗어나는 것과 같이 된 것이며, 씨앗이 땅에 묻혀죽음으로 새로운 생명으로 다시 싹이 살아나는 것과 같은 변화를 말한다.

그러므로 믿음의 사람들은 죄가 쏘는 권세와 육신의 소욕에서 나타나는 자신의 의지에서 나타나는 죄에서 해방되어 의로운 사람으로 다시 살아났으니 이제는 다시는 죄에게 종노릇 하지 않고 오직 예수 그리스도 안에 살게 된 것이다. 그리스도 안에 살게 되면, 그리스도께서 우리를 대신하여 죄에 대하여 죽으셨기 때문에 결코 죄의 정죄에서 자유, 죽음에서 자유, 하나님의 진노의 심판에서 자유하게 된 것이다(롬 8:1). 이것이 바울이 로마서와 갈라디아서에서 아담으로 범죄에 이르게 된 모든 사람들의 죄에 대하여, 또는 구약의 십계명과 율법을 신약에서 주님께서 성취하신 것을 해석하는 믿음의 법이며, 그 믿음의 법이 하나님의 아들을 믿는 믿음 안에 사는 것이며, 믿음으로 죄와 사망에서 해방되어 의롭게 된 것을 말한다. 때문에 바울은 믿음의 법이 율법을 파괴하는 것이 아니라 도리어 율법을 굳게 세우는 것으로 해석하고 있다(롬 3:31;갈 2:20). 이러한 명확한 해석은 신약성경의 본래 원어인 헬라어에서만 찾을 수 있다. 지금까지 우리는 번역본 성경만 의존하여 십자가는 단순히 대속의 은혜만 알고 믿고 있었다. 그러나 주님께서 십자가에서 죽으심은 대속의 은혜만이 아니라 모든 죄를 척결하는 집결소였으며, 죄의 종국이었으며, 죄의 일체를 청산하신 장소였음을 알아야 한다. 바울은 이러한 사실을 깨달은 후에는 내가 그리스도와 함께 십자가에 못 박혔다고 고백했으며, 또한 예수 그리스도와 그가 십자가에 못 박히신 것 외에는 아무 것도 알지 아니하기로 작정하였으며, 십자가 외에는 결코 자랑할 것이 없다고 증언한다(고전 2:2;갈 2:20,6:14). 바울이 그리스도와 함께 십자가에 못 박혔다는 고백은 단순한 죄 용서만을 말하는 것이 아니라, 죄가 쏘는 권능과 하나님의 말씀과 뜻에 불순종하는 자신의 의지와 뜻을 죽여서 죄를 그치게 하는 것까지 십자가에 죽었다는 고백이다. 이것을 위하여 하나님께서 죄를 알지도 못하신 이를 우리를 대신하여 죄로 삼으신 것이며, 그로인하여 우리로 하여금 예수 그리스도를 믿는 믿음 안에서 하나님의 의가 되게 하심이다(고후 5:21). 그 의를 성취하시기 위하여 주님께서 인간의 몸을 입으시고 세상에 오셔서 십자가를 지신 것이며, 십자가에서 죄에 대하여 죽으심으로 구약의 십계명과 율법을 완전하게 성취하신 예수 그리스도의 비밀이며, 보화다. 때문에 칼빈이 말한 대로 성도들은 죽음을 두려워하지 말아야한다. 도리어 믿음으로 주님께서 십자가에서 성취하신 의로운 부활의 산 소망으로 살아야 하며, 죽음에 대하여 두렵게 하는 육신의 의지와 뜻을 날마다 십자가에 못 박아야 한다. 이것이 죄와 죽음의 종노릇에서 벗어나게 하는 죄에 대한 죽음이다.

5) 세례

그렇다면 우리가 어떻게 주님과 함께 십자가에서 신비한 연합으로 못 박혀서며, 주님의 죽으심에 참여한 자가 되었는지를 알아야 한다. 그것은 세례다. 세례는 예수 그리스도와 연합하여 죄에 대하는 함께 죽는 것을 말하며, 또한 예수 그리스도와 함께 새로운 생명가운데 살아나는 의로운 행위다. "그리스도 예수와 합하여 세례를 받은 우리는 그의 죽으심과 합하여 세례를 받은 줄을 알지 못하느냐-그의 죽으심과 합하여 세례를 받음으로 그와 함께 장사되었나니-그리스도를 죽은 자 가운데서 살리심과 같이 우리로 또한 새 생명 가운데서 행하게 하려 함이라"(롬 6:3-4). 예수와 합하여 εἰς (에이스)는, 전치사, 대격이며, 장소에 대하여 ~안으로, ~안에, ~을 향해, ~에게로 가다 등이며, 또한 시간적으로 끝까지, 그날까지, 마침내, 영원히 머무는 것 등의 의미며, 대격은 그리스도 예수 안에 또는 그리스도 예수를 향하여, 그리스도 예수에게로 들어가는 것을 말하며, 또한 그리스도 예수 안에서 끝까지 영원토록 머물러 있는 것이 목적이라는 것을 의미한다.

이는 예수 그리스도와 영원히 함께 동거하는 것을 말한다. 이것이 세례를 통한 신비한 연합이다. 그러므로 세례는 이만큼 귀중한 사건임을 알 수 있다. 때문에 주님은 공생애 사역을 세례로부터 시작하셨으며, 그 세례현장에서 하나님께 사랑하는 아들이란 음성과 함께 성령의 충만을 받으셨으며, 세례요한이 주님에게 세례 베풀기를 거부할 때, 우리가 이같이 모든 의를 이루는 것이 합당하니 허락하라 하시면서 받으셨다(마 3:13-15). 여기서 주님께서 세례는 모든 의를 이루는 일에 합당한 것이라고 증언 하셨다. 모든 의 δικαιοσύνη (디카이오쉬네)는, 명사, 대격, 여성, 단수며, 하나님의 십계명과 율법을 지키는 의로움에서 무죄한 것과, 법적인 면을 강조하는 법대로 사는 옳은 것과, 사람에 관하여 의로운, 올바른, 옳은 행위 등으로 세 부류의 의에서 유래한 의로움, 옳음, 올바름, 공정함 등의 의미다. 세 부류의 의에서 유래한 의라는 단어는 성경에서 크게 두 부류에 사용되었다. 하나는 하나님께서 예수 그리스도를 믿는 자에게 인정하시는 의로움에 대하며 사용되었으며, 다른 하나는 믿는 자들의 삶에서 나타나는 행함의 의로움에 사용되었다. 하나님께서 인정하시는 의로움은 믿는 자에게 값없이 주시는 선물이며, 행함으로 나타나는 의로움은 믿음으로 의롭다고 인정받은 자들이 성령의 법으로 십계명과 율법을 행하면서 나타나는 의를 말한다. 명사 대격 단수는 주님께서 세례를 받으시는 목적은 모든 의로움, 즉, 믿음으로 인정하시는 값없이 주시는 의로움과, 성령의 법으로 십계명과 율법을 의를 이루는 것이 합당하기 때문에 받으셨다는 의미다. 따라서 세례는 믿음으로 의롭다 함을 받는 것과 성령의 법으로 십계명과 율법을 준행하는 의를 이루는 일에 합당하는 것이다. 합당 πρέπω (프레포)는, 동분사, 현재, 능동, 주격, 중성, 단수며, 적당하다, 알맞다, 마땅하다, 합당하다 등의 의미며, 동분사 현재 능동 주격 단수는 언제나 어디서나 어떠한 시간과 장소이든 여러 가지 방법으로 스스로 세례를 받는 것이 두 부류의 의를 이루는 일에 적당하며 마땅하며 합당하게 하는 것이 주체라는 의미다. 이는 믿음으로 의롭게 되는 의와 성령으로 율법을 준행하는 의를 이루기 위해서는 반드시 세례를 받아야 된다는 주님의 증거다. 의를 이루는 것 πληρόω(플레로오)는, 동부정사, 과거, 능동이며, 가득하게 하다, 충만하게 하다, 시간을 채우다, 완성하다, 마치다, 이루어지다, 성취하다, 끝내다, 마감하다, 충족시키다, 완전히 지불하다 등의 의미며, 동부정사 과거 능동은 주님께서 공생애를 시작하시는 시간에 세례요한에게 요단강이라는 장소에서 스스로 세례를 받으신 것은 두 부류 의에 대하여 충만하게 성취하시며 완성하시며 이루어지게 하셔서 끝내신 것을 의미한다. 이는 주님께서 공생애를 시작하는 시점에서 세례를 받으신 것은 앞으로 십자가사건으로 하나님께서 계획하신 믿음으로 의롭게 하실 뜻을 성취하실 것을 보여주신 징표며, 또한 십자가 이후의 시점에 제자들에게 성령을 보내주셔서 십자가에서 완성하신 율법의 의를 충만하게 충족하게 하실 것을 보여주신 사건이라는 의미다. 이것이 세례요한에게 세례를 요청하여 받으신 목적이다. 그러므로 주님은 세례를 받는 것이 너무도 합당하다고 하시면서 받으셨다.

그리고 주님은 십자가에서 그 표징을 성취하신 이후에 하늘로 승천하시기 전에 제자들에게 모든 민족에게 세례를 베풀라고 명령하셨다. "너희는 가서 모든 민족을 제자로 삼아 아버지와 아들과 성령의 이름으로 세례를 베풀고 내가-분부한 모든 것을 가르쳐 지키게 하라"(마

28:19-20). 세례 βάπτω (밥티조)는, 동분사, 현재, 능동, 주격, 2인, 남성, 복수며, 찍다, 뿌리다 에서 유래한 잠그다, 적시다, 씻다, 세례를 주다 등의 의미며, 동분사 현재 능동 주격 복수는 제자들은 자신들이 사역하는 시간과 장소에서 여러 가지 방법으로 복음을 전파하여 언제나 어디서나 항상 모든 민족을 제자로 삼아 세례를 베푸는 것이 주체가 되게 하라는 의미다. 왜냐하면 세례는 예수 그리스도 안에서 의를 이루는데 합당한 것이기 때문이다. 따라서 제자들은 복음을 전파하기 시작하는 현장에서 항상 세례를 베풀었다(행 2:41). 그리고 세례를 베푸는 예식에는 두 가지로 시행되었다. 하나는 물속에 잠그면서 실행한 것이며, 다른 하나는 물을 적시며 실행한 것이다. 이러한 두 가지 예식은 세례의 단어적인 의미에서 볼 때, 아무런 문제가 없기 때문에 초대교회 때부터 지금까지 시행되고 있다. 신약의 주님은 세례요한에게 물속에 잠기면서 세례를 받으셨으며, 구약에는 사람을 정결케 하기 위하여 시행한 결례의 피와, 죄를 대속하는 속죄를 위한 피와 물은 뿌리면서 시행하기도 했다(민 8:7;레 14:7,16:14-15). 하지만 세례는 베푸는 방식보다 의미가 더욱 중요하다. 그 의미는 세례를 받음으로 예수 그리스도와 신비한 연합으로 죄에 대하여 죽고 의로운 사람으로 다시 살아나는 경험이 중요한 것이다. 주님과 같이 세례현장에서 옛 사람은 죽이고 성령의 나타나심이 임하여 성령으로 율법이 완성되게 하는 경험이 있어야 한다. 이러한 의미는 무시하고 예식에만 매달려 서로비판하면 알맹이는 버리고 겉모양만 붙잡는 경우가 된다. 그리고 이렇게 귀중한 세례에 대하여 교회정식회원이 되는 과정으로, 또는 직분을 받는 졸업장 정도로 알고 받으면 그것은 큰 잘못이다. 만일에 그렇다면 그것도 알맹이는 버리고 겉모양만 붙잡는 것이다. 그러므로 세례를 받은

자는 자신의 의지와 뜻에서 하나님의 계명에 불순종하는 죄에 대하여는 십자가에서 죽은 것으로, 그리고 예수 안에서 하나님께 대하여는 의로운 사람으로 살게 된 자로 여겨야 한다(롬 6:11). 이것이 세례를 통하여 주님과 신비한 연합으로 죄는 장사되고, 새로운 의로운 생명 안으로 들어가는 것이며, 또한 끝까지 그 안에서 머물게 하는 행동이다. 이는 단회적인 사건으로 끝나는 것이 아니다. 주님과 함께 영원함에 참여하는 것을 말한다. 세례는 새 생명을 얻은 구원의 표이기 때문이다(벧전 3:21). 마치 아브라함이 받은 할례와 같다. 그가 할례를 받는 것은 믿는 모든 자의 조상이 되어, 그의 후손들이 믿음의 법으로 의로 여기심을 얻게 하는 표징으로 받은 것이다(롬 4:11-14). 표 ἀντίτυπος (안티튀포스)는, 모형, 원형, 표현, 그림자 등의 의미며, 아브라함이 받은 할례는 그의 후손들이 믿음의 법으로 구원하게 될 모형과 그림자였다. 이는 예수 그리스도 안에서 믿음의 법으로 받을 세례의 모형이다.

6) 율법에 대한 죽음

동전에 양면이 있듯이 주님께서 지신 십자가에도 크게 두 가지 양면성이 있다. 하나는 죄에 대한 문제며, 다른 하나는 율법이다. 주님은 죄와 율법문제를 성취하시기 위하여 십자가를 지셨다. 죄에 대한 문제는 앞 단락에서 상고하였으며, 이번 단락에서는 율법문제를 상고하고자 한다. 그런데 율법문제는 간단에게 해석할 수 있는 일이 아니기 때문에 이미 1권에서 영원한 율법, 폐하여진 율법, 율법의 기능, 율법과 사랑, 아가파오 사랑 등으로 기술한바가 있다(1권. 바울의 율법. 아가파오 사랑. 96,149p 참조). 본 단락에서는 1권과 중복은 피하면서 그곳에서 해석하지 못한 율법에 죽으심에 대하여 상고하면서 앞 단락에서 해석한 죄에 죽으심과 연장선으로 간략하게 상고하고자 한다. 믿음으로 예수 그리스도와 연합하여 세례를 받은 자는 죄에 대하여 죽었고 의에 대하여 산 것이며, 또한 율법에 대하여도 죽었다는 사실이다. 예수 그리스도와 연합하여 세례를 받은 자는 죄에 대하여 죽었기 때문에 율법도 주관하지 못하게 된 것을 말한다(롬 7:1-2). 율법이 주관하는 율법아래 속한 자가 되면 율법을 행하는 가운데 살아야 의롭게 된다. 그런데 그 누구도 율법의 행위로는 의롭다 함을 얻을 육체가 없는 까닭에 주님께서 십자가에서 죄와 함께 율법아래 속함에 대하여도 죽으셨다는 것이다. 구약의 율법은 주님께서 오시기 전까지며, 장차 신약에서 주님께서 오셔서 성취하실 모형과 그림자로 주셨다(롬 3:20;갈 3:11-12,19;히 10:1). 그러므로 주님은 구약에서 보여주신 율법의 모형과 그림자를 성취하시기 위하여 십자가를 지신 것이다. 따라서 신약에는 주님과 함께 믿음으로 연합된 우리는 율법아래서 자유하게 된 것이다. 이것이 율법에 대하여 죽으심이다. "형제들아, 너희도 그리스도의 몸으로 말미암아 율법에 대하여 죽게 되었나니, 이것은 너희가 죽은 자들로부터 일으켜지신 분과 결혼하게 하려함이라, 그리하여 우리로 하나님께 이르는 열매를 맺게 하려는 것이니라"(롬 7:4. 킹제임스). 율법에 대하여 죽게 되었으니 θανατόω (다나토오)는, 동사, 직설법, 과거, 수동, 2인, 복수며, 죽이다, 죽는데 넘겨주다, 죽임을 당하다 등의 의미며, 동사 직설법 과거 수동 2인 복수는 믿음의 사람들은 주님의 몸과 연합하여 이미 실제적으로 율법에 대하여 죽는데 넘겨졌다, 또는 죽임을 당했다는 것을 의미한다. 죄가 죽은 것과 동일한 원리다. 이는 주님께서 십자가에서 죄문제와 함께 율법에 대한 문제도 성취하신 결과를 말한다. 문법에 대한 의미는 두 가지다. 하나는 주님의 몸과 연합하여 율법에 대하여 이미 십자가에서 죽임을 당한 것을 말하며, 다른 하나는 주님의 몸과 연합하여 율법에 대하여 십자가에 죽는데 넘겨지는 것을 말한다. 죽임을 당한 것은 이미 과거에 죽었다는 완료형이며, 죽는데 넘겨지는 것은 언제나 어디서 항상 죽어야 된다는 현재형이다. 완료는 율법에 대하여 죽은 상태를 말하며, 현재는 율법에 대하여 항상 죽어야 되는 것을 말한다. 현재는 주님께서 재림하시는 날까지 믿음의 사람들에게 적용된다. 재림하시는 날까지 율법아래 있지 않고 율법에 대하여 죽어야 된다는 것이다. 왜냐하면 율법아래 있으면 구원받은 육체가 아무도 없기 때문이며, 또는 주님께서 성취하신 십자가를 헛되게 만들기 때문이다. 율법아래는 율법주의를 말한다. 때문에 현재형으로 항상 율법아래에서 죽어야 한다. 그렇다면 율법에 대하여 죽었다는 의미는 무엇일까? 세 가지다. 하나는 율법이 가지고 있는 권세와 권능을 멸하여 헛것으로 만드신 것이며, 다른 하나는 율법의 종노릇에서 자유하게 한 것이며, 또 다른 하나는 율법을 범하는 육체의 의지와 뜻에서 벗어나게 된 것을 말한다. 율법의 권세와 권능은 누구든지 율법대로 행하지 않으면 정죄를 받아 저주아래 있게 되는 것을 말하며, 율법의 종노릇은 항상 율법아래서 사는 것을 말하며, 육체의 의지와 뜻은 율법에 불순종하는 인간의 본성을 말한다. 주님은 이러한 세 가지에서 자유를 주시기 위하여 십자가에서 죽으신 것이며, 그와 함께 연합된 믿음의 사람들은 세 가지에서 자유함을 얻게 된 것이다. 이것을 바울은 율법에 대하여 죽으심이라고 해석한 것이다. 그런데 우리가 잊지 말아야 되는 중요한 것은 주어다. 율법에 대하여 죽임을 당한 것에 대한 주어는 주님의 몸이라는 점이다. 주님의 몸으로 말미암아 죽었다는 사실이다. 주님의 몸이 아니면 아무런 효력이 발생하지 않기 때문이다. 몸으로 말미암아 διά (디아)는, 전치사, 속격이며, ~을 통하여, ~안으로 ~동안에, ~와 함께, ~ 때문에 ~말미암아 등의 의미며, 전치사 속격은 주님의 몸을 통하여, 주님의 몸 안에 머물러 있는 동안에, 주님의 몸으로 말미암아, 주님의 몸과 함께 율법에 대하여 죽임을 당한 것을 의미한다. 이는 그리스도의 몸이 아니면 율법에서 죽임을 당한 것이 될 수가 없다는 사실을 알려주는 문법이다. 오직 주님의 몸을 통할 때, 주님의 몸 안에 머물러 있는 동안에, 주님의 몸으로 말미암을 때, 주님의 몸 때문에 율법에 대하여 죽임을 당한 것이며, 율법에 대하여 죽는데 넘겨지게 되는 것이다. 이것이 그리스도 안에서 하늘에 속한 신령한 복을 누리는 것이다(엡 1:3). 하지만 유대인들은 주님 밖에서 율법을 행하려고 하고 있으며, 주님을 믿는 메시아닉주 교인들은 율법주의를 따르고 있다.

그러므로 이제는 주님의 몸과 함께 연합하여 세례를 받으면 죄에 대하여 죽음을 당한 것과 동일한 원리로 율법에 대하여 죽었다는 사실을 인정해야 한다. 이는 율법을 자체를 사라지고 없어지게 한 것이 아니라 율법이 가지고 있는 죄의 권세와 권능을 주님께서 십자가에서 멸하여 헛것으로 만들었다는 사실을 믿는 것이다. 주님께서 십자가에서 율법이 쏘는 죄의 권세에 대하여 친히 저주를 받으시면서 율법의 저주에서 속량하셨다. 율법아래 속하면 율법대로 살지 못함으로 인하여 저주아래 있기 때문에 주님께서 십자가에서 저주를 담당하신 것이다. 이것이 율법이 가지고 있는 권세와 권능을 멸하여 헛것으로 만드심이다. 주님께서 십자가에서 율법의 저주에서 속량하셨기 때문에 믿음으로 주님의 몸에 연합한 우리들도 율법의 저주에서 속량을 받은 것이며, 율법에서 속량을 받은 것이 율법이 쏘는 권세와 능력이 죽게 된 것이다. 율법이 쏘는 권세와 능력이 죽었기 때문에 우리는 율법의 종노릇에서 자유하게 되었다. 전에는 율법으로 깨닫게 하는 죄의 욕정이 우리 몸의 지체 안에서 작용해서, 죽음에 이르는 열매를 맺었다. 그러나 지금은 주님께서 율법에 대하여 죽으심으로 얽매였던 율법의 저주에서 벗어나게 하셨으니, 우리가 주님의 몸에 붙어 있기만 하면 언제나 하나님을 위하여 의의 열매를 맺게 된다(롬 7:5-6). 그러므로 믿음으로 세례를 받은 자는 주님과 신비한 연합으로 주님의 몸에 연합하여, 죄가 죽었고 또한 율법에서도 벗어나게 된 것이다. 이런 점에서 율법은 주님께서 십자가를 지시기 전까지 살아있었지만 십자가 이후에는 율법은 폐지되었다는 것이다. 때문에 주님께서 십자가를 지시기 전까지는 율법아래서 율법의 종노릇을 하게 된 것이다. 율법아래서 율법의 종노릇을 하게 된 원인은 율법과 육체의 연약함 때문이다. 연약하다는 의미는 두 가지다. 하나는 율법을 받은 자들의 연약함이며(롬 8:3), 다른 하나는 율법의 연약함이다. 율법을 받은 자들의 연약함은 육신이 연약하여 자신의 의지와 뜻으로는 율법을 지키지 못하는 것을 말하며, 율법의 연약함이란 주님과 비교할 때 그렇다는 것이다. 율법은 참 형상이 아니며, 장차 주님을 통하여 완전하게 할 그림자로 주셨기 때문이다. 율법은 그림자로 주셨기 때문에 주님과 비교할 때, 연약하다는 것이다. 율법은 조문에 쓴 증서와 돌판에 기록하여 주셨지만, 주님은 자신의 몸으로 십자가에서 율법의 요구를 모두 성취하시고 성령으로 자신과 연합한 우리의 마음에 기록하여 주셨다. 때문에 주님께서 오시기 전에는 율법을 지키지 못하면 정죄하여 죽음에 이르게 하였지만, 주님은 십자가에서 율법으로 범한 죄를 모두 속량하시고, 또한 정죄하는 율법에 대하여 죽으심으로 우리를 생명에 이르게 하신 것이다. 율법은 의를 행하도록 보이는 것으로 주셨지만 본성적인 마음의 의지와 뜻을 새롭게 하여 거룩함에 이르게 하지 못했다. 그러나 주님은 성령으로 마음을 변화시켜 주셨다. 율법은 연약한 제사장과 짐승과 곡물을 드리는 제사로 죄를 영원히 씻을 수가 없는 일시적이었지만, 주님은 자신이 몸이 영원한 제물이 되셨으며, 영원한 제사장이 되셔서 죄를 완전하게 씻어주셨다. 율법은 일 년 일차 한 번 지성소에 들어갈 수밖에 없었지만, 주님은 영원히 하나님께 나아갈 수 있는 살길을 열어주셨다(고후 3:6-11;히 5:2,7:18,10:1,19-20). 때문에 옛 언약의 율법은 폐하고 믿음의 법으로 율법을 굳게 세우셨다(롬 3:21,26,31). 이것이 전에 있던 계명은 무력하고 연약하므로 폐하게 되었다는 것이다. 십계명과 율법은 주님께서 오시기 이전에 언약백성들에게 지켜서 의롭게 하기 위하여 주셨다(신 6:25). 그들은 율법을 지켜 행할 때, 하나님의 거룩한 백성이 되며, 제사장의 나라가 되는 언약을 맺었다. 그런데 그들은 육신이 연약하여 율법을 완전하게 지킬 수가 없었다. 그런데 하나님께서 자기 아들을 죄 있는 육신의 모양으로 율법아래에서 나게 하셨으며, 십자가에서 죄를 정하시고 계명과 율법의 요구가 이루어지게 하신 것이다(롬 5:6,8:3-4;갈 4:4). 그 요구는 율법이 정죄하는 저주를 십자가에서 속량하시고 성령의 법으로 율법의 요구가 이루어지게 한 것을 말한다(롬 8:2-3). 때문에 바울은 이 비밀을 알게 된 이후에는 이전에 율법으로 흠이 없을 정도로 의존했던 율법에 대하여 배설물처럼 버리고, 다 해로운 것으로 여기며, 모든 것을 잃어버리기로 작정하였다고 고백하였다(빌 3:5-9). 이것이 율법에 대하여 죽으심으로 우리를 율법에서 자유케 하는 예수 그리스도 안에 감추어져 있는 비밀이며, 보화며 믿음의 법이다.

7) 요약

바울은 로마서에서 믿음의 법으로 의롭게 된 우리의 정체성에 대하여 세 가지 비유로 해석하고 있다. 세례와 주종과 혼인관계다. 세례는 교회를 배경으로(롬 6:3), 주종은 사회적인 배경으로(롬 6:16), 혼인은 가정의 배경이다(롬 7:2). 세례는 주님과 함께 죄에 대하여 죽었고 의에 대하여 살게 된 것을 말하며, 주종은 옛 사람의 몸이 죄에게 종노릇 하고 살았지만, 주님과 함께 연합함으로 새 사람이 되어 죄의 종노릇에서 해방된 것을 말하며, 혼인은 율법에 매인바 되어 살던 우리가 율법에서 자유하게 된 것을 말한다. 이는 믿음의 법으로 새로운 생명을 얻게 된 우리의 정체성에 대한 비유다. 이러한 믿음의 법에 대하여 지금까지 여러 가지 주제로 나누어 상고하게 된 내용들에 관하여 잠시 요약하고자 한다. 첫째, 믿음의 법은 성부 하나님의 예정하신 뜻이라는 사실이다. 성부 하나님은 이미 창세전에 성자 하나님이신 그리스도 예수 안에서 하늘에 속한 모든 신령한 복을 우리에게 주시기 위하여 그 기쁘신 뜻대로 예정하셨다. 그 예정하신 뜻대로 우리가 아직 죄인 되었을 때에 성자 하나님이신 주님을 화목제물로 세우셔서, 하나님 앞에서 거룩하고 흠이 없는 아들들이 되게 하셨고, 그리스도 안에서 우리를 속량 곧 죄 사함을 얻게 하셔서 흑암의 권세에서 건져 내심으로 은혜로 값없이 의롭다 하시고, 자기의 사랑을 확증하사, 그의 사랑의 아들의 나라로 옮기셔서 아들의 명분을 얻게 하신 것이다. 둘째, 믿음의 법은 성자 하나님의 성취다. 성자 하나님은 성부 하나님께서 우리의 구원을 계획하신 뜻에 따라 때에 맞게 여자와 율법아래로 오셨다. 성자 하나님은 이미 구약에서 여호와 하나님으로 신약에서 성취하실 우리의 구원에 대하여 여러 부분과 여러 모양으로 선지자들을 통하여 예언과 계시로 말씀하셨고 또한 모형과 그림자를 보여주셨다. 때문에 선지자들은 그 때에, 어느 때까지, 날이 이르리니, 후일에, 끝날에, 여호와의 날 등으로 예언하였으며(사 6:11,27:6,35:5;렘 31:31;단 12:13;미 4:1;슥 14:1), 천지창조와 율법에서 모형과 그림자로 계시하셨다. 그 때에 날이 이르리니 후일에 등은 장차 신약에서 예수 그리스도를 통하여 성취될 일들을 예언한 것이며, 계시와 모형과 그림자도 동일하다. 구약에서 여러 부분과 여러 모양으로 말씀하신 여호와 하나님께서 그 말씀을 성취하시기 위하여 여자인 마리아의 몸으로 또는 율법아래에서 오신 것이다. 때문에 팔일 만에 할례를 받으셨고, 절기 때마다 성전에 올라가셨고, 회당에서 안식일을 준수하셨다. 율법아래에서 오셔서 율법아래에 매여 있는 자들을 속량하시고, 율법으로 거스르고 불리하게 하는 법조문으로 쓴 증서를 십자가에 못박아 제하여 버리시고 율법의 마침이 되셨으며, 율법을 바꾸셔서 첫째 것을 폐하심하고 둘째 것을 세우셨나(롬 10:4;히 7:12,10:9). 그분이 신구약 성경 안에 감추어져 있는 예수 그리스도시며, 그분 안에 모든 하늘과 땅에 속한 모든 보화가 담겨져 있다. 때문에 그분을 믿는 자는 그분과 함께 모든 보화를 공유하게 된다. 이것이 신구약 성경의 심장과 같은 믿음의 법이다. 그러나 그분의 본체는 성부 하나님의 영광의 광채시며, 형상이심을 잊지 말아야 하며, 그러므로 마땅히 영광을 돌려드려야 한다.

의의 무기

수박 겉핥기란 말이 있다. 맛있는 수박 속은 먹지 않고 딱딱한 겉만 핥고 있다는 말이다. 이는 내용은 버리고 모양만 붙잡고 있다는 비유다. 이같이 신앙생활도 알맹이는 버리고 형식만 붙잡고 있을 수 있다. 모양만 붙잡고 있으면 주님을 구세주로 고백하는 믿음은 있지만 주님을 삶의 주인으로는 인정하지 않는다. 음악과 스포츠가 주인이며, 먹고 마시고 시집가고 장가들고 사고파는 일들이 주인이며, 취미생활이 주인이며, 독서와 공부가 주인이며, 영화, TV, 인터넷, 스마트폰이 주인이다. 때문에 한 발은 교회에 한발은 세상에 영적분열증환자로 산다. 이것이 수박 겉핥기 신앙이다. 모양만 붙잡고 있는 신앙에 대하여 주님은 잎만 무성한 무화과나무, 또한 열매를 맺지 못하는 포도나무가지 등으로 비유로 책망하셨다. 바울은 카이로스 종말의 때가 되면 성도들이 경건의 모양만 붙잡고 능력은 부인하게 될 것을 경고하면서 돌아서라고 경고했다. 쭉정이는 꺼지지 않는 불에 태워지는 심판을 받기 때문이다(마 3:12,21:19;요 15:2;딤후 3:5). 지금이 돌아서서 은혜 받을 때며, 지금이 구원의 날이다. 그렇다면 로마서에는 신앙생활에 알맹이는 무엇이며, 모양과 형식은 무엇을 말하는가? 알맹이는 지금까지 우리가 상고한 믿음의 법을 생활에 실천하는 것이며, 모양과 형식은 믿음의 법에 대하여 껍데기만 붙잡고 있는 것을 말한다. 믿음의 법을 실천하는 것이 우리의 몸을 의의무기로 드리는 것이다. 죄와 율법에서 자유하게 되었으니 이제부터는 더 이상 죄와 율법에 매여 살지 말고 우리 몸을 의의무기로 하나님께 드리라는 것이다. 이것이 로마서에서 말하는 믿음의 법을 실천하는 알맹이다. 따라서 이번 단락에는 믿음으로 의롭게 된 우리의 몸을 어떻게 의의무기로 하나님께 드려야 되는지에 대하여 상고하고자 한다.

1) 한 의

우리의 몸을 의의 무기로 드리라는 의미는 율법의 행위에서 나오는 의를 말함이 아니라, 율법 외에 하나님께서 인정하시는 의를 말한다. 그 의는 예수 그리스도를 믿는 자에게 미치는 하나님의 한 의다. "이제는 율법 외에 하나님의 '한 의가' 나타났으니 율법과 선지자들에게 증거를 받은 것이니 곧 예수 그리스도를 믿음으로 말미암아 모든 믿는 자에게 미치는 하나님의 의니 차별이 없느니라"(롬 3:21-22). 한 의 δικαιοσύνη (디카이오쉬네)는, 명사, 주격, 여성, 단수며, 단어적인 의미로는 공의, 형벌, 올바른, 의로운, 옳은, 율법을 지키는 공의와 정의, 거룩한, 무죄한 등의 의미에서 유래한 의로움, 옳은, 올바름, 율법을 지키는 흠이 없는 의, 믿는 자에게 의롭다고 인정하시는 하나님의 한 의 등이지만, 본문에서는 믿는 자에게 의롭다고 인정하시는 하나님의 한 의를 말하며, 명사 주격 단수는 믿는 자들에게 미치는 하나님의 한 의가 주체라는 의미다. 주체는 믿는 자에게 하나님께 인정하시는 한 의가 본문에서 기둥이라는 말이다. 기둥이 믿는 자에게 미치는 하나님의 한 의다. 그러므로 하나님의 한 의는 예수 그리스도를 믿는 자에게 하나님께서 의롭다고 인정해주시는 의를 말한다. 그런데 하나님께서 인정하시는 한 의는 두 가지 의미를 나타내는 단어다. 첫째는 주님을 믿는 자에게 하나님께서 인정해주시는 의를 말하며, 두 번째는 믿음으로 의롭게 인정함을 받은 자들의 삶에서 나타나는 의다. 하나님께서 인정하시는 의는 우리의 공로와 행위와 관계없이 주님을 믿는 믿음의 법으로 하나님께서 값없이 주시는 은혜의 선물이며, 외롭게 된 자들의 삶에서 나타나는 의는 믿음의 사람들의 마음에 새 언약으로 십계명과 율법을 기록하여 주셔서 성령으로 그 계명을 삶으로 나타나게 하는 의를 말한다. 이것이 우리가 죄로부터 해방되고 하나님의 종으로 거룩함에 이르는 열매를 맺게 하는 것이며, 율법에 대하여 죽임을 당하였으니 이제는 하나님을 위하여 의에 열매를 맺는 은혜 안에 머물게 하는 것이다(롬 6:22,7:4). 그런데 대부분의 사람들은 믿음으로 의롭게 인정받는 의에만 의존하고 있다. 때문에 알맹이는 버리고 모양만 붙잡고 있는 잎만 무성한 무화과나무 현상을 보는 것이다. 이는 번역본 성경에만 의존하고 있기 때문이라고 본다. 그러나 헬라어 원어는 두 가지의미의 의를 말하며, 또한 성경의 증거다. 성경에는 많은 증거들이 있지만 특히 야고보서와 계시록의 일곱 교회다. 야고보서는 아브라함이 이삭을 제단에 바칠 때에 행함으로 의롭다 하심을 받은 것이라고 말하며, 행함이 없는 믿음은 죽은 것이라고 증거 한다(약 2:21,26). 일곱 교회는 니골라 당과 발람과 이세벨의 교훈이다. 니골라 당과 발람과 이세벨의 교훈은 믿음으로 의롭다고 인정을 받은 성도들의 삶에서 하나님의 한 의를 행하지 못하게 하는 교훈들이다. 때문에 주님께서 그들의 행위를 책망하시면서 회개를 명령하셨다. 그리고 처음사랑을 버린 것과 미지근한 것과 영적으로 죽어있는 신앙도 삶에서 하나님의 한 의를 이루지 못하고 있음에 대하여 책망하시며 회개를 명령하셨다. 만일에 믿음으로 의롭게 된 자들이 생활에서 의를 행하지 않아도 되는 문제라면 주님께서 책망하시며 회개를 요청하실 이유가 없다. 하지만 주님은 그들의 삶의 행위를 보시고 책망하셨다. "니골라 당의 행위를 나도 미워하노라. 발람의 교훈을 지키는 자(행위)들이 있도다. 여자 이세벨을 용납(행위)함이니. 살았다 하는 이름은 가졌으나 죽은 자로다. 행위의 온전한 것을 찾지 못하였노니. 행위를 아노니 차지도 뜨겁지도 아니하도다."(계 2:6,14,20,3:2,3:15). 이러한 성경의 증거는 믿음으로 값없이 죄와 율법에서 자유케하신 하나님의 한 의에 따라 하나님의 은혜와 그리스도 안에 머물러 있기를 요청하시는 주님의 사랑의 경고다. 이는 100% 수동적인 하나님의 은혜에 대하여 믿음으로 100% 능동적인 반응이며, 믿음과 의에 대한 완전한 통합이다. 하지만 가톨릭의 교리와는 구별된다. 가톨릭은 믿음 더하기 행위로 구원에 이른다는 교리다. 그러나 행위로는 절대로 구원에 이르지 못하는 것이 믿음의 법이다. 하나님의 한 의는 100% 하나님의 은혜로 된다. 그 은혜로 믿는 자에게 의롭다고 인정하시고 성령으로 계명의 의를 성취되게 하는 것을 말한다.

그리고 본문에서 사용된 한 의 δικαιοσύνη (디카이오쉬네)와 구약의 십계명과 율법을 지킬 때, 의롭게 되는 의 צְדָקָה (체다카)는, 동일한 의미며(신 6:25), 또한 주님께서 산상수훈에서 먼저구하라는 그의 의 δικαιοσύνη (디카이오쉬네)와, 로마서의 하나님의 의 δικαιοσύνη (디카이오쉬네)와 모두 동일한 단어다. 그러므로 본문에서 사용된 한 의와 산상수훈의 의와 로마서에서 사용된 하나님의 의(롬 3:22)는 구약에서 사용된 의와 동일한 것이다. 이는 믿음으로 의롭게 되는 것과 십계명과 율법을 지켜 행할 때 나타나는 의로움과 산상수훈에서 십계명을 해석하는 의는 모두 동일하다는 것이다. 이점에서 우리는 한 의에 대한 의미에 대하여 두 가지 중요한 증거를 찾을 수 있다. 하나의 증거는 구약의 십계명과 율법의 의와 신약의 의는 동일하다는 것이며, 다른 하나는 구약과 신약은 차이점도 있다는 것이다. 동일한 의는 구약의 십계명과 율법은 언약백성들의 삶에서 십계명과 율법을 행함으로 의롭게 되는 것과 신약의 믿음으로 의롭게 되는 것과 동일한 의며, 차이점이 믿음과 성령이다. 구약에는 십계명과 율법을 지켜 행하도록 언약을 맺은 것이며, 신약은 믿음으로 의롭게 한 후에 성령으로 십계명과 율법을 행하게 한 것이다. 구약에는 십자가 없이 언약한 육신으로 십계명과 율법을 행하려고 했기 때문에 실패하여 율법아래서 정죄를 받은 것이며, 신약에는 십자가에서 새 언약으로 주님께서 십계명과 율법을 행하지 못하여 받는 죄와 저주를 받으신 후에 믿음으로 주님과 연합하면 주님께서 성취하신 자유를 누리면서 성령으로 십계명과 율법을 행하게 한 것이다. 이것이 삼위일체 하나님의 때가 찬 경륜이며, 예수 그리스도 안에 감추어져 있는 비밀과 보화며, 모든 신구약 성경이 주님께 대한 증언이다. 여기서 우리는 매우 중요한 삼위일체 하나님의 비밀의 경륜에 대하여 잊지 말아야 될 것이 있다. 하나님께서 믿는 자에게 값없이 주시는 은혜의 선물로 의롭게 되었다고 하여 아무런 댓가 없이 된 것이 아니라는 점이다. 우리 편에서는 값없이 받은 하나님의 은혜의 선물이지만 그렇다고 하여 그냥된 것이 아니다. 값으로 계산할 수 없는 천하보다 더 큰 귀한 댓가가 지불되었다. 그 댓가는 예수 그리스도의 십자가다. 우리가 율법의 행위로는 의롭게 될 자가 아무도 없는 까닭에 주님께서 십자가에서 율법을 행하지 못하는 죄를 속량하시고, 그리고 그 죄와 율법에서 자유하게 하시고 주신 선물이라는 것을 잊지 말아야 한다(고전 6:20,7:23;롬 3:24). 때문에 그분을 믿고 그분과 함께 신령한 한 몸으로 연합된 자에게만 주님께서 성취하신 율법의 의를 인정해주시는 것이다. 이것이 믿는 우리에게 값없이 베푸신 하나님의 은혜다. 하지만 값없이 의롭게 되었다고 하여 영원한 의로운 생명의 말씀으로 주신 십계명과 율법자체를 버리신 것이 아니다. 행위로 의를 이루지를 못함으로 믿음으로 의롭다고 인정하시고 믿는 우리마음에 성령으로 십계명과 율법을 기록하여 주셔서 성령을 따라 계명이 완전하게 하신 것이다. 이것을 성취하시기 위하여 성자 하나님께서 인간의 모양으로 오셔서 십자가에서 피를 쏟으시면서 십계명과 율법을 범한 죄를 속량하시고, 그 죄와 율법에 대하여 죽으시면서 모두 해방하게 하신 것이다. 이것이 믿음으로 의롭게 된 자들에게 값없이 베푸신 하나님의 한 의다.

2) 무기

무기는 우리의 몸의 지체에서 나타나는 삶을 비유한 상징이다. 우리가 예수 그리스도를 믿는 믿음으로 의롭다 함을 입었기 때문에, 이제는 예수 그리스도 안에서 우리의 몸의 지체에서 십계명과 율법의 요구가 완전하게 성취되게 하는 것을 말한다. 이것이 하나님께 값없이 베푸신 한 의가 완전하게 성취되는 알맹이 신앙이다. “너희 지체를 불의의 무기로 죄에게 내주지 말고 오직 너희 자신을 죽은 자 가운데서 다시 살아난 자 같이 하나님께 드리며 너희 지체를 의의 무기로 하나님께 드리라"(롬 6:13). 주님께서 십자가에서 우리의 죄와 율법에 대하여 단번에 죽으셨으며, 또한 죽으심에서 부활하셔서 살아 계시는 것은 하나님께 대하여 살아 계심이니, 이같이 우리도 이제는 우리 자신을 죄와 율법에 대하여는 죽은 자요, 그리스도 예수 안에서 하나님께 대하여는 살아 있는 자로 여기며, 죄가 우리의 몸을 지배하는 불의의 무기로 내주지 말고, 죽은 자 가운데서 다시 살아난 자 같이, 몸의 지체를 의의 무기로 하나님께 드리라는 명령이다. 무기 ὅπλον (호플론)은, 명사, 대격, 중성, 복수며, 열중하다 에서 유래한 문자적인 전쟁의 공격과 방어용으로 사용되는 도구, 갑옷, 무기, 병기, 군대, 진 등이며, 상징적으로는 몸의 지체에서 나타나는 행실을 말한다. 명사 대격 복수는 예수 그리스도를 믿음으로 의롭다 함을 얻은 자들의 삶의 현장에서 몸의 지체들이 여러 가지로 대면하는 영적인 전쟁에서 공격과 방어하는 목적으로 사용되는 것을 의미한다. 우리의 몸의 지체를 영적전쟁에서 죄에게 내주면 죄가 우리 몸을 지배하여 불의의 무기로 사용되어 몸의 사욕에 순종하게 된다는 것이며, 대신에 몸의 지체를 의의무기로 사용하면 우리의 몸이 하나님과 화목하여 영광을 돌리게 된다는 것이다. 이것을 위하여 하나님께서 독생자 예수 그리스도를 십자가에 내어주신 목적이다. 불의 ἀδικία (아디키아)는, 명사, 속격, 여성, 단수며, 불의한, 행악, 악행, 사악, 부정, 나쁜 짓 등의 의미며, 이 단어는 진리와 반대되는 개념에서 계명과 율법을 범하는 죄에 속하는 것들을 말하며, 하나님의 나라를 유업으로 받지 못하는 죄들을 말한다(고전 6:9). 이는 우리의 몸의 지체를 계명과 율법을 범하는 악을 행하는 일에 내주지 말라는 경고다. 이미 죄와 율법에서 자유를 주셨기 때문이다. 내주지 말고 παρίστημι (파리스테미)는, 동사, 명령, 현재, 능동, 2인,

복수며, 전치사 ~에게서, 곁에, 가까이 와 동사 두다, 놓다, 위치해주다, 고정하다, 세우다, 작정하다, 앉다, 확정하다 등의 합성어에서 유래한 옆에 놓다, 맡기다, 마음대로 하게 하다, 보이다, 알리다, 만들다, 되게 하다, 바치다, 드리다, 가까이 가다, 편을 들다, 가까이 서 있다, 나서다 등의 의미며, 동사 명령 현재 능동 복수는 언제나 어디서나 항상 우리스스로 몸에 붙어있는 눈과 귀와 코와 입과 손과 발을 불의를 행하는 곁에, 가까이에 위치하거나 고정하거나 작정하거나 앉아 있거나 확정하여 머물거나 맡겨져서 불의한 것들이 마음대로 하지 못하게 하며, 보이거나 알리거나 만들어지지 말게 하며, 가까이 가서 그편을 들거나 가까이 서 있거나, 불의가 되는 곳에는 나서지도 말라는 절대적인 명령이다. 왜냐하면 이미 우리는 예수 그리스도의 이름과 성령 안에서 불의에서 깨끗하게 씻음을 받았고 거룩함과 의롭다 하심을 받았기 때문이다. 그렇지 않으면 개가 토하였던 것에 다시 돌아가고 돼지가 씻었다가 더러운 구덩이에 도로 눕는 것과 같은 꼴이 된다(벧후 2:22). 불의한 것에 다시 돌아가고 도로 눕는 것이 수박 겉만 핥는 모양만 붙잡는 경우다. 때문에 우리의 몸의 지체를 불의한 죄에게 내주지 말라는 명령이다. 그런데 육체의 정욕은 항상 우리의 영혼과 거슬러 싸우며, 성령을 대적하고 있다(갈 5:17;벧전 2:11). 그러므로 주님께서 십계명을 해석하는 산상수훈에서 네 눈과 손과 발이 너를 범죄케 하거든 빼버리고 찍어버리라고 강력하게 명령하신 것이다(마 5:29-30;막 9:45). 우리의 몸의 지체를 불의에 내주면 주님께서 십자가에서 완전하게 하신 십계명과 율법이 성취되지 못하는 것이 됨으로 찍어버리고 빼버리고 명령하신 것이다. 만일에 우리의 몸의 지체를 죄에게 내주면, 몸의 사욕에 순종하게 된다. 사욕 ἀδικία (에피뒤미아)는, 명사,

여격, 여성, 복수며, 바라다, 동경하다, 욕심을 품다, 음욕을 품다, 원하다, 탐내다, 즐겨하다, 사모하다 등에서 유래한 충동, 욕망, 갈망, 동경, 사모함, 욕심, 정욕, 사욕, 탐욕, 탐심, 열정, 색욕 등의 의미며, 명사 여격 복수는 육체에서 일어나는 여러 가지 충동과 욕망과 갈망과 탐욕과 탐심과 색욕 등을 이루기 위하여 그것을 바라보고 동경하고 탐을 내고 욕심과 음욕을 품고 그것을 즐거워하며 사모하는 것을 의미한다. 이렇게 몸의 지체를 불의에 내주면 마지막은 사망에 이르는 지옥에 떨어진다. 죄의 삯은 사망이기 때문이다. 때문에 주님은 눈이 너로 실족케 하거든 빼버리고 찍어버리라 백체 중 하나가 없어지고 지옥에 던져지지 않는 것이 유익하다고 하셨다(마 5:29-30;롬 6:23). 눈을 빼고 손을 찍어버리라는 의미는 회개하고 불의에서 돌아서라는 절대적인 명령이다.

그리스도 안에 있는 우리들이 싸우는 영적전쟁은 크게 두 가지다. 하나는 우리육체 안에서 일어나는 죄와 싸우는 것이며, 다른 하나는 밖에서 대적하는 사탄과 싸우는 것이다. 우리가 육체 가운에서 사는 동안에는 항상 두 가지 법이 서로 싸우고 있다. 죄를 행하고자 하는 악과 선을 행하고자하는 법이다(롬 7:15-24). 육체는 죄와 선을 행하고자 하는 두 가지 법이 항상 공존하고 있다. 두 가지 법 중에 죄를 짓고자 하는 육체를 죽여야 선으로 죄를 이기는 의의무기가 된다. 이것을 성경에는 우리가 항상 예수를 위하여 죽음에 넘겨지는 것이라고 말하며, 그리스도 예수의 사람들은 육체와 함께 정욕과 탐심을 십자가에 못 박았다는 의미며, 날마다 자기를 부인하고 제 십자가를 지고 주님을 따르라는 말씀과 동일하다(눅 9:23;고후 4:10-11;갈 5:24). 죽음에 넘겨짐

παραδίδωμι (파라디도미)는, 동사, 직설법, 현재, 수동, 1인, 복수며, 내주다, 넘겨지다, 맡기다, 천거하다, 허락하다, 잡아주다, 바치다, 부탁하다 등의 의미며, 동사 직설법 현재 수동 복수는 우리가 항상 예수를 위하여 언제나 어디서나 실제적으로 죽음에 내주고 맡기고 바쳐지게 된 상태를 의미한다. 이는 우리의 육체 안에 일어나는 죄에 대하여 죽는 것을 말한다. 이것이 현재형으로 항상 죄와 율법에 대하여 죽음에 넘겨지는 것이다. 예수를 위하여 죽음에 넘겨지는 것이 주님께서 십자가에서 우리의 죄에 대하여 죽으셨기 때문에 우리도 예수를 위하여 죽게 되는 것을 말하며, 때문에 우리자신도 죄에 대하여 죽은 자로 여겨야 한다(롬 6:2,10-11). 그러므로 언제나 예수의 죽임 당하심을 우리 몸에 짊어지고 다녀야 예수의 생명이 우리 몸에 나타나게 되며, 항상 몸을 죽음에 맡겨져야 예수의 생명이 우리에게 나타나게 된다. 이것이 주님을 위하여 사방으로 우겨쌈을 당해도 움츠러들지 않으며, 답답한 일을 만나도 낙심하지 않으며, 박해를 받아도 버림받지 않으며, 거꾸러뜨림을 당해도 망하지 않으며, 우리의 겉사람은 낡아지나 속사람은 그리스도의 보배로 인하여 날로 새롭게 되는 것이다(고후 4:7-9,16-17). 마치 한 알의 밀이 땅에 떨어져 죽지 아니하면 한 알 그대로 있고, 죽으면 많은 열매를 맺는 것과 같으며, 자기생명을 사랑하는 자는 잃으며, 자기생명을 미워하는 자는 영생하도록 보전하리라는 말씀과 제 목숨을 구원하고자 하면 잃을 것이며, 나를 위하여 제 목숨을 잃으면 찾으리라는 주님의 말씀과 동일하다(마 16:25;요 12:24-25). 그리스도 예수의 사람들은 이미 육체의 소욕에서 일어나는 정욕과 탐심은 십자가에 못 박혀 죽었다. 이는 육체의 소욕은 날마다 죽이고 성령으로 살아야 되는 것을 말한다. 육체의 소욕과 성령은 항상 대적하기 때

문이다(갈 5:17,24). 죄에 대하여 죽는다는 것이 주님께서 십자가에서 우리의 죄에 대하여 죽으심 같이 우리도 날마다 자기를 부인하고 십자가에 육체의 정욕과 탐심을 못 박는 것을 의미한다. 못 박았느니라 σταυρόω (스타우로오)는, 동사, 직설법, 1부정과거, 능동, 3인, 복수며, 십자가에 매달다, 십자가에 못 박다, 십자가에 못 박히다 등의 의미며, 동사 직설법 1부정과거는 그리스도 예수의 사람들은 그리스도와 함께 십자가에 이미 육체의 정욕과 탐심을 못 박아죽었다는 의미며, 능동은 이미 못 박은 육체의 정욕과 탐심을 언제나 스스로 목에 박혀있으라는 의미다. 때문에 주님은 날마다 자기를 부인하고 제 십자가를 지고 나를 따르라고 하셨다. 자기를 부인하고 ἀρνέομαι (아르네오마이)는, 동사, 명령, 과거, 중간디포, 3인, 단수며, 거절하다, 꺼리다, 부정하다, 경시하다, 배반하다, 저버리다 등의 의미며, 동사 명령 과거 중간디포 단수는 이미 십자가에 목이 박힌 육체의 정욕과 탐심을 날마다 스스로 거절하고 꺼리며 부정하고 경시하고 버리게 되면 그 결과로 주님을 따르는 제자가 될 수 있다는 절대적인 명령이다. 왜냐하면 육은 무익함으로 부인해야 영이 살기 때문이며, 육체를 부인하지 못하면 주님을 따를 수 없다는 결과로 나타나기 때문이다(요 6:63). 자신을 부인하는 것이 의를 위하여 고난을 받으며 그리스도의 갑옷을 입고 그를 따르며 육체의 정욕을 죽이는 고난을 말한다(벧전 3:14,4:1-2). 무익 ὠφελέω (오펠레오)는, 동사, 직설법, 현재, 능동, 3인, 단수며, 쓸데없다, 무익하다, 성과가 없다 등의 의미며, 동사 직설법 현재 능동 단수는 육은 실제적으로 언제나 어디서나 영이 사는 일에 아무런 유익이 없다는 의미다. 바울은 예수의 생명이 육체에 나타나게 하려고 날마다 예수의 죽음을 몸에 짊어지고 살았다고 고백한다(1권. 십자가. 84~95p

참조). 예수의 죽음을 몸에 짊어지고 살았다는 것이 예수를 위하여 죽음에 넘겨지는 것이 복음으로 사방으로 우겨쌈을 당한 일이며, 답답한 일을 당하며 박해로 거꾸러뜨림을 당하는 일들이었다(고후 4:8-11). 이것이 우리의 몸의 지체를 의의무기로 드려서 육체 안에서 일어나는 불의와, 사탄의 미혹의 전투에서 싸워서 이기는 하나님의 한 의를 이루는 무기다(갈 6:14;빌 1:23-26).

3) 그리스도의 것

우리의 몸의 지체를 의의무기로 드려야 되는 이유는 그리스도의 것이기 때문이다. 믿음으로 그리스도 예수와 합하여 세례를 받은 자는 몸의 지체가 자신의 것이 아니라 그리스도의 것이다. "너희도 그들 중에서 '예수 그리스도의 것으로' 부르심을 받은 자니라"(롬 1:6). 그리스도의 것으로 Χριστός (크리스토스)는, 명사, 속격, 남성, 단수며, 기름을 붓다에서 유래한 그리스도를 말하며, 명사 속격 단수는 세 가지 의미로 해석되는 문법이다. 하나는 너희는 그리스도에게 속한 부르심을 받은 것을 말하며(소유격), 다른 하나는 너희는 그리스도의 것으로 부르심을 받은 것을 말하며(주어), 또 다른 하나는 너희는 그리스도에 관한 것으로 부르심을 받은 것을 말한다(목적어). 첫째는 그리스도에게 속한 신분으로 부르신 것이다(소유격). 서신서에는 우리가 그리스도의 신분이 되기 이전에 대한 증언이 있다. 과거에 우리는 공중에 권세를 잡고 있는 마귀에게 속한 신분이었다. 마귀에게 속하며 그의 활동에 따라 능력과 표적과 거짓기적과 불의의 속임으로 미혹하는 역사로 멸망하는 것을 믿고 살았으며, 죽음의 세력에 한평생 매여 죽기를 무서워하는 종노릇 아래서 살았다. 마귀는 악하고 음란한 세대를 통치하며 세상풍조로 총명이 어두워지게하여 무지함과 마음의 굳어짐으로 하나님의 생명에서 떠난 감각없는 방탕과 방임으로 모든 더러운 욕심으로 허망한 우상을 섬기는 악한 행실로 하나님과 원수가 되게 하여, 본질상 하나님의 진노와 사망과 멸망의 지옥의 심판아래 있게 하였다. 때문에 육신의 정욕과 안목의 정욕과 이생의 자랑으로 살았다. 육신은 옛 사람에게 속하여 죄 아래에 팔려있었다. 때문에 하나님의 성령의 일들이 어리석게 보여 받지 못했다. 때문에 음행과 더러운 것과 호색과 우상 숭배와 주술과 원수 맺는 것과 분쟁과 시기와 분내는 것과 당짓는 것과 분열과 이단과 투기와 술 취함과 방탕함과 간음과 탐색과 남색과 도적질과 탐욕과 모욕과 속여 빼앗는 불의한 지체로 살면서 죄가 왕 노릇하여 죄에게 종노릇하였다. 이렇게 육체의 욕심과 마음이 원하는 것으로 허물과 죄로 죽어 소망도 없고, 하나님의 나라를 유업으로 받지 못하는 신분이었다. 육과 악한 세대의 마지막은 사망과 멸망이다. 육은 부끄러움과 땅의 일만 생각하여 간사함과 부정과 속임수와 아첨하는 말과 탐심의 탈을 쓰고 항상 죄를 채우는 하나님의 노하심에 머물게 하였다. 또한 밤과 같은 어둠에 속하며 복음에 복종하지 않는 형벌아래서 게으르고 무질서하고 양심이 화인을 맞아 미혹하는 영과 귀신의 가르침을 따르고 살았다. 때문에 외식함과 거짓말과 망령되고 허탄한 신화와 향락을 좋아하고 헛된 말을 따르며, 악성 종양이 퍼져나감같이 어리석고 무식한 변론과 다툼으로 악하여 속이기도 속기도 하며 귀가 가려워서 사욕을 따르며 세상을 사랑하며, 더러운 이득을 취하려는 악한 짐승과 배만 위하는 게으름뱅이가 되어 어리석고 불순종으로 여러 가지 정욕의 행락과 악독과 투기를 일삼는 가증스러운 일과 남을 미워하는 썩어질 영원한 멸망의 길을 가는 신분으로 살았다. 그때는 하나님을 알지 못하여 부모를 죽이는 살인과 인신매매와 거짓 맹세와 분노와 다툼으로 생각이 허망하여 마음이 어두워 새와 짐승과 동물모양을 우상으로 바꾸며, 진리를 거짓으로 피조물을 조물주보다 더 경배하고 섬기는 가운데 모든 사기, 악독, 수군수군, 능욕하는 교만과 자랑으로 악을 도모하는 우매와 배약과 무정함과 무자비로 환난과 곤고와 진쟁과 사형에 해당하는 진노를 쌓는 환경가운데 살았다. 그리고 천박한 세상초등학문으로 돌아가 그들에게 종노릇 하였다. 세상의 학문과 철학과 사람의 전통에서 나오는 지혜는 자기 꾀에 빠지는 헛된 생각과 속임수로 어그러지고 거스르는 부패한 교훈이 되게 하여 하나님의 진노가 하늘로부터 나타나서 진리를 막혀 살았다. 그런데 이렇게 마귀에게 속하여 우상을 섬기며 죽음의 세력에 한평생 매인 종노릇으로 죽기를 무서워하며 사는 곳에서, 또한 죄 아래 팔린 육체의 정욕과 안목의 정욕과 이생의 자랑에 종노릇하여 죄가 왕 노릇하는 것에서, 천박한 세상의 초등학문과 철학과 사람의 전통에 종노릇하여 하나님과 원수가 되어 하나님의 나라를 유업을 얻지 못하는 신분으로 살고 있는 우리에게 하나님께서 예수 그리스도를 십자가에 내주심으로 그리스도께서 십자가에서 우리를 대신하여 자신의 몸으로 값을 주시고, 흠과 점이 없는 보배로운 피로 모든 불법에서 속량하시고 깨끗하게 하사 중생의 씻음과 성령으로 새롭게 하시고, 흑암의 권세에서 건져주셨다. 그리고 우리를 마귀에게 속한 신분과 죽음의 두려움과 죄와 사망의 종노릇에서 해방하셨다. 그러므로 이제는 그리스도 안에서 그리스도에게 속한 신분으로 외인도 나그네도 아닌 하나님과 화평을 이루는 권속이 된 것이다. 마귀는 처음부터 죄를 짓는 범죄자였다. 그런데 그리스도께서 우리의 죄를 없이하시려고 십자가에서 그 죄를 속량하시고, 또한 죄를 짓게 하는 마귀의 일을 멸하시고 거기서 건져주셨다(요일 3:5,8). 죄를 없이하려고 αἴρω (아이로)는, 동가정, 1부정과거, 능동, 3인, 단수며, 들어 올리다, 빼앗아가다. 메고 가다, 옮기다, 치우다, 제거하다, 없이 하다 등의 의미며, 동가정 1부정과거 능동 단수는 주님은 스스로 십자가에서 마귀에게 속한 우리의 죄를 들어 올려서 빼앗아 메고 옮기시고 제거하여 없이 하신 결과로 우리에게 그 죄가 근본적으로 단번에 제거되고 사라지고 없어지게 된 것을 말한다. 이는 주님께서 십자가에서 자신의 피로 값을 주고 우리가 마귀에게 속하여 지었던 죄를 모두 속량하시고 또한 마귀에게 속한 신분을 제거하시고 자신에게 옮겨주셨다(고전 6:20). 때문에 이제는 그리스도 안에서 그리스도의 신분으로 옮겨지게 된 것이다. 이것이 그리스도에게 속한 부르심이다.

둘째는 그리스도의 것으로 부르심이다(주어). 그리스도의 것이란 그리스도의 소유로 부르셨다는 의미다. 소유는 아버지와 아들이 된 것을 말하며, 또한 신랑 되시는 주님의 신부가 된 것과, 주님께서 우리의 주인이시며, 우리는 그분의 종이 된 관계를 말한다. 주님을 영접하면 하나님의 자녀가 되는 권세를 주시며(요 1:12), 자녀는 아버지의 기업을 이어받은 소유권자가 된다. 아버지의 소유는 죽음으로 썩지 않는 것이며, 죄로 인하여 더럽지 않는 것이며, 늙고 병들어 쇠하지 않는 하늘에 속한 신령한 복과 영원한 기업이다(엡 1:3;히 9:15;벧전 1:4). 그리고 아버지께서 소유하신 천지와 만물도 공유한다. 신부는 신랑으로부터 십자가에서 성취한 모든 신령한 복과(1권. 십자가 열매. 88p 참조), 생명의 떡과 빛, 길과 진리, 양의 문, 생명과 부활, 선한 목자, 포도나무(1권. 일곱의 영적계시. 68p. 참조), 감추어져 있는 보화, 너비와 길이와 높이와 깊이가 충만한 사랑을 공급받는다(엡 3:18-19). 이것이 끊을 수 없는 사랑의 관계다(요 13:1;롬 8:35). 신랑 되시는 주님은 신부를 사랑하심으로 자신을 아끼지 않으시고 목숨을 버리셨다(요 15:9,13;계 1:5). 종은 주인에게 모든 것을 의탁하는 관계다. 종이 주인의 필요를 채워주는 것이 아니라 주인이 종에게 필요한 모든 것을 책임져 주신다. 일용할 양식, 의복과 주택, 생활에 요구되는 모든 것들을 맡아주신다(벧전 5:7). 때문에 종은 주인에게 모든 무거운 짐을 맡겨버린다(마 11:28-30). 이것이 우리가 그리스도의 것으로 부르심이다. 셋째는 그리스도에 관하여 부르심이다(목적어). 그리스도에 관하여는 그리스도의 사역에 관하여 부르셨다는 의미다. 그리스도께서 모든 사람을 대신하여 죽으심은 다시는 그들 자신을 위하여 살지 않고 오직 그들을 대신하여 죽으신 이를 위하여 살게 하셨다(고후 5:15). 다시는 그들 자신을 위하여 살지 않고 그리스도를 위하여 살게 하신 것이 그리스도께서 맡겨주신 사역이다. 그 사역은 그리스도께서 십자가에서 죽으신 후에 부활하시고 하늘로 승천하시기 전에 제자들에게 명령하신 것이다. 너희는 가서 모든 민족을 제자로 삼아 아버지와 아들과 성령의 이름으로 세례를 베풀고 너희에게 분부한 모든 것을 가르쳐 지키게 하라이다(마 28:19-20). 너희는 가서 와 모든 민족을 제자로 삼아 와 너희에게 분부한 모든 것을 가르쳐지키게 하라는 문법은 모두 동사 명령이다. 동사 명령은 절대적으로 순종을 요구하는 문법이다. 그리스도는 그 사역을 위하여 제자들을 사도와 선지자와 복음 전하는 자와 목사와 교사로 부르셨다. 주님의 부르심에 절대적으로 순종한 그들을 통하여 믿는 것과 아는 것이 하나가 된 온전한 성도로 성장하여, 성도들이 자신에게 주신 달란트에 따라 교회를 충성하여 모든 민족에게 복음이 전파되게 하신 것이다(마 25:15;엡 4:11-13). 바울은 그리스도께서 남겨주신 고난을 교회를 위하여 자신의 육체에 채웠다고 증언한다(골 1:24). 바울의 부르심으로 이방인들에게 교회가 세워져서 한국 땅에도 복음이 전파된 것이다(행 9:15). 이것이 그리스도에 관하여 우리의 부르심이다.

이렇게 우리는 그리스도 안에서 그리스도에게 속하기 위하여, 그리스도의 것으로, 그리스도에 관하여 부르심을 받았다. 그런데 부르심과 택하심은 다른 의미다. 부르심은 택하심을 받기 위한 과정이며, 택하심은 부르심을 받은 자들 중에서 알곡으로 준비된 자를 말한다(마 22:14). 그러므로 그리스도의 것으로 부르심을 받은 자들은 택하심을 받은 그리스도의 사람으로 준비가 되어야 한다. 이것이 믿음의 법으로 하나님의 한 의를 온전하게 성취하는 것을 말한다. 부르심 κλητός (클레토스)는, 형용사, 주격, 남성, 복수며, 부르다, 청하다 등에서 유래한 부으심을 받은, 초대를 받은 등의 의미며, 형용사 주격 복수는 다양한 환경과 여러 가지 조건에서 그리스도에게 속한 사람으로, 그리스도의 것으로, 그리스도에 관하여 부르심을 받은 것이 주체라는 의미다. 이는 택함을 받은 사람이 되게 하기 위하여 불러주신 것을 말한다. 그러므로 우리에게 중요한 것은 그리스도에게 부르심을 받았으니, 이제는 그리스도에게 속한 자로, 그리스도의 것으로, 그리스도에 관한 사람으로 온전하게 준비가 되어야 한다. 그렇지 못하면 부르심을 받은 자는 많은데 택하심을 입은 자는 적다는 말씀이 응하게 되기 때문이다(마 22:14). 따라서 이제는 우리가 그리스도의 것으로 택하심을 얻기 위해서는 우리 지체를 불의의 무기로 죄에게 내주지 말고 의의무기로 하나님께 드려야 한다. 불의의 무기로 내주지 않으려면 오직 하나님께만 드리면 된다. 육체는 죄와 의의 대결구도다. 죄를 죽이면 의가 살아나며, 죄가 이기면 의가 죽는다. 그런데 카이로스 종말의 때가 되면 사람들이 경건은 모양에 매여서, 진리에서 떠나 허탄한 이야기를 따른다고 성경은 증언하고 있다(딤후 4:3-4). 하지만 그리스도의 것으로 부르심을 받는 자들은 그러한 자리에서 회개하고 돌아서야 알곡 성도가 되어 택함을 받는다. 이것이 그리스도 것으로 부르심이다.

4) 그리스도의 지체

우리가 그리스도의 것으로 부르심을 받아서, 그리스도 안에서 몸의 지체를 의의무기로 드리면 비로소 택하심을 받은 그리스도의 지체가 된다. 부르심은 시작과 과정이라면 지체는 본체다. 그리스도의 지체가 되게 하려고 부르신 것이다. 그리스도의 것으로 부르심을 받아서 그리스도 안에서 하나님의 한 의로 의롭다함을 얻고, 의롭게 된 몸으로 의의무기로 드리면 그리스도의 몸에 붙은 지체에 참여하게 된다. "너희 몸이 그리스도의 '지체인' 줄을 알지 못하느냐 내가 그리스도의 지체를 가지고 창녀의 지체를 만들겠느냐 결코 그럴 수 없느니라"(고전 6:15). 그리스도의 지체 μέλος (멜로스)는, 명사, 주격, 중성, 복수며, 사지, 백지, 부분으로 몸에 붙어있는 눈, 귀, 코, 입, 손, 발, 마음 등을 의미하며, 명사 주격 복수는 그리스도의 몸에 붙어있는 그리스도의 눈, 귀, 코, 입, 손, 발과 마음이 주체라는 의미다. 주체는 그리스도의 지체가 되는 것이 중심기둥이라는 의미다. 이는 우리가 그리스도의 눈, 귀, 코, 입, 손, 발, 마음이 되게 하는 것이 본질이라는 의미며, 지체란 그리스도에게 붙어있는 것을 말한다. 그리스도에게 붙어있는 지체이기 때문에 결코 우리의 몸을 불의의 무기가 되어 창녀의 지체로 만들 수 없다는 것이다. 당연히 의의무기로 드려야 한다는 것이다. 그런데 그리스도의 지체라는 의미는 두 가지로 해석된다. 하나는 우리가 그리스도에게 붙어서 진액을 공급받는 다는 의미며, 다른 하나는 우리가 그리스도를 대신하여 그리스도의 사역을 감당하는 것을 말한다. 그리스도에게 붙어서 진액을 공급받는 것은 육체를 가진 우리는 스스로 의의무기로 드릴 수 없기 때문에 그리스도를 통하여 진액을 공급받아야 의의무기가 될 수 있다는 것이며, 그리스도를 통하여 진액을 공급받아야 또한 그리스도의 사역을 감당할 수 있는 것을 말한다. 그리스도를 통하여 진액을 공급받는 것이 그리스도에게 속한 신분으로 하늘에 속한 성령의 은혜를 공급받는 것을 말하며, 또한 그리스도의 소유로 끊을 수 없는 그리스도의 사랑을 공급받는 것을 말한다. 하늘에 속한 성령의 은혜와 사랑의 공급으로 그리스도의 사역도 감당하는 것이다. 그리스도는 포도나무며 우리는 그에게 붙은 가지다. 포도나무에 붙은 가지가 곧, 그리스도의 지체다. 포도열매는 포도나무가지가 맺지만 가지가 열매를 맺기 위해서는 반드시 나무에 붙어서 진액을 공급받아야 한다. 만일에 가지가 나무에 붙어있지 않으면 가지스스로는 절대로 열매를 맺지 못하며 말라서 죽는다(요 15:5-6). 때문에 우리는 반드시 그리스도에게 붙어있어야 의의열매를 맺는다. 그리스도에게 붙어서 의의열매를 맺으면 더 열매를 맺게 하려고 깨끗하게 하시며, 아버지께서 영광을 받으시며, 주님의 제자가 된다. 하지만 그리스도에게 붙어있으면서 의의열매를 맺지 아니하면 아버지께서 제거해 버리신다(요 15:2,8). 가지의 사명은 열매를 맺는 것이기 때문이다. 그러므로 우리가 명심해야 할 것은 언제나 어디서나 항상 그리스도에게 붙어있어야지 떨어져 나가면 죽는다는 사실과 붙어있으면서 그리스도를 통하여 진액을 공급받아서 의의열매를 맺어야 된다는 사실이다. 이것이 그리스도 안에 사는 것이다(엡 1:3).

그리스도의 사역을 감당한다는 구체적인 의미는 우리가 그리스도에게 붙어서 진액을 공급받아서 그리스도의 몸된 교회를 섬기는 것과, 그리스도의 복음을 전파하는 것과, 그리스도께서 명하신 하나님과 이웃을 사랑하는 일에 봉사와 섬김의 사역을 감당하는 것을 말한다. 우리의 몸으로 그리스도의 몸된 교회를 섬기는 일과, 그리스도의 복음을 전파하는 일에 그리스도의 눈과 귀와 코와 입과 발과 손이 되어, 어떤 분은 사도로 어떤 분은 선지자로 어떤 분은 교사로 어떤 분은 능력을 행하는 자로 어떤 분은 병 고치는 은사와 서로 돕는 것과 다스리는 것과 각종 방언을 말하는 것들이며, 우리에게 주신 은혜대로 예언이면 믿음의 분수대로, 섬기는 일이면 섬기는 일로, 가르치는 자면 가르치는 일로, 위로하는 자면 위로하는 일로, 구제하는 자는 성실함으로, 다스리는 자는 부지런함으로, 긍휼을 베푸는 자는 즐거움으로 그리스도 안에서 한 몸의 지체가 되어 부지런하여 게으르지 말고 열심을 품고 주를 섬기는 것을 말한다(롬 12:5-12;고전 12:28). 그리스도께서 명하신 하나님과 이웃을 사랑하는 일에 봉사와 섬김의 사역을 감당할 때도 그리스도의 눈과 귀와 코와 입과 발과 손이 되어, 사랑의 빚 외에는 아무 빚도 지지 않으며, 사랑으로 서로 종노릇 하여 악을 미워하고 선에 속하여 서로 우애하고 존경하기를 서로 먼저하며, 소망 중에 즐거워하며 환난 중에 참으며 기도에 항상 힘쓰며, 성도들의 쓸 것을 공급하며 손

대접하기를 힘쓰며, 박해하는 자를 축복하며, 즐거워하는 자들과 함께 즐거워하고 우는 자들과 함께 울며, 마음을 같이하며 높은 데 마음을 두지 않고 도리어 낮은 데 처하며 스스로 지혜 있는 체하지 않고, 악을 악으로 갚지 말고 모든 사람 앞에서 선한 일을 도모하며, 모든 사람과 더불어 화목하며, 원수가 주리면 먹이고 목마르면 마시게 하며, 악에게 지지 말고 선으로 악을 이기는 것들이다(롬 12:9-21). 이것이 예수 그리스도 안에서 그리스도의 지체가 되어 우리의 몸이 의의무기가 되어 밖으로는 모든 민족에게 복음을 전파하는 그리스도의 사역을 감당하는 것과 하나님의 한 의에 속하는 십계명과 율법의 의를 완성하는 것이며, 안으로는 하나님께 예배하며 영광을 돌려드리면서 교회를 봉사하며 섬기는 것이다(롬 13:8-10). 이는 그리스도 안에서 의롭게 된 우리에게 그리스도께서 공급하시는 신령한 성령의 법으로 그리스도의 사역을 감당하게 하는 것과 또한 십계명과 율법의 의를 완전하게 성취되게 하는 것을 말한다. 때문에 우리는 그리스도의 지체가 되어 항상 그분에게 붙어 있어야 한다. 그분에게 붙어있으면 우리의 몸에 있는 지체가 그리스도의 지체로 사용된다.

우리가 그리스도의 지체가 되면 첫째로 우리의 눈이 등불이 된다. 우리가 그리스도에게 붙어 있으면 그리스도께서 성령으로 지혜와 계시로 마음의 눈을 밝게 하셔서 선과 악을 분별하게 하셔서 우리의 몸을 의의무기로 사용하게 하시며, 또한 우리를 부르심에 대한 소망과 영광의 기업에 대한 풍성함을 알게 하시며, 주님의 지극히 크신 힘과 능력의 역사하심을 알 수 있게 하신다. 그리고 믿음으로 사랑 가운데서 뿌리를 깊게 내리게 하여, 그리스도께서 우리에게 베푸신 사랑에 대한 너비와 길이와 높이와 깊이를 깨달아 하나님의 충만하신 것으로 충만하게 하신다(엡 1:17-19,3:17-19). 둘째는 귀다. 우리의 귀도 눈과 동일하게 정신력과 영적인 것들을 경청하여 깨닫게 된다. 경청하여 깨닫지 못하면 악한 자가 와서 빼앗아 가버린다. 때문에 주님은 성령이 교회들에게 하시는 말씀을 들으라고 명령하셨다. 주님의 재림이 가까운 때는 사람들이 진리의 말씀을 듣지 아니하며, 깨닫지 못하는 시대가 된다. 하지만 그리스도에게 붙어있는 지체가 되면 성령이 교회들에게 하시는 말씀을 깨닫고 재림을 준비하게 된다(마 13:19,24:39;딤후 4:4;계 2:7). 셋째는 코다. 코는 맛을 아는 지체다. 코는 귀를 통하여 성령으로 깨닫게 된 진리에 대하여 맛을 알게 하는 상징이다. 진리의 말씀에 대한 맛을 알면 꿀과 송이꿀보다 더 단 말씀이 된다(시 19:10,34:8;계 10:10). 진리의 말씀에서 송이꿀보다 더 단 맛을 알게 되면 샘물과 같이 더 깊은 그리스도 안에 감추어져 있는 보화를 찾게 된다. 넷째는 입이다. 입은 눈으로 보고 귀로 듣고 맛보아 알게 된 보화를 주신 하나님께 감사와 영광을 올려드리는 경배 자가 된다. 그리고 다른 사람에게 진리의 말씀을 전파하고 가르치는 일을 한다(벧전 4:11). 다섯째는 손과 발이다. 손과 발은 눈으로 보고 귀로 듣고 맛보아 알게 된 보화를 주신 하나님께 감사와 영광을 올려드리는 경배자의 역할을 감당하는 일을 실천하는 도구가 된다. 도구는 구체적인 행동이다. 손과 발이 움직이는 구체적인 행동으로 예수 그리스도 안에서 그리스도의 지체로 우리의 몸을 의의무기로 드려서, 안으로는 교회를 봉사하며, 밖으로는 모든 민족에게까지 그리스도의 복음을 전파하는 일과 그 일에 적극적으로 참여하여 그리스도의 사역을 감당하게 되며, 하나님과 이웃을 사랑하는 십계명과 율법의 의를 완성되이 성취되게 한다. 또한 교회에서 각각의 개인에게 주신 달란트에 따라 그리스도의 눈과 귀와 코와 입과 손과 발과 마음의 역할이 되어 교회와 복음 사역과 하나님과 이웃을 연합하여 섬기게 한다. 그리스도 안에서 연합하여 섬길 때, 자신에게 주신 달란트와 다른 사람이 가진 달란트를 서로 비교하여 열등의식을 느끼거나 우월감에 빠지지 않는다. 각자에게 주신 은사에 따라 서로 연합하여 섬긴다(롬 12:5-8;고전 12:28-30). 이것이 한 성령으로 세례를 받아 한 몸이 되어 한 성령을 마시게 된 그리스도에게 붙어 있는 지체다(고전 12:13). 이렇게 우리가 그리스도의 지체가 되면 세 가지 아름다운 열매가 나타난다. 하나는 그리스도의 몸된 교회가 세워지며(엡 4:12), 다른 하나는 그리스도의 장성한 분량으로 자라게 되며(엡 4:13), 또 다른 하나는 율법 외에 하나님의 한 의가 완전하게 성취되어 십계명과 율법이 완성된다. 그리스도의 몸이 세워지는 것이 교회가 부흥되어 땅끝까지 그리스도의 복음을 전파하는 착하고 충성된 종이 되는 것이며(마 25:19), 그리스도의 장성한 분량으로 자라게 되면, 그리스도의 신부로 준비가 되어 사람의 속임수와 사탄의 간사한 유혹과 온갖 교훈의 풍조에 밀려 요동하지 않는다. 율법 외에 하나님의 한 의가 완전하게 성취되어 십계명과 율법이 완성되면, 하나님의 거룩한 백성으로 모든 민족 중에 하나님의 소유가 되며, 제사장 나라가 된다(출 19:5-6). 이것이 육신이 연약하여 지키지 못했던 십계명과 율법을 완전하게 이루는 것이다. 구약에서는 여호와께서 십계명과 율법을 신약에서 완전하게 될 모형과 그림자로 주셨으며, 신약에는 여호와께서 인간의 모양으로 오셔서 산상수훈으로 구약의 십계명과 율법을 성취하실 것을 해석하시며 교훈하신 것이며, 그 교훈을 십자가에서 십계명과 율법을 완전하게 성취하신 것이다. 때문에 우리의 몸의 지체가 의의무기로 드리면 그리스도의 지체가 되어 그리스도께서 성령의 진액을 공급하여 하나님의 한 의를 완성되게 하신다.

그러므로 그리스도의 지체를 결단코 불의의 무기로 사용하면 안 된다. "그럴 수 없느니라 죄에 대하여 죽은 우리가 어찌 그 가운데 더 살리요"(롬 6:2). 우리 몸의 지체를 죄에게 내주면 다시 죄의 종이 되어 마지막은 사망에 이르게 되지만, 그리스도께서 우리를 새 생명가운데 살게 하신 대로 의의무기로 드리면 마지막은 영생에 이른다(롬 6:21-22). 때문에 그리스도의 지체인 우리의 눈으로 육신의 정욕의 더러움에서 나타나는 온갖 불의한 죄들과, 사탄이 죄에 빠지도록 미혹하는 인터넷, 광고, 유튜브, 교육, 행사, 사치, 방탕함, 불신앙, 배교, 거역 등의 죄를 보지 말아야 한다. 견물생심이란 말이 있다. 어떤 물건을 실제로 눈으로 보면 가지고 싶은 욕망이 생긴다는 의미다. 때문에 우리를 죄에 빠지게 하는 장소, 물건, 영상, 소문, 잡지 등을 접할 때, 항상 선과 악을 선택하여 좋은 것은 취하되 죄에 빠지게 하는 것은 단호하게 버리고 돌아서야 한다. 귀는 눈으로 보는 것과 동일한 죄에 빠지게 하는 소리를 듣거나 그런 것에 귀를 기울이지 말아야 한다. 코는 죄를 짓게 하는 불의한 것들에 대하여 맛을 보지 말아야 하며, 사치와 방탕한 문화에 맛을 느끼는 죄를 분별하여 벗어나야 한다. 입은 육신의 정욕의 더러움에서 나타나는 이생의 자랑과 온갖 불의한 죄들과, 사탄이 미혹하는 불신앙의 말, 헛된말, 거짓말, 남을 실족케 하는 말, 그밖에 성경에서 금하는 말 등으로 죄가 되는 것들을 만들거나 전하거나 하지 말아야 한다. 야고보는 완전한 자는 말에 실수가 없는 자라고 한다(약 3:2). 손은 불의의 무기로 드리는 것들을 만들거나 만지거나 전하는 것들을 금해야 하며, 발은 온갖 불의한 죄들에 대하여 가까이 다가가거나, 곁에 서 있거나, 머물러 고정하는 것들을 금해야 한다. 이러한 행위가 경건의 모양을 버리고 돌아서는 것이며, 율법 외에 하나님의 한 의를 성취하는 의의무기로 예수 그리스도의 것으로, 또는 지체로 사는 것이다. 이것이 예수 그리스도 안에 감추어져 있는 비밀이며, 보화다.

의의 직분

어번 선언서(the Auburn Affirmation)가 있다. 1923년 12월 26일 뉴욕주 어번시에서 미국북장로교목사 1,293명이 5가지를 부정하는 일에 서명한 일이다. 성경의 무오설, 주님의 동정녀 탄생, 십자가 대속, 육체적 부활, 기적사건들을 부정하였다. 이러한 선언에 대하여 프린스턴 신학교교장(스티븐슨)이 받아들여 자유주의신학이 들어와 학교가 분리되었다. 이후에 한국에 있는 많은 사람들이 프리스턴과 그에 동조하는 신학교에서 영향을 받고 돌아온 자들로 인하여 한국교회도 자유주의신학, 좌경화운동 등이 일어난 결과다. 이러한 영향으로 전세계교회는 종교다원주의, 자유주의신학, 번영신학, 세속주의, 동성애를 찬성 등으로 하늘과 땅이 분노할(천인공노)배교들이 일어난 배경이다. 때문에 신학교 교수님들이 학생들에게 교훈하는 말이 있다. 목사가 되기 전에 먼저 신자부터 되라. 또는 목회자가 되기 전에 먼저 사람부터 되라 이다. 신자부터 먼저 되라는 의미는 진실로 예수 그리스도를 믿고 거듭난 경험으로 말씀과 성령의 사람이 되라는 것이며, 사람부터 되라는 의미는 자질과 실력을 갖추라는 의미다. 목사는 송신노록 주님과 성도들을 섬기는 직분이기 때문이다. 때문에 주님께서 제자들을 주님이 제자로 먼저 준비시키셨다(막 3:14). 주님의 몸된 교회는 목사들을 통하여 세워지는 관계로 교수님들의 교훈은 진리처럼 들린다. 주님의 제자로 준비된 사도들을 통하여 교회가 세워지는 길이 열린 것 같이, 오늘날에도 지구상에는 목사와 목회자들이 사도들의 사역을 이어받아 주님의 복음을 전파하여 교회가 세워지고 있다. 그런데 신자가 되기 전에 목사가 되면 도리어 주님의 교회에 방해꾼이 되어 많은 교인들을 구덩이에 빠지게 하며, 또는 거짓사도와 거짓선지자, 삯군목자가 되어 성도들의 영혼을 사냥하는 이리가 된다. 그 증거가 어번 선언서다. 어번 선언서는 많은 거짓사도와 거짓선지자, 삯군목자들을 양산하여 주님의 교회를 파괴하며, 수많은 성도들을 사냥하고 있다. 주님의 십자가 사건 하나만 부정해도 신구약 성경전체를 부정하는 배교가 된다. 교회가 성경을 부정하니 권력자들이 헌법과 법치를 부정하고 일어나고 있다. 그리고 사람이 되기 전에 목회자가 되면 교만하여 타락하게 될 수 있다. 이는 비록 목사와 목회자에게만 해당되는 교훈이 아니다. 모든 성도에게도 적용된다. 가령 신자가 되기 전에 장로, 권사, 집사 등이 되면 주님의 교회를 해치는 자들이 될 수 있으며, 사람이 되기 전에 직분 자가 되면 교만하여 타락한다. 그러므로 성경에는 교회직분자들의 자격에 대하여 기록하고 있다(행 6:3;딤전 3:1-13). 그런데 주님의 몸된 교회를 위하여 선택을 받은 참된 직분자들은 얼마나 귀한 존재며, 또는 직분자의 의미와 사명이 어떤 것이며, 그리고 누가 직분자인지 등에 대한 성경적인 증거가 있다. 이것이 의의직분이다. 따라서 이번 단락에서는 앞 단락의 의의무기의 연장선에서 의의직분에 관하여 상고하고자 한다.

1) 직분의 의미

우리가 앞 단락에서 상고한 의의무기는 믿음의 본질에 관한 것이라면, 본 단락에서 상고하게 될 의의직분은 사역적인 용어다. 의의무기는 예수 그리스도를 믿는 자들은 그리스도에게 속하는 그리스도의 지체가 되어, 자신의 몸을 그리스도의 지체로 살아야 되는 본질적인 문제를 말하는 것이며, 의의직분은 그리스도의 지체가 된 자는 그리스도의 지체로서 주님을 섬기는 봉사에 관한 문제다. "정죄의 직분도 영광이 있은즉 의의직분은 영광이 더욱 넘치리라"(고후 3:9). 의의직분 διακονία (디아코니아)는, 명사, 주격, 여성, 단수며, 심부름을 가다, 섬기는 자, 종, 사환, 하인, 사역자, 일꾼, 집사 등에서 유래한 봉사, 섬기는 일, 준비하는 일, 직무, 구제, 부조, 직분, 일, 사역, 사명 등의 다양한 의미며, 명사 주격 단수는 정죄하는 율법의 직분보다 더욱 영광이 넘치는 의를 위한 심부름과 또한 의의사역, 의의사명, 의의일꾼, 의의직분이 주체라는 의미며, 주체는 의의직분이 율법의 직분보다 더욱 영광이 넘치는 기둥이며, 더욱 넘치는 영광은 의의직분에게 속한다는 의미다. 이만큼 의의직분이 귀하다는 것을 말한다. 때문에 바울은 의의직분을 영의직분, 또는 더욱 영광의 직분이라고 부른다(고후 3:8). 그런데 의의직분은 두 단어의 합성어다. 의는 앞 단락에서 해석한 율법 외에 믿음으로 의롭다고 인정받는 하나님의 한 의와 동일하며, 직분은 주님의 지체로서 주님의 심부름으로 섬기는 사명의 종과 사역의 일을 말한다. 따라서 두 단어를 합성하면 하나님의 한 의를 위한 그리스도의 사역의 종, 또는 하나님의 한 의를 위한 그리스도의 사명자라는 뜻이다. 이렇게 하나님의 한 의가 성취되게 하는 그리스도의 사역이기 때문에 정죄하는 구약율법의 직분자보다 더욱 넘치는 영광의 직분이며, 영의직분이라는 것이다. 그런데 하나님의 의를 이루는 그리스도의 사역에 대하여 구체적으로 알기 위해서는 의에 대한 문법을 알아야 한다. 본문에 사용된 의에 대한 문법은 소유격이다. 소유격은 세 가지의 미다. 하나는 의에 속한 그리스도의 종으로 섬기는 자라는 의미며(소유격), 다른 하나는 의에 관한 그리스도의 종으로 섬기는 자라는 의미며(목적어), 또 다른 하나는 의에 종으로 그리스도를 섬기는 사역자라는 의미다(주어). 의에 속한 그리스도의 직분은 종의 정체성을 말하며, 의에 관한 그리스도의 종은 그리스도에 모든 것을 전하고 가르치는 사역을 말하며, 의의 종은 그리스도의 의라는 의미다. 이것이 율법 외에 하나님의 한 의에 의한 그리스도의 사역, 그리스도의 사명자의 의의직분이며, 정죄하는 직분보다 더욱 영광이 넘치는 직분이다. 의의직분으로 구약의 십계명과 율법의 의(체다카), 신약의 산상수훈에서 먼저 구하는 의(디카이오쉬네), 로마서에서 말하는 율법 외에 믿음의 법으로 인정하시는 하나님의 한 의(디카이오쉬네), 또는 하나님의 의(디카이오쉬네)가 성취된다. 이는 의의무기로 그리스도의 지체로 성취되는 의로운 일들을 위한 직분자라는 것이다. 의의무기로 죄의 종노릇과 사탄의 미혹에서 벗어나, 그리스도의 지체로 성취되는 일들이 온 세상에 예수 그리스도를 전파하여 믿게 하는 것이며, 그 믿음을 가진 자들에게 성령으로 구약의 십계명과 율법이 이루어지게 하는 것에 대한 일들이다. 그 일들로 인하여 지구촌에서 하나님의 한 의가 나타나게 하는 사역이 의의직분이다. 이것이 율법 외에 예수 그리스도를 믿음으로 나타나는 하나님의 한 의로 인하여 의롭게 된 우리가 이제는 우리의 몸이 의의무기로 그리스도의 지체가 되어, 그 의를 전하고 가르치는 종으로 섬기게 되는 직분자라는 것이다(롬 3:21-22). 때문에 의의무기는 예수 그리스도를 믿는 자들의 정체성에 관한 본질적인 문제라고 한다면, 의의직분은 사역에 관한 문제라는 것이며, 그 사역은 정죄하는 율법의 직분보다 더욱 영광이 넘치는 사명자라는 것이다.

의의직분은 정죄의 직분과 구별된 직분이다. 정죄의 직분은 율법을 맡은 직분을 말하며, 의의직분은 예수 그리스도를 믿음으로 맡은 직분이다. 율법을 맡은 직분은 구약의 모세와 이스라엘 백성들에게 주신 것이며, 의의직분은 예수 그리스도로 말미암아 세워진 신약의 성도에게 주셨다. 그러므로 신약의 성도는 구약의 이스라엘 백성들보다 더욱 영광이 넘치는 직분을 맡은 것이다. 영광 δόξα (독사)는, 명사, 여격, 여성, 단수며, 생각하다, 믿다, 상상하다, 알다 등에서 유래한 광명, 훌륭한, 영광, 광휘, 장엄, 명예, 경의, 명성, 영화 등의 의미며, 명사 여격 단수는 의의직분은 정죄의 직분보다 훌륭하고 영광스럽고 장엄하며 명예롭고 경이로운 명성과 영화로운 것으로 믿을 수 있는 수단으로 우리에게 주신 직분이라는 의미며, 더욱 넘치리라 περισσεύω (페릿슈오)는, 동사, 직설법, 현재, 능동, 3인, 단수며, 비상한, 놀라운, 넘치는 등에서 유래한 풍부하게 가지고 있다, 넉넉하다, 매우부요하다, 뛰어나다, 탁월하다, 풍성하다, 넘치다 등의 의미며, 동사 직설법 현재 능동 단수는 언제나 어디서나 항상 의의직분은 정죄의 직분보다 실제적으로 더욱 영광이 풍부하며 넉넉하며 매우부요하며 뛰어나고 탁월하며 풍성하게 넘치는 직분이라는 의미다. 이것이 신약의 교회를 위한 삼위일체 하나님의 때가 찬 경륜의 비밀이며, 성경 안에 감추어져 있는 예수 그리스도의 비밀이며, 보화다. 그런데 우리는 율법을 맡은 구약의 이스라엘의 영광보다, 예수 그리스도를 믿음으로 맡은 의의직분에 대한 가치를 알고 있는지가 의문스럽다. 때문에 깨닫는 것이 은혜며, 그 가치를 아는 자는 그 보화를 위하여 자신의 밭을 팔아서 산다. 자신의 밭을 팔아서 산다는 의미는 자신의 생애를 의의무기로 그리스도의 지체로 의의직분자로 사는 것을 말한다(마 13:45-46). 하지만 현대교회는 이렇게 영광스러운 의의직분이 무너지고 있는 배교들이 일어나는 시대에 살고 있다(어번 선언서). 그렇지만 사탄이 제아무리 방해공작을 부려도 주님께서 반드시 승리하게 하실 것을 믿고 당당하게 의의직분자로 살아야 한다.

2) 영의직분

의의직분은 곧, 영의직분이다. 예수 그리스도를 믿음으로 소유한 의의직분은 영으로 맡은 직분이라는 의미다. 의의직분과 영의직분은 같은 동급이다. 그런데 의의직분과 영의직분은 구약의 율법을 맡은 직분과 다르다. "돌에 써서 새긴 죽게 하는 율법 조문의 직분도 영광이 있어 이스라엘 자손들은 모세의 얼굴의 없어질 영광 때문에도 그 얼굴을 주목하지 못하였거든 하물며 영의 직분은 더욱 영광이 있지 아니하겠느냐 정죄의 직분도 영광이 있은즉 의의직분은 영광이 더욱 넘치리라"(고후 3:7-9). 본문에서 바울은 구약의 모세와 신약의 성도와 또는 구약의 십계명의 율법과 신약의 영과 구별하고 있다. 모세는 시내산에서 돌에 새겨 죽이는 십계명의 율법을 받아 내려오는 얼굴에서 광채가 나타나는 영광의 직분자로, 신약의 믿음의 성도는 모세보다 더욱 영광이 넘치는 직분자로, 구약의 십계명과 신약의 영과 구별이다(출 34:30). 영 πνεῦμα (프뉴마)는, 명사, 속격, 중성, 단수며, 바람이 불다, 숨쉬다 등에서 유래한, 바람, 호흡, 생명, 영, 성령을 의미하며, 명사 속격 단수는 성령이 바람같이 영으로 역사하여 생명이 살아 숨을 쉬게 하는 것에 관한직분, 성령이 바람같이 영으로 역사하여 생명이 살아 숨을 쉬게 하는 것의 속한직분, 성령이 바람같이 영으로 역사하여 생명이 살아 숨을 쉬게 하는 것을 주도하게 하는 직분이라는 의미다. 이는 성령이 영으로 역사하여 예수 그리스도를 믿어 의롭게 하여 새로운 생명이 살아 숨쉬게 하며, 또한 의로운 생명으로 살아난 자들이 예수 그리스도에게 속하게 하며, 또한 그리스도의 지체가 되게 하는 의의직분을 맡도록 주도하신다는 의미다. 이것이 영의직분이며, 의의직분이다. 때문에 의의직분과 영의직분은 같은 동급이다. 그러므로 신약의 교회는 성령이 주도하여 예수 그리스도를 믿게 하고, 예수 그리스도를 믿는 자들에게 의의직분을 맡겨 주셨다는 것이다. 이는 구약의 옛 언약과 신약의 새 언약의 차이점이며, 성령의 법과 성령의 비밀이다(1권. 성령충만 비밀. 163-176p 참조). 구약은 신약에서 성취할 예표, 예언, 계시, 모형, 그림자로 주신 직분이다. 구약과 신약은 차이점과 통일성이 있다. 차이점은 구약에서는 모세를 통하여 돌판에 기록한 십계명과 율법을 주신 것은, 신약에서 성취할 예표와 모형으로 주신 것이며(히 10:1), 또한 구약의 모세는 십계명과 율법조문으로 사람을 죽이는 직분을 맡은 것이며, 신약의 영의직분은 성령으로 사람을 살리는 직분이다. 때문에 구약은 옛 언약이라 부르며, 신약은 새 언약이라 부른다. 구약의 옛 언약은 신약의 새 언약이 오기 전까지 맺은 약속이다. 새 언약이 오기 전까지는 십계명과 율법은 여러 가지 조분으로 된 법규와 율례로 사람을 정죄하여 죽였다. 때문에 십계명과 율법을 어기면 언약백성들을 돌로 쳐서 죽였다(십계명 해석 참조). 율법 행위에 속한 자들은 율법

책에 기록된 대로 모든 일을 항상 행하지 아니하면 저주 아래 있었기 때문이다. 이렇게 모세로부터 받은 십계명과 율법은 언약백성들이 죄를 깨닫게 하여 죄인으로 정죄하여 죽음에 이르게 하였다. 이는 아무도 십계명과 율법으로 의롭게 될 백성이 없었기 때문이다(롬 3:20). 다만 십계명과 율법은 장차 신약에서 십계명과 율법을 완전하게 성취하려 오실 예수 그리스도를 바라보게 하는 모형과 그림자였으며, 그리스도께서 오실 때까지 백성들을 인도하는 초등교사의 직분이었다. 때문에 옛 언약 백성들은 율법아래서 종노릇 한 것이다(갈 3:24-25,4:3).

그렇지만 구약과 신약의 통일성이 있다. 구약에서 모세를 통하여 주신 십계명과 율법은 신약에도 동일한 생명의 말씀이라는 것이다. 구약과 신약의 차이점이 있다고 하여 구약의 옛 언약으로 맺은 십계명과 율법자체가 잘못되었다거나, 폐하여 버린 것이 아니라는 점이다. 도리어 구약에서 완전하지 못한 것을 신약에서 완전하게 성취한 것이다. 구약의 십계명과 율법을 돌에 새긴 조문으로 준 것이, 신약의 성령으로 마음에 기록하여 준 것보다 언약한 점이 있었다는 것이며, 또한 언약백성들이 연약하여 십계명과 율법을 지킬 수가 없었기 때문에 차이점이 있었지만, 신약에서는 구약에서 두 가지 연약함에 대하여 예수 그리스도께서 십자가에서 완전하게 하심으로 십계명과 율법을 성령으로 신약백성들의 마음에 기록하여 성령으로 지킬 수 있게 하심으로 구약과 신약은 통일성이 있게 하신 것이다. 구약의 예표와 그림자를 예수 그리스도께서 십자가에서 완전하게 하심으로 모세가 받은 영광의 직분보다 영의직분이 더욱 영광이 넘치게 되게 하신 것이다. 그러므로 신구약 모든 성경은 십계명과 율법을 증언하는 것이며, 또는 예수 그리스도께서 십계명과 율법으로 말씀하셨고 또한 완전하게 성취하신 것을 기록하고 있다는 것이다. 이것이 성경 안에 감추어져 있는 예수 그리스도의 비밀이다. 이는 창세전에 이미 인류구원을 위하여 예정하신 삼위일체 하나님의 때가 찬 경륜이다. 성부 하나님은 계획하셨고, 성자 하나님은 그 계획을 성취하셨고, 성령 하나님은 완성되게 하셨다. 여기서 우리는 인류구원을 위한 삼위일체 하나님의 중요한 경륜의 비밀을 알 수 있다. 삼위일체 하나님의 인류구원에 대한 경륜에서 성부 하나님은 성자 하나님을 구약에 여호와 하나님으로 나타나게 하셔서, 아브라함과 이스라엘 백성들을 선택하여 십계명과 율법으로 옛 언약을 맺게 하시고, 그들에게 맺은 언약을 성취하시기 위하여 예수 그리스도의 이름으로 인간의 모양으로 보내셔서 십자가에서 옛 언약을 성취하심으로 하나님의 의로우심과, 또는 하나님께서 보내주신 예수 그리스도를 믿는 자를 의롭게 하시며, 언약백성들과 맺으신 십계명과 율법을 완전하게 성취하게 하셨고, 믿음으로 의롭게 된 성도에게 성령으로 십계명과 율법의 의를 완전하게 하시는 경륜의 비밀이다. 그 비밀이 그리스도 안에 있는 신약의 교회에 드러내신 것이다(엡 1:9,3:2,9).

그런데 아직도 이스라엘은 마음이 완고하여 모세로부터 맺은 옛 언약의 수건을 벗지 못하여 죽이는 정죄의 직분에 매여 있다. "그들의 마음이 완고하여 오늘까지도 구약을 읽을 때에 그 수건이 벗겨지지 아니하고 있으니-오늘까지 모세의 글을 읽을 때에 수건이 그 마음을 덮었노다."(고후 3:14-15). 이스라엘은 오늘까지 마음이 완고하여 구약의 모세를 통하여 맺은 옛 언약의 십계명과 율법을 읽을 때, 수건이 덮혀서 새 언약을 깨닫지 못하고 있다는 것이다. 마음이 완고하여 πωρόω (포로오)는, 동사, 직설법, 과거, 수동, 3인, 단수며, 돌같이 굳게 하다, 둔하게 하다, 무디게 하다, 어둡게 하다 등의 의미며, 동사 직설법 과거 수동 단수는 아직도 이스라엘은 실제적으로 구약의 글과 돌에 새긴 십계명과 율법을 읽으면서 마음이 돌같이 굳어서 둔하고 무디며 어둡게 되어서 깨닫지 못하고 있다는 의미다. 때문에 돌에 써서 새긴 율법 조문만 붙잡고 있다(고후 3:6-7). 그러나 그들이 주님께로 돌아오면 수건이 벗어지게 된다. "언제든지 주께로 돌아가면 수건이 벗겨지리라 주는 영이시니 주의 영이 계신 곳에는 자유가 있느니라"(고후 3:16-17). 벗겨지리라 περιαιρέω (페리아이레오)는, 동사, 직설법, 현재, 수동, 3인, 단수며, 취하다, 선택하다 등에서 유래한, 제거하다, 치워버리다 등의 의미며, 동사 직설법 현재 수동 단수는 이스라엘이 언제든지 어디서나 주께로 돌아오는 것을 선택하면, 죽이는 율법 조문을 실제적으로 제거되어 치워버리게 될 것을 의미한다. 주님께 돌아오면 주님께서 완악한 마음을 제거하시고 부드러운 마음에 성령으로 더욱 영광스러운 영의 직분의 새 언약으로 율법을 온전히 성취하는 참된 자유를 주실 것을 말한다(렘 31:31-33;겔 11:19,36:26). 문제는 주님께로 돌아오는 것이다. 주님은 그들이 돌아오도록 자기 땅에 오셨지만 그들이 영접하지 않았으며, 도리어 십자가에 못을 박아 죽였다(요 1:11,19:16). 바울도 복음을 유대인들에게 제일먼저 전하기 위하여 가는 곳마다 그들의 회당을 찾아갔지만 그들이 배척하며 죽이려고 했다(행 14:19). 그러나 언제든지 그들이 주님께 돌아오면 죽이는 십계명과 율법의 조문에서 벗어나서 성령으로 새 생명으로 거듭난 마음으로 십계명과 율법에서 완전하게 자유하게 될 것이다. 그렇지 않으면 언제나 그리스도에게서 끊어지고 은혜에서 떨어진 자가 될 것이다(갈 3:10,5:4). 때문에 누구든지 마음이 완고하면 깨닫지를 못한다. 마음이 완고하면 유대인은 죽이는 정죄의 율법만 붙잡게 되고, 이방교회는 성령의 역사는 버리고 믿음의 모양만 붙잡게 된다. 그러므로 성경에는 매일 피차 권면하여 죄의 유혹으로 마음이 완고하지 않게 하라고 명령한다(히 3:13).

3) 새 언약의 일꾼

의의직분과 영의직분은 새 언약의 일꾼이다. 새 언약의 일꾼은 구약의 옛 일꾼과 대조되는 말이다. 구약의 모세는 옛 언약의 일꾼이었다면, 신약의 성도는 새 언약의 일꾼이다. 이는 우리가 새 언약의 일꾼이 될 자격이 없지만, 하나님께서 우리를 그리스도의 것으로 부르심을 받은 지체들에게 부여하신 명칭이다. “그가 또한 우리를 새 언약의 일꾼 되기에 만족하게 하셨으니 율법 조문으로 하지 아니하고 오직 영으로 함이니 율법 조문은 죽이는 것이요 영은 살리는 것이니라”(고후 3:6). 하나님께서 주님을 믿는 우리를 율법조문으로 죽이는 옛 언약의 일꾼이 아닌, 성령으로 살리는 새 언약의 일꾼이 되기를 만족하게 하셨다. 만족하게 하셨으니 ἱκανόω (히카노오)는, 동사, 직설법, 1부정과거, 능동, 3인, 단수며, 충분한, 넉넉한, 적당한, 알맞은, 자격 있는, 유능한, 가치 있는 등에서 유래한 충분하게 하다, 자격을 갖추다 등의 의미며, 동사 직설법 1부정과거 능동 단수는 우리는 새 언약의 일꾼이 될 자격이 없지만, 하나님 스스로 그리스도 안에서 성령으로 우리를 실제적인 새 언약의 일꾼으로 충분한 자격을 갖추게 하셔서 넉넉하고 적당하고 유능한 일꾼이 되게 하셨다는 의미다. 이는 세상적인 힘과 지혜와 능력으로 된 것이 아니라, 오직 그리스도 안에서 그리스도의 지체에게 공급하시는 성령으로 되게 하신 것을 말한다. 이것이 값없이 베푸신 하나님의 은혜의 선물이다. 새 언약의 일꾼 ὑπηρέτης (휘페레테스)는, 명사, 대격, 남성, 복수며, 하인, 사환, 조수, 옥리, 아랫사람, 일꾼, 종, 부하, 맡은 자, 수행원 등의 의미며, 명사 대격 복수는 하나님께서 우리를 오직 그리스도 안에서 성령으로 새 언약의 하인으로, 새 언약의 사환으로, 새 언약의 조수로, 새 언약의 아랫사람으로, 새 언약의, 일꾼과 종으로, 새 언약의 부하로, 새 언약을 맡은 자로, 새 언약의 수행원이 되는 것을 목적으로 삼으셨다는 의미다. 이는 새 언약의 중보자이신(히 9:15), 예수 그리스도의 일꾼으로 삼으신 목적과 동일하다. 그러므로 우리는 새 언약의 일꾼으로 삼으신 하나님의 목적에 따라 어떤 이는 그리스도의 하인으로, 어떤 이는 그리스도의 사환으로, 어떤 이는 그리스도의 조수로, 어떤 이는 그리스도의 아랫사람으로, 어떤 이는 그리스도의 종과 부하로, 어떤 이는 그리스도를 맡은 자로, 어떤 이는 그리스도의 수행원이 되었다. 이것이 그리스도에게 붙어있는 지체와 의의직분과 동일한 일꾼이다.

그리스도의 종 δοῦλος (둘로스)는, 명사, 주격, 남성, 단수며, 올가미에 묶다, 동이다 등에서 유래한 노예, 종이란 의미며, 명사 주격 단수는 그리스도에게 올가미에 묶인 노예 종이 된 것이 주체라는 의미다. 주체는 예수 그리스도께서 그의 피의 값으로 사신 종은 이제는 사람에게 묶여있는 사람의 종이 아니라, 그리스도에게 매인 종으로 사는 것이 삶의 기둥이라는 의미다(행 20:28;고전 7:22-23;계 1:5). 사람들은 두 부류의 주인에게 매여서 살고 있다. 하나는 그리스도께서 주인이 되셔서 그에게 속한 종으로 사는 사람이며, 다른 하나는 사람이 주인이 되어 그에게 매인 종으로 사는 사람이다. 그런데 어떤 주인을 모시고 사느냐에 따라 그 사람의 신분과 명성이 달라진다. 그리스도에게 속한 종은 그리스도의 신분과 그리스도의 명성을 얻으며, 사람에게 속한 종은 사람의 신분과 명성을 얻는다. 예수 그리스도는 하늘과 만물을 창조하신 창조주 하나님이다. 그분에게 속한 종은 하늘에 속한 신령한 복에 참여하는 자가 되어, 그가 행한 공적에 따라 상급을 받지만(고전 3:14), 사람에게 속한 종은 땅에 속한 죄와 사망과 고통을 따라 행한 대로 심판을 받는다(계 20:13-15). 그리고 그리스도의 종은 그리스도께서 가지신 참 안식과 자유를 누린다. 주인 되시는 그리스도께서 모든 무거운 짐을 맡아주시기 때문이다(마 11:28-30). 그러므로 그리스도의 종은 그리스도에게 속한 자유인이다. 자유인 ἀπελεύθερος (아펠류데로스)는, 형용사(대), 주격, 남성, 단수며, 해방된 노예, 자유인 이란 의미며, 형용사(대) 주격 단수는 그리스도께서 우리를 여러 가지 죄와 사망과 절망 등에서 해방시켜 자유인이 되게 하신 것이 주체라는 의미다. 이는 죄와 사망과 절망의 고통에서 자유하게 하신 것이 본질이라는 말이다. 따라서 우리는 마땅히 그리스도께서 가지신 참 안식과 자유를 누리는 그리스도의 일꾼이요, 의의직분자요 하나님의 비밀을 맡은 자로 여기며 당당하게 살아야 한다(고전 4:1-2). 이것이 의의직분에 관한 의미다.

4) 사신과 향기

의의직분은 영의 직분이며 새 언약의 일꾼이며, 새 언약의 일꾼은 그리스도의 사신과 향기와 편지다. 우리의 몸이 의의무기와 그리스도의 지체는 주님과 내적인 관계를 말하는 본질이라면, 종과 일꾼, 사신과 향기 편지는 본질에서 나타나는 외적인 열매다. 본질과 열매는 두 수레바퀴와 같이 함께 할 때 참된 신앙이다. 알맹이만 있고 껍데기가 없는 것도 온전한 신앙이 아니며, 껍데기만 있고 알맹이가 없는 것도 참된 신앙은 아니다. 곡식은 눈이 보이는 껍데기가 먼저 형성되고 그 후에 형성된 껍데기 안에 눈에 보이지 않게 알맹이가 들어차게 된다. 신앙의 껍데기는 눈에 보이는 교회생활이다. 눈에 보이는 교회생활에 충실하게 하다보면 보이지 않는 마음에 그리스도께 대한 믿음의 확신과 함께 성령으로 열매들이 들어차게 된다. 그런데 보이지 않는 알곡은 보이는 껍데기에 충실할 때만이 가능하다. 껍데기가 병들면 알맹이를 받아들이지를 못한다. 껍데기는 겉으로 드러나 보이는 교회예배생활에 충실하게 하는 것과, 기도생활과, 봉사와 헌금, 전도 등을 말한다. 이렇게 두 가지 요소로 참된 신앙인이 되면 삶의 현장에서 나타나는 현상들이 그리스도의 종과 일꾼, 사신과 향기와 편지의 역할들이 된다. 그런데 현대교회는 우한 폐렴 핑계로 대부분의 교회들이 현장예배를 폐하여 교인들이 추풍낙엽처럼 교회를 떠나게 하고 있다. 이런 때일수록 성도들은 의의무기가 되어 교회를 떠날 것이 아니라 순교적인 각오로 그리스도의 지체로서 신앙을 사수해야한다. 이제는 목회자 한 분의 설교에만 의존하는 어린아이 신앙에서 떠나야 하며, 스스로 말씀으로 선과 악을 분별하여 선한 것을 찾아야 한다. "그러므로 우리가 그리스도를 대신하여 사신이 되어 하나님이 우리를 통하여 너희를 권면하시는 것 같이 그리스도를 대신하여 간청하노니 너희는 하나님과 화목하라"(고후 5:20). 사신 πρεσβεύω (프레스뷰오)는, 동사, 직설법, 현재, 능동, 1인, 복수며, 사신이 되다, 대사로 일하다, 다스리다 등의 의미며, 동사 직설법 현재 능동 복수는 언제나 어디서나 항상 우리스스로 실제적인 그리스도를 대신하는 그리스도의 사신과 대사가 되어 하나님과 화목하게 하는 직책을 맡았다는 의미다. 사신과 대사의 사전적인 의미는 한 나라를 대표하여 다른 나라에 파견하여 거주하면서 외교적인 교섭과 자국민에 대한 보호와 감독의 임무를 수행하는 사람이라고 정의한다. 따라서 우리가 그리스도의 사신과 대사라는 의미는 그리스도를 대신하여 이 땅에 파견되어 그리스도의 나라를 대표하여 그리스도의 나라를 전파하며, 또한 그 나라의 성도를 보호하며 감독하는 임무를 수행하는 사명을 맡은 사람이라는 뜻이다. 향기 εὐωδία (유오디아)는, 명사, 주격, 여성, 단수며, 질이 좋은 것과 냄새가 나다 등의 합성어에서 유래한 향기, 향내, 방향 등이며, 명사 주격 단수는 우리는 세상에 구원 받은 자들과 망하는 자들과 하나님 앞에서 그리스도의 질이 좋은 향기 향내 방향이 되는 것이 주체라는 의미다. 마치 좋은 꽃과 식물이 좋은 향기를 풍기는 것과 같이, 구원 받은 자들과 망하는 자들과 하나님 앞에서 질이 좋은 꽃과 식물처럼, 그리스도의 냄새가 나타나게 되는 것을 말한다. 이는 비유다. 벌이 주인에게는 꿀을 생산하여 주기도 하지만, 다른 사람에게는 공격으로 쏘는 것과 같으며, 또는 전쟁에서 승리한 장군은 생명과 승리의 명장이 되지만, 포로에게는 사망과 죽음의 사신이 되는 것과 같이, 그리스도의 사신은 그리스도 안에서 자신의 삶의 영역에서 구원받을 자들에게는 생명으로부터 생명에 이르게 하는 냄새가 나는 향기가 되며, 망하는 자들에게는 사망으로부터 사망에 이르게 하는 냄새가 난다는 말씀이다. 또한 그리스도의 사신을 통하여 구원 받기로 예정된 자들에게는 그리스도를 믿어 하나님과 화목하여 생명에 이르게 하지만, 그리스도의 사신을 배척하면 구원에서 벗어나 도리어 하나님께 심판을 받아 사망에 이르게 되는 것을 말한다. 주님께서 파송하신 제자들을 받아드리는 자에게는 평안이 임하게 하지만, 듣지도 않고 받아드리지 않는 자는 소돔과 고모라와 같이 심판을 받는 말씀과 동일하다(마 10:13-15). 이처럼 그리스도의 사신은 세상에서 그리스도의 권세와 그리스도의 생명과 심판을 동시에 수행하는 양면을 수행하는 직책임을 알 수 있다. 그리고 향기는 미래에 나타날 냄새가 아니라 이미 그리스도에게 붙어 있는 지체는 질이 좋은 향기가 되었다는 완료형이다. 그리스도에게 붙어있기 때문에 그리스도를 통하여 성령으로 그에게 질이 좋은 그리스도의 향기를 나타내는 냄새가 된 것을 말한다.

5) 편지

새 언약의 일꾼은 그리스도의 편지다. 그리스도의 편지는 십계명과 율법을 돌판에 새긴 것과 종이에 먹으로 쓴 것이 아니라 하나님의 성령으로 우리의 마음판에 계명과 율법을 기록한 것을 말한다. "너희는 우리의 편지라 우리 마음에 썼고 뭇 사람이 알고 읽는 바라 너희는-그리스도의 편지니 이는 먹으로 쓴 것이 아니요 오직 살아 계신 하나님의 영으로 쓴 것이며 또 돌판에 쓴 것이 아니요 오직 육의 마음판에 쓴 것이라"(고후 3:2-3). 하나님의 성령으로 우리의 마음판에 기록된 편지 ἐπιστολή (에피스톨레)는, 사자로부터 전달되는 서신이란 의미로 신약의 서신서로 기록된 성경에 사용된 단어다. 서신서는 그리스도의 사자로 택하심을 받은 사도들을 통하여 그리스도께서 교회 보내신 편지다. 그런데 본문에서는 바울을 통하여 복음을 받은 고린도교회 교인들이 그리스도의 편지라고 한 것이다. 이는 바울을 통하여 고린도교회 성도들이 그리스도의 복음을 받았을 때, 하나님께서 성령으로 그들의 마음에 성경말씀을 기록하여 주셨기 때문에 그들을 편지라 부른 것이다. 썼고 ἐγγράφω (엥그라포)는, 동분사, 완료, 수동, 주격, 여성, 단수며, ~안에 기록해 넣다, 기록하다, 새기다, 쓰다, 적다 등의 의미며, 동분사 완료 수동은 고린도교회 성도들이 바울이 전한 복음을 듣고, 예수 그리스도를 믿는 시간과 장소에서 하나님께서 성령으로 그들의 마음 안에 성경말씀을 기록해 넣으시고, 기록하여주시고, 쓰시고 새겨주신 것을 의미하며, 주격 단수는 성령으로 성경을 마음 안에 기록하신 것이 주체가 된 것을 의미한다. 그들의 마음 안에 성경을 기록해주셨기 때문에 그들이 그리스도의 편지라는 것이다. 그런데 그들의 마음 안에 기록된 구체적인 성경말씀은 십계명과 율법이다. 이는 본문단락의 내용과 구약의 선지자의 증거다. 본문단락의 내용에서 돌에 써서 새겨 죽게 하는 율법 조문이 십계명과 율법을 의미하는 것이며, 선지자의 증거는 예레미야다(렘 31:31-33). 예레미야는 날이 이르면 새 언약을 맺으리니 그 언약은 나의 법을 그들의 마음에 기록하리라고 예언하였다. 선지자가 예언한 그 날이 신약의 성도들의 마음에 하나님께서 십계명과 율법을 기록해 주실 것을 말한다. 구약의 옛 언약백성들은 십계명과 율법을 돌판과 먹으로 기록하여 주셨지만, 신약의 백성들에게는 마음에 십계명과 율법을 기록해주시겠다는 약속이셨다. 돌판에 기록한 십계명과 율법을 받은 모세를 옛 언약의 직분자라 부르며, 성령으로 마음에 기록하여 받은 신약의 성도들을 새 언약의 일꾼으로 의의직분자, 영의직분자라 부르는 것이다(고후 3:3-9).

구약에서는 선지자를 통하여 약속하셨고 신약에서는 그 약속을 예수 그리스도를 통하여 성취하셨다. 이것이 성부 하나님께서 창세전에 예정하신 뜻을 성자 하나님이신 예수 그리스도께서 성부 하나님의 뜻을 성취하신 것을 말한다. 이는 신약시대에 예수 그리스도께서 십자가에서 두 가지 면에서 연약한 율법을 완전하게 하셔서, 그리스도를 믿는 자에게 새 언약의 성령으로 마음에 십계명과 율법을 기록하여주셔서, 성령의 법으로 십계명과 율법이 완전하게 성취되게 하시는 것을 말한다. 예수 그리스도께서 우리가 연약하여 십계명과 율법을 지키지 못하는 죄를 십자가에서 속량하셔서 의롭게 하시고, 의롭게 된 마음에 성령으로 십계명과 율법을 기록하여 주셔서, 마음에 새겨진 십계명과 율법을 성령을 따라 행하는 의의무기가 되게 하셨다. 이것이 하나님께서 믿음으로 우리를 의롭다 하시고 자신도 의로우심을 나타내시는 것이며, 그 믿음의 의를 예수 그리스도를 보내셔서 성취하게 하시는 성경 안에 감추어진 예수 그리스도의 비밀이다. 그러므로 신구약성경의 중심메시지인 십계명과 율법을 폐기한 것이 아니라 도리어 더 완전하게 성취하신 것이다. 이런 점에서 그리스도를 믿는 성도를 새 언약의 일꾼이며, 그리스도의 편지라는 것이다. 그리스도의 편지란 우리마음이 성령으로 십계명과 율법이 기록된 신구약 성경이라는 의미며, 새 언약의 일꾼은 언제나 어디서나 마음에 기록된 십계명과 율법의 의를 성령을 따라 행하는 의의일꾼, 즉 그리스도의 사신과 향기라는 것이다. 그리고 예수 그리스도를 믿는 자들의 마음은 성령이 거하시는 거룩한 성전이 되었으며, 또한 십계명과 율법을 넣어두는 지성소가 되었다는 사실이다. 구약에는 눈에 보이는 성전지성소에 계셨던 하나님께서 신약에는 영으로 그리스도 안에 계시면서, 그리스도의 지체인 성도의 마음 안에 오셨다는 의미다(고후 5:19). "그 날에는 내가 아버지 안에, 너희가 내 안에, 내가 너희 안에 있는 것을 너희가 알리라"(요 14:20). 본문에서 주님께서 제자들에게 약속하시는 그 날은 주님께서 성령을 아버지께 구하여 보내주시는 날을 말한다. 아버지께 구하여 보내주시는 성령은 영원토록 우리와 함께 계시게 하시며, 그 성령이 오시면 주님이 아버지 안에, 우리가 주님 안에 계시는 것을 알게 된다는 것이다. 이는 삼위일체 하나님께서 우리 안에 계신다는 증거다. 이것이 질그릇 안에 담겨져 있는 보화며(고후 4:17), 심령이 가난한 자에게 임한 천국이며(마 5:3), 하나님의 집이며(고전 3:9), 성령의 비밀이다. 그러므로 성도는 삼위일체 하나님이신 성부 하나님과 성자 하나님과 성령 하나님께서 함께 계시는 성전이라는 사실을 알아야 한다(고전 3:16;요일 4:15). 이것은 성경이 증언하는 명백한 사실이다. 이러한 사실 앞에 우리는 크게 두 가지의 감정을 가지게 된다. 하나는 자존감이며, 다른 하나는 두려움이다. 자존감은 우리를 담대하게 하지만, 두려움은 하나님 앞에 경건과 겸손하게 한다. 겸손하여 하나님을 경외하는 것이 십계명과 율법의 의를 완전하게 하는 의로운 행위다. 주님은 우리 안에 이 성전을 건축하기 위하여 유월절에 예루살렘에 올라가셔서 성전을 청결하게 하시고, 유대인들에게 이 성전을 헐라 내가 사흘 만에 일으키는 표적을 보이겠다고 하셨다(요 2:14-19). 그러므로 그리스도의 편지가 된 우리는 마음에 기록된 십계명과 율법이 성취되는 의가 우리의 삶의 영역에서 나타나도록 십계명과 율법의 의를 나타내지 못하게 대적하는 육체의 정욕을 날마나 십자가에 못박고, 성령을 따라 십계명과 율법의 의를 나타내는 의의무기, 그리스도의 지체, 의의직분, 새 언약의 일꾼, 그리스도의 사신과 향기와 편지가 되어 교회에서는 신실한 신앙인으로, 가정과 직장과 사회에서는 빛과 소금으로, 하나님께서 기뻐하시는 거룩한 산 제물이 되어야 한다(롬 12:1-3). 이것이 목사가 되기 전에 신자와 사람이 되는 것이며, 또한 직분자가 되기 전에 먼저 신자와 사람이 되는 것이다. 따라서 의의직분은 모든 믿음의 성도들이 더욱 영광스러운 사명자임을 성경에서 찾은 증거다. 다만 두 부류의 직분이 있다는 것만 기억하면 되겠다. 유량직분과 정착직분이다. 유량직분은 교회만 섬기며 성도를 목양하는 목회자를 말하며, 정착직분은 개인적인 생업에 종사하면서 목회자를 통하여 양육받는 모든 성도들이다.

성령의 법

단도리가 70%라는 경상도 사투리가 있다. 준비하는 것을 말한다. 농사준비를 잘 하면 70% 결과를 가져온다는 의미다. 농부는 가을추수를 위하여 많은 준비들을 한다. 곡식의 씨앗의 품종과 퇴비 준비는 필수다. 아무리 춥고 배고픈 보릿고개라도 씨앗과 퇴비는 반드시 준비해야 한다. 그리고 다수확의 품종에 대하여 연구한다. 그런데 필수적으로 준비해야 되는 씨앗과 퇴비를 준비하지 못하면 가을에는 한 톨의 알곡도 거둘 수 없으며, 품종에 대한 좋은 정보를 얻지 못하면 많은 열매를 거둘 수가 없다. 때문에 단도리가 70% 라는 것이다. 이는 농사만이 아니라 사업, 직장, 학업, 결혼, 가정, 목회, 정치 등 어떤 것도 동일하다. 때문에 준비된 대통령이란 말도 있다. 이처럼 초림과 재림신앙에도 동일하다. 그러므로 준비하고 있으라 생각하지 않은 때에 인자가 오리라. 그러므로 깨어있으라. 그런즉 깨어있으라 명령한다(마 24:42,44,25:13). 준비를 하지 못하면 악하고 게으른 종이 되어 바깥 어두운 곳에 내쫓겨서 슬피 울며 이를 갈수 있다(마 25:30). 이와 같은 유사한 의미가 삼위일체 하나님의 때가 잔 경륜이다. 때가 잔 삼위일체 하나님의 경륜은 만물창조와 인류구원을 위하여 계획하신 설계도다. 그 설계도는 만물창조와 인류구원에 대하여 만물창조 이전에 이미 준비하신 것을 말한다. 준비하심에 따라서 천지를 창조하셨고 때에 맞게 인류를 구원하신다. 이것이 때가 찬 경륜이다. 그런데 삼위일체 하나님의 준비는 100% 결과를 얻는다. 성부 하나님은 천지창조와 인류구원에 대한 뜻을 정하셨고, 성자 하나님은 성부 하나님의 뜻에 따라 천지와 인류를 창조하셨고, 창조하신 인류를 구원하시기 위하여 구약에서 아브라함을 택하셔서 그의 후손들과 십계명과 율법으로 언약을 맺으시고, 그 언약을 성취하기 위하여 신약에서 인간의 모양으로 오셔서 십계명과 율법을 해석해주시고, 해석하신 십계명과 율법을 삶으로 실천하시면서 마침내 십자가에서 새 언약으로 성취하셨다. 십자가에서 성취하신 새 언약이 때에 맞게 완성되게 하기 위하여 성령으로 제자들을 통하여 교회를 세우셨다. 성령으로 세워진 교회를 통하여 구약의 옛 언약으로 맺은 십계명과 율법을 완전하게 하는 새 언약의 믿음의 법으로 의롭게 되는 길을 열어주셨다. 이것이 믿음의 법이다. 믿음의 법은 구약의 십계명과 율법을 지켜서 의롭게 되는 행위 외에 예수 그리스도를 믿음으로 하나님의 한 의가 나타나는 하나님의 은혜의 선물이며, 지금까지 우리들이 상고한 의의무기, 그리스도의 지체, 새 언약의 의의직분이다. 그런데 믿음의 법으로 하나님의 한 의를 이루는 의의무기와 의의직분도 인간의 노력으로 되는 것이 아니라는 사실이다. 하나님의 한 의를 온전하게 완성되게 하기 위하여 하나님께서 정하신 법이 있는데 그 법이 성령의 법이다. 이것이 삼위일체 하나님께서 준비하신 때가 찬 경륜이다. 성령의 법은 성자 하나님께서 인류구원을 위하여 성취하신 믿음의 법을 온전하게 성취하기 위하여 예정하신 성부 하나님의 뜻이다. 율법 외에 한 의를 예정하심과 같이 그 한 의를 완전하게 성취하기 위하여 예정하신 것이 성령의 법이다. 그런데 성경에는 믿음의 법이란 단어가 단 한번만 등장하듯이, 성령의 법도 단 한번만 등장한다. 단 한번만 등장하는 성령의 법은 믿음의 법과 동일하게 로마서에 기록되어 있다. "그리스도 예수 안에 있는 생명의 '성령의 법'이 죄와 사망의 법에서 너를 해방하였음이라"(롬 8:20). 믿음의 법이 성경의 심장과 같으며, 주님의 보혈의 피가 성경의 동맥과 같다면, 성령의 법은 모든 성경의 생명이다. 이는 심장에서 동맥으로 생명을 공급하는 것과 같다. 때문에 바울은 성령의 법을 생명의 성령의 법이라 부른다. 이것이 하나님께서 인류구원에 대하여 준비하신 뜻이다. 구원의 예정도 하나님이시며, 구원의 성취도 하나님이시며, 구원의 완성도 하나님께서 창세전에 이미 준비하신 것을 주님과 성령으로 때에 맞게 실행하신 것이다. 죄 아래 팔려있는 인류는 구원에 대하여 1% 공로는 없다. 100% 하나님께서 베푸신 은혜다(롬 3:20,21;8:3;살전 5:23). 그렇지만 이렇게 중요한 성령의 법에 대하여 기독교 신학에는 대체로 침묵하고 있다. 조직신학에서 가르치는 신론과 기독론의 교리에 비교하면 성령론은 아주 소홀하게 다루고 있다. 때문에 많은 분들이 성령론은 개인의 경험에 의존하고 있다. 개인적인 체험에만 의존하기 때문에 성령에 대한 잘못된 이해와 문제점도 있다. 따라서 본서의 마지막 단락으로 상고하는 이번 단락에서 성령의 법으로 성령에 대한 잘 못된 이해와 문제점과 또한 성령론을 가볍게 생각하면 절대적으로 안 된다는 사실과, 성령의 법이 어떻게 믿음의 법을 완전하게 성취하여 성경의 생명과 같은지, 때문에 성령의 법이 얼마나 귀중한 보배인지를 알게 될 것이다.

1) 생명

성령의 법은 생명이다. 그런데 그 생명의 성령의 법은 오직예수 그리스도 안에서만 존재하는 법이다. "그리스도 예수 안에 있는 '생명'의 성령의 법이 죄와 사망의 법에서 너를 해방하였음이라"(롬 8:2). 생명은 성령의 법 안에 종속되어 있으며, 성령의 법은 오직예수 그리스도 안에만 있다. 이는 예수 그리스도께서 성령으로 생명을 공급하신다는 의미다. 이것이 삼위일체 하나님의 때가 찬 경륜이며, 예수 그리스도 안에 감추어져 있는 비밀이며, 보화다. 그러므로 오직예수 그리스도를 믿음으로 그리스도 예수 안에 있는 자는 죄와 사망의 법에서 해방하여 결코 정죄함을 받지 않는다(롬 8:1). 예수께서 십자가에서 죄와 사망에서 해방하셨기 때문이다. 예수 안에 ἐν (엔)은, 전치사, 여격이며, ~안에, ~동안, ~와 함께 등의 의미며, 전치사 여격은 과정과 수단을 의미하는 것으로 예수 그리스도 안에 있는 과정과 수단으로 성령의 법이 우리를 죄와 사망의 법에서 해방하여 생명이 되는 것을 의미하며, 또한 예수 그리스도 안에 있는 동안에, 예수 그리스도와 함께 있을 때만이 성령의 법이 우리를 죄와 사망의 법에서 해방하여 생명이 된다는 의미다. 이는 오직예수 그리스도를 믿는 믿음의 법만이, 성령의 법이 죄와 사망의 법에서 해방하여 생명을 주신다는 말씀이며, 또는 예수 그리스도를 믿는 믿음에서 배교하지 않고, 믿음 안에 머물러 있는 동안에 예수 그리스도와 함께 동행 할 때만이 성령의 법이 죄와 사망의 법에서 해방하여 생명을 공급하게 된다는 말씀이다. 이는 예수 그리스도를 믿는 우리에게 성령께서 예수 그리스도께서 십자가에서 죄를 속량하여 사망의 정죄에서 생명으로 옮겨주신 것을 공급하시는 것을 말한다(요 5:24). 때문에 예수 그리스도를 믿는 자는 죄와 사망의 법에서 해방되어 생명을 얻었음으로 결코 정죄함이 없는 것이다. 결코 정죄함이 없기 때문에 생명이다. 정죄는 죄와 사망의 법에서 나오는 심판으로 생명이 될 수가 없다. 생명 ζωή (조에)는, 명사, 속격, 여성, 단수며, 살다, 살리다 등에서 유래한 죽음과 반대되는 육신의 생명과 영원한 생명을 의미하는 단어지만 본문에서는 그리스도의 영원한 생명을 의미하며, 명사 속격 단수는 정죄의 심판으로 영원히 멸망하는 죽음과 반대되는 그리스도에게 속한 영원한 생명, 그리스도에 영원한 생명, 그리스도에 관한 영원한 생명을 의미한다. 그리스도에게 속한 생명은 예수 그리스도를 믿음으로 그분에게 붙어있는 자에게 동일하게 소유되는 생명을 말하며, 그리스도의 생명은 그리스도부터 발생하는 생명을 말하며, 그리스도에 관한 생명은 복음사역을 통하여 나타나는 생명을 말한다. 따라서 정죄의 심판에서 멸망하는 죽음과 반대되는 영생으로 얻는 생명은 오직 예수 그리스도 안에서, 오직 예수 그리스도를 통하여, 오직예수 그리스도의 복음으로만 가능하다는 변할 수 없는 진리다. 그러므로 본문에서도 예수 그리스도 밖에도 구원이 있다는 종교다원주의와 십자가를 부정하는 자유주의 신학은 절대적으로 용납할 수 없는 사탄의 계략임을 알아야 한다.

그런데 그리스도 안에 있는 생명은 성령의 법으로만 가능하다. 때문에 성령의 법이 죄와 사망의 법에서 우리를 해방하였다는 것이다. 법 νόμος (노모스)는, 명사, 주격, 남성, 단수며, 문자적인 의미는 율법, 법, 법규, 규칙, 원리, 규범, 모세오경, 복음, 그리스도의 법 등으로 사용된 단어로 사법상의 규범, 법적 관습, 법률, 성문법, 헌법, 올바른 것,

할당된 것, 인정된 기준의 규범, 전통 등의 폭넓은 의미지만, 본문에서는 예수 안에 있는 성령에 속한(소유격) 법을 말한다. 명사 주격 단수는 예수 안에 있는 성령에 속한 법이 주체라는 의미며, 주체는 예수 안에 있는 성령에 속한 법이 생명보다 기둥이라는 의미다. 이는 예수 그리스도 안에 있는 자는 성령에 속한 법이 죄와 사망의 법에서 해방하여 생명을 얻게 된다는 말씀이다. 이것이 성부 하나님께서 예정하신 뜻이다. 성부 하나님께서 이미 창세전에 모든 인류는 예수 그리스도 안에서 성령으로 죄와 사망의 법에서 해방하여 영원한 영생을 주시기로 뜻을 계획하셨고, 그 계획을 성취하시기 위하여 성자 하나님이 예수 그리스도라는 이름으로 인간의 모양으로 오셔서 성부 하나님의 뜻을 십자가에서 성취하시고, 성령을 보내주셔서 성령이 예수 그리스도께서 성취하신 것을 완성되게 하는 것을 말한다. 때문에 성령의 법은 삼위일체 하나님의 때가 찬 경륜이라는 것이다. 그 경륜은 그 누구도 변경할 수 없는 사법적으로 규정된 헌법, 성문법으로 인정되는 기준법이라는 것이다. 그런데 사탄은 적그리스도, 거짓선지자, 거짓신학자, 삯군목자, 거짓종교인 등을 이용하여 종교다원주의, 자유주의신학 등으로 하나님께서 뜻으로 정하신 법을 파괴하고 있다. 또한 예수 그리스도를 인간으로만 인정하여 일반종교의 교주와 동일하게 인간의 윤리와 도덕수준으로 알고 가르치는 자들은 모두 거짓선지자다. 예수 그리스도 안에 있는 자는 반드시 성령의 법으로 죄와 사망에서 해방되어 영원한 생명을 얻게 되는 진리위에 굳게 서야 한다. 이것이 예수 안에 있는 생명의 성령의 법에 대한 명확한 이해며 해답이다.

2) 성령과 믿음

성령의 법은 죄와 사망의 법에서 해방하여 생명을 얻게 하기 위하여 예수 그리스도에게로 인도하여 믿음을 가지게 한다. 이것이 믿음의 법이다. 그러므로 믿음은 성령의 감동으로 일어나며, 그 감동으로 예수 그리스도를 주로 시인한다. 누구든지 성령의 감동이 없는 자는 예수 그리스도를 주로 시인하지 못한다. "그러므로 내가 너희에게 알리노니 하나님의 영으로 말하는 자는 누구든지 예수를 저주할 자라 하지 아니하고 또 성령으로 아니하고는 누구든지 예수를 주시라 할 수 없느니라"(고전 12:3). 로마서에서 믿음의 법과 성령의 법을 기록한 바울은 누구든지 성령으로 아니하고는 예수를 주라고 부를 수 없으며, 또한 성령으로 말하는 자는 예수를 저주할 자가 없다고 증언한다. 성령으로 예수를 주라고 입으로 시인하고 마음으로 믿어야, 의에 이르게 되고 영원한 생명을 얻는 구원에 이르게 된다. 예수를 입으로 시인하고 마음으로 믿게 하는 것이 성령이 아니면 할 수 없다는 것이다(롬 10:9-10). 이것이 성령의 법이며, 성령으로 믿음으로 의롭게 되는 그리스도의 지체, 의의무기, 의의직분의 완전한 완성이다. 성령으로 ἐν (엔)은, 전치사, 여격이며, ~안에, ~동안, ~와 함께 등의 의미며, 전치사, 여격은 과정과 수단을 의미하는 것으로 성령 안에서, 성령 안에 있는 동안, 성령과 함께 있을 때만이, 누구든지 예수를 주라고 부를 수 있으며, 또한 성령의 인도함을 받는 아들이 되어 하나님을 아버지라고 부르게 되며(롬 8:14-15), 예수를 저주하지 않는다. 이는 오직성령으로만 가능하다. 오직성령으로만 예수 그리스도를 믿을 수 있으며, 또한 항상 성령의 인도를 따르고 살아야 예수 그리스도를 부인하지 않는다는 말씀이다. 이쯤에서 우리는 매우 중요한 해답을 찾게 된다. 그 해답은 왜 많은 신학자와 목회자들이 종교다원주의와 자유주의에 빠지며, 또는 많은 교인들이 잘못된 이단과 이교도의 교훈에 빠지게 되는지에 대한 답이다. 그런 곳에 빠지는 사람들의 여러 가지 문제와 이유는 다양하겠지만 명확한 해답은 성령 안에 살지 않기 때문이다. 신학적인 지식이나 신앙의 연륜과 직책의 문제가 아니다. 오직 한 가지는 하나님께서 성문법으로 제정하신 성령의 법의 문제다. 이와 같이 대 환난 날에 일어날 계시록의 일곱 교회문제도 성령문제다. 성령의 불이 꺼지면 사랑이 식어지며, 니골라 당의 교훈과 발람의 교훈과 이세벨의 교훈도 성령을 따라 믿음의 의를 이루지 못하는 문제며, 성령으로 기도하며 깨어있지 못하여 신앙이 미지근하며, 영적으로 죽은 자가 된다. 일곱 교회가 성령의 법을 따르지 않는 큰 이유는 카이로스 종말에 일어날 육체적인 자기 욕망의 사랑에 빠지는 것 때문이며, 또는 대 환난 날에 사탄의 마지막 최후의 미혹을 이기지 못하기 때문이다(계 12:7-12). 때문에 주님은 두 가지를 명령하셨다. 하나는 육체적인 욕망에 빠지는 자기 사랑에서 돌아서라는 명령이며(딤후 3:1-5), 다른 하나는 성령이 교회들에게 하시는 말씀을 들으라는 명령이다(계 2:7). 성령과 육체는 항상 대적하여 싸우기 때문이다(갈 5:17). 돌아서는 것이 회개하고 육체적인 욕망을 날마다 십자가에 못박고 성령을 따라 사는 것을 말한다.

성령의 법에 대한 문법은 소유격이다. 성령은 소유격이며, 법은 주격이다. 소유격은 세 가지 의미가 있다. 성령에 속한 법으로, 성령의 법으로, 성령에 관한 법이란 의미다. 성령의 속한 법은 성령이 소유한 생명을 말하며, 성령의 법은 소유한 생명으로 믿음을 가지도록 복음을 듣는 자들에게 활동하는 것을 말하며, 성령에 관한 법은 성령으로 나타나는 은사와 열매다. 은사는 믿음을 강화시키며, 복음을 능력 있게 전파하게 하며, 열매는 하나님의 한 의를 온전하게 성취하게 한다. 성령의 소유한 생명으로 예수 그리스도 안에 있는 자에게 죄와 사망의 법에서 해방하여 새로운 생명으로 싹이 솟아나게 한다. 이 법이 주님께서 인류구원과 십계명과 율법을 십자가에서 성취하신 것을 성령으로 온전하게 완성되게 한다. 그 성취를 온전하게 하기 위하여 주님께서 성령을 보내주셨다(요 15:26). 이것이 성령의 비밀이다. 때문에 예수 안에 있는 자에게 생명을 주는 성령의 법이다. 그리고 성령의 법은 예수를 주라고 부를 수 있는 믿음을 가지게 하며, 또한 믿음을 가진 후에도 예수를 저주하지 않게 한다. 성령의 법으로는 복음을 듣고 믿는 자에게 보증으로 인을 친다(고후 1:22;엡 1:13). 보증으로 인을 친다는 의미는 믿는 자의 마음에 성령께서 들어오시는 것을 말한다. 마음에 들어오심으로 거룩한 성전이 되며, 성령께서 내주하실 때, 내주하시는 성령과 함께, 성부 하나님과, 성자 하나님께서 동시에 동참하셔서(요일 3:24), 믿는 자의 마음이 삼위일체 하나님의 집이 된다. 그러므로 성령의 법이 아니면 믿음도, 천국의 기업도 불가능하다. 이것이 성령 하나님께서 우리의 구원을 온전하게 하실 것을 계획하신 성부 하나님의 뜻이다. 때문에 바울은 자신이 전하는 복음이 사람의 설득력 있는 지혜의 말로 하지 아니하고 오직성령의 나타나심과 능력으로 하였다고 고백한다(고전 2:4). 이것이 성령의 법으로 믿음의 법을 성취하는 생명의 성령의 법이다.

3) 성령과 진리

순금은 1% 불순물이 들어가도 정금이 못되며, 99% 생수에 1% 독극물이 섞여도 생명을 잃게 하듯이 진리의 말씀에 1% 거짓으로 물타기만 해도 이단이며, 종교다원주의와 자유주의 신학이다. WCC(세계기독교협의회)는 1990년 쿠알라룸푸르대회에서 초혼제 무당굿을 벌려서 신내림의 제사를 허용하였으며, 1991년 캔버라총회에서 로마카톨릭과 직제일치를 합의하였으며, 사회정의라는 이름으로 맑스사상의 공산주의를 수용하였으며, 동성애에 대한 타협으로 발람의 죄를 용납하는 진리의 말씀을 변개시켰다. 자유주의신학은 독일의 이성주의 신학자들과 1924년 미국에서 어번 선언서에 많은 신학자들이 동조하여 성경을 변개하고 있으며, 1881년 영국의 위스트코트와 호르트라는 학자들은 5,604 곳이나 공인된 사본을 변개하여 성경을 출간하였다. 이러한 영향들로 인하여 교회와 성도들은 심각한 영적인 위기에 내몰리고 있는 현실이다. 그러나 생명의 성령의 법은 1% 변질과 불순물이 없는 완전한 진리를 보존하여 전파하며 가르치는 영이다. 때문에 주님께서 성령은 진리의 영이라고 말씀하셨다. 이는 주님께서 십자가를 지시기전에 제자들에게 친히 하신 말씀이다. "내가 가는 것이-유익이라, 내가 아버지께 구하여 다른 보혜사를 너희에게 보내리니, 영원토록 너희와 함께 있으리니, 그는 '진리의 성령으로' 너희 마음속에 계시면서 나를 증언하시며, 또한 모든 진리 가운데로 인도하시며, 그가 스스로 말하지 않고 오직 들은 것을 말하며, 내 말한 것을 가지고 알리시며 가르치고 생각나게 하며, 장래 일도 너희에게 알리시리라"(요 14:16-17,26, 15:26, 16:7,13). 진리 ἀλήθεια (알레데이아)는, 명사, 속격, 여성, 단수며, 진실, 진짜 등에서 유래한 단어적인 의미는 참, 사실, 실상이란 의미지만, 본문에서는 예수 그리스도와 십계명과 율법에 관하여 기록한 성경을 말한다. 명사 속격은 성령에게 속한 진리, 성령에 의한 진리, 성령에 관한 진리다. 이는 주어가 성령이며, 진리는 성령에 속하여, 성령에 의하여, 성령의 관한 진리다. 때문에 성령은 신구약 성경에서 십계명과 율법을 기록한 말씀과 그 말씀의 주체며, 그 말씀을 성취하신 예수 그리스도에 관하여 증언하며, 가르치며 인도하는 분이시라는 것을 말한다. 이것이 성령께서 우리를 예수 그리스도를 믿음으로 구원에 이르게 하며, 믿는 우리에게 십계명과 율법의 의가 이루어지게 하는 것이다. 성령의 법은 믿음으로 예수 그리스도를 영접할 때, 예수 그리스도의 보혈의 피로 십계명과 율법의 의를 범한 모든 죄를 속량하시고 성령으로 마음 안에 십계명과 율법을 기록하여 주시고, 기록된 그 십계명과 율법이 온전하게 성취될 수 있는 의를 행하게 한다. 돌판에 기록된 십계명과 율법은 성령의 법이 오기 전에 주신 일시적인 것임으로 언약하였으며, 또는 육신이 연약하여 지키지 못하였지만 하나님께서 자기 아들을 죄 있는 육신의 모양으로 보내셔서 육신의 죄를 정하사 성령을 따라 행하는 우리에게 율법의 요구인 의가 이루어지게 하신 것이다(롬 8:3-4;히 7:18). 연약한 육신은 육신의 일을 생각하여 하나님의 십계명과 율법에 굴복하지 못하여 하나님과 원수가 되었다. 하지만 이제는 성령의 법으로 성령의 일을 생각하여 하나님께서 의를 위하여 주신 십계명과 율법에 굴복하여 하나님을 기쁘시게 한 것이다(롬 8:5-7). 아버지께 구하겠으니 ἐρωτάω (에로타오)는, 동사, 지설법, 미래, 능동, 1인, 단수며, 묻다, 요구하다, 간청하다, 빌다, 달라하다 등의 의미며, 동사 직설법 미래 단수는 주님께서 친히 승천하신 이후에 아버지께 성령을 요구하고 간청하여 제자들에게 보내주시겠다는 약속이다. 이는 삼위일체 하나님의 때가 찬 경륜의 성취를 이루시기 위함이며, 그 경륜이 성령으로 주님께서 성취하신 인류구원을 온전하게 때에 맞게 성취하실 뜻을 이루기 위함이다. 그러므로 주님께서 승천하시면서 약속하신 성령을 기다리라고 하셨으며, 기도하며 기다리고 있는 제자들에게 오순절에 성령을 충만하게 부어주셨다(행 1:4,2:1-4). 이때부터 성령께서 제자들을 통하여 예수 그리스도를 증언하여 교회가 세워지게 하였으며, 교회를 통하여 믿게 된 성도들을 진리가운데로 인도하는 것이다. 이것이 성령의 법이며, 성령의 비밀이다. 따라서 신약에는 성령께서 주체가 되어 신구약 성경 안에 감추어져 있는 예수 그리스도에 관한 말씀과, 그 말씀 안에서 구약의 옛 언약과 신약의 새 언약에 관하여 성도들에게 전파하며 가르치게 된 것이다. 옛 언약은 십계명과 율법이며, 새 언약은 성령으로 십계명과 율법의 의를 이루어지게 하는 것을 말한다. 그러므로 성령께서 예수 그리스도에 관하여 들은 말씀과, 또한 주님께서 성경을 해석해 주신 말씀들을 전파하며 가르치고 생각나게 하며 또는 미래에 주님께 대하여 성취될 장래 일도 알려주는 영이라는 것이다. 다시 말하면 성령께서 들은 말씀이 구약성경에 기록된 십계명과 율법이며, 그 계명과 율법을 해석하신 말씀이 신약에서 십계명과 율법을 성취하신 믿음의 법에 대한 말씀이며, 장래에 일어날 일은 계시록의 재림과 재림 때 일어날 대 환난에 관한 진리들이다. 이러한 진리에 대하여 성령께서 전파하며 가르치고 인도하신다는 말씀이다. 모든 신구약 성경은 십계명과 율법의 의를 기록한 말씀이며, 그 의를 제정하시고 성취하시고 온전하게 완성하시는 분이 예수 그리스도다. 성령께서는 그것을 알리고 가르쳐서 인도하는 것을 말한다. 이것이 오직 들은 것이며, 내 말한 것을 가지고 알리며 가르치고 생각나게 하는 것이다. 여기서 내 말은 십계명과 율법이다(출 19:5).

십계명과 율법은 성령의 법이 오기 전에는 연약하여 완전한 의가 나타나지 못했다. 그런데 주님께서 십자가에서 그 연약함을 성취하시고 성령을 아버지께 구하여, 보내주심으로 이제는 성령으로 십계명과 율법의 요구를 완전하게 이루어지게 하신 것이다. 이것이 성부 하나님의 계획과 뜻을, 성자 하나님께서 성취하셨고, 성령 하나님께서 완성되게 하는 삼위일체 하나님의 경륜이다(요 14:10;롬 8:2-3). 그런데 유대인은 아직도 성령의 인도를 받지 못하여, 죽이는 돌판의 율법에 매여 있으며, 이방교회는 성령으로 믿음은 가졌지만 내주하시는 성령과 육체의 대결에서 성령으로 이기지 못하여 율법의 의를 이루지 못하고 있다. 이는 계시록의 일곱 교회가 증거다. 때문에 주님은 계시록의 모든 일곱 교회들에게 성령이 교회들에게 하시는 말씀을 들으라고 명령하셨다. 성령이 교회들에게 하시는 말씀을 들으면 성령을 대적하는 돌같이 육신의 굳은 마음을 제거하고 부드러운 마음으로 변화시켜 십계명과 율법의 의를 이루게 된다(겔 36:26-27). 성령이 하신 말씀을 깨닫게 되면 돌같이 굳은 육신의 마음이 제거되어 부드러운 옥토로 변한다. 제거하고 סוּר (수르)는, 와우 계속법-히필, 완료, 1인, 공성, 단수며, 떠나게 하다, 돌이키다 등의 의미며, 와우 계속법-히필 완료 단수는 성령께서 하신 말씀을 듣고 깨닫게 되면 돌같이 굳은 육신의 마음에서 언제나 어디서나 항상 자기스스로 떠나며 돌아서게 된다는 의미다. 돌같이 굳은 육신의 마음에서 돌아서면 부드러운 옥토의 마음으로 변화를 받아 십계명과 율법의 의를 생활에서 30배, 60배, 100베 열매를 맺게 된다.

이것이 성령으로 진리 가운데로 인도함을 받는 것이며, 몸이 의의무기로, 그리스도의 지체로, 새 언약의 일꾼으로 사신과 향기와 편지가 된다. 따라서 성령으로 인도를 받으면 성령에게 기름부음을 받은 자(부정과거)가 되어, 아무도 누구도 진리에 대하여 가르칠 필요가 없는 자가 된다. 성령이 안에 거하시면서 언제나 어디서나 모든 것을 가르치시며, 참되고 거짓이 없게 하여, 재림하시는 주님 앞에 부끄럽지 않게 구비되게 하신다(요일 2:27-28). 성령께서 아무도 가르칠 필요가 없이 모든 것을 가르쳐주시는 것이 십계명과 율법의 의에 요구를 이루는 진리로 인도하는 것을 말한다. 왜냐하면 성령만이 우리의 마음을 살피시며 우리의 연약함을 도우시기 때문이다(롬 8:26-27). 이것이 얽매였던 율법에서 벗어나 성령의 새로운 것으로 하나님을 섬기는 신령과 진리의 예배다(요 4:23;롬 7:6). 우리가 육신으로 사는 동안에는 속에 거하는 죄의 정욕이 지체 중에 역사하여 온갖 탐심을 이루어 마음의 법과 싸워 지체 속에 있는 죄의 법으로 사로잡아 죄의 법을 섬기려고 한다. 때문에 원하는 선은 행하지 아니하고 도리어 미워하는 악을 행하려고 한다. 그러므로 진리의 성령의 법으로 인도를 받게 되면 새로운 속사람으로 죄의 법과 싸워 이기게 하여 하나님의 한 의에 법을 즐거워하며 하나님을 섬기게 한다(롬 7:14-25). 이렇게 성령의 진리의 가르침과 인도함을 받으면 마지막은 영생이며, 재림의 날에는 주님 앞에 담대하게 서게 한다. 그러므로 성경을 변개하는 심각한 영적인 현실 앞에 있는 현대교회와 성도들은 절대적으로 성령으로 진리 가운데로 인도하심을 받아서 다른 사람이 가르칠 필요가 없는 자로 무장되어야 한다. 이것이 불순물이 1% 없는 100% 진리로 우리를 인도하는 생명의 성령의 법이다.

4) 성령과 거룩

칼빈주의 박물관을 운영하는 전총신대 총장이신 정성구 교수님의 말에 의하면 현대교회 성도는 교리와 삶이 이분법으로 구별되게 살고 있단다. 오직믿음을 주장하며 교회를 개혁한 칼빈은 교리와 경건을 구별하여 가르치지 않았는데도 그렇다는 것이다. 교리는 신앙의 뼈대며, 경건은 신앙의 살이다. 뼈와 살은 분리될 수가 없다. 개혁자들이 만든 교리가 대요리문답(장년)과 소요리문답이다(어린이)다. 그런데 현대교회는 개혁자들로 인하여 새로운 모습으로 시작은 되었지만 그들이 만든 교리와 경건을 동일하게 가르치는 교회는 찾아보기 힘들다는 것이다. 교리는 하나님의 말씀이며, 경건은 그 말씀대로 생활에 실천하는 것을 말한다. 성령은 성도들을 진리의 말씀과 경건으로 거룩함에 이르도록 인도하신다. 성령의 인도를 받으면 우리 몸의 지체에서 하나님의 한 의가 나타나는 의의무기, 그리스도의 지체, 의의직분자가 되어 하나님께 드리는 거룩한 산 제물이 된다. 이것이 믿음의 법과 성령의 법을 기록한 로마서의 증언이다. 로마서는 전후로 하여 두 부류로 구별하여 증언한다. 하나는 교리며, 다른 하나는 실천이다. 그런데 로마서를 해석하는 많은 분들이 두 부류를 구별하는 중심에 대하여 롬 12장이라고 주장한다. 1-11장까지는 교리며, 12-16장까지는 실천편이라는 것이다. 하지만 그렇지 않다. 그 증거는 롬 8장이다. 롬 8장은 두 가지 점에서 전후로 구별한다. 하나는 원어의 문법이며, 다른 하나는 문장의 첫 단어다. 문법은 접속사며, 문장의 첫 단어는 이제라는 단어다. "그러므로 이제 그리스도 예수 안에 있는 자에게는 결코 정죄함이 없나니"(롬 8:1). 첫 번째는 문법의 증거다. 그러므로 ἄρα (아라)는, 결정적인 추론을 지시하는 불변사로, 옮기다, 들어 올리다, 제거하다 등에서 유래한 그런 까닭에, 따라서, 그러므로, 그렇다면, 아는 대로, 그래서, 그러면 등을 의미하는 우위 접속사다. 이는 지금까지 전반부에 있는 1-7장까지 내용보다, 이제부터시작은 8-16장이 더 우선적인 개념이며, 전반부에 있는 교리를 후반부에서 실천적으로 완성하게 된다는 의미다. 전반부에 있는 교리에 관한 내용을 들어서 후반부로 옮겨서 성취하겠다는 의미다. 때문에 로마서의 중심기둥은 8장이라는 증거다. 전반부의 1-7장의 핵심은 율법 외에 하나님의 한 의를 이루는 믿음의 법과 그 믿음의 법으로 그리스도와 연합하여 죄와 율법에서 죽은 우리는 다시는 죄와 율법의 노예로 살지 말고 몸의 지체를 의의무기로 드릴 것을 요청하는 내용이다. 그런데 우리의 몸을 의의무기로 드릴 수 있도록 성취하게 하는 것이 8장부터 시작되는 성령의 법으로 들어서 옮겨서 우리 몸에서 의의무기로 완전하게 완성하게 될 것이란 의미다. 이것이 결정적인 추론을 지시하는 변할 수 없는 그러므로 이다. 이는 전반부의 믿음의 법을 후반부에 나오는 성령의 법으로 완전하게 성취하게 될 것을 말한다. 때문에 그러므로 이제는 그리스도 예수 안에 있는 성령의 법으로 우리에게 율법의 의에 요구가 이루어지게 한다는 것이다. 율법의 요구가 이루어지게 하는 것이 전반부에서 말한 믿음의 법으로 하나님의 한 의를 이루게 되는 것을 말한다. 이것이 원어의 문법증거다. 두 번째는 문장의 첫 단어다. 그러므로 접속사 다음으로 나오는 문장의 첫 번째 등장하는 이제라는 단어다. 이제 νῦν (뉜)은, 현재를 나타내는 기본 불변사 부사로 어떤 행동이나 조건이 현재에 시작하고 있음을 나타내는 의미에서 이제라는 것과, 또는 어떤 순간에 관한 상황을 나타내는 지금이라는 것과, 이제부터 계속되는 의미로 이때라는 등의 의미다. 이는 접속사에서 전반부의 교리를 들어 옮겨서 이제부터, 또는 지금부터, 이때부터 계속하여 성령의 법으로 완전하게 실천할 수 있도록 하겠다는 의미다. 이것이 삼위일체 하나님의 인류구원의 대한 준비, 성취, 완성의 때가 찬 경륜이다. 바울은 전반부의 1-7장에서 아담으로 인한 인간의 죄와 그 죄를 위하여 하나님께서 율법 외에 예수 그리스도를 믿는 믿음으로 죄를 용서받아 의롭게 한 후에 다시는 죄와 율법의 종노릇에서 벗어나게 하셨다는 교리를 증언한다. 그리고 후반부의 8-16장까지 죄와 율법에서 벗어난 하나님의 한 의에 대한 거룩한 삶의 실천에 대하여 증언한다. 이는 죄와 율법의 종노릇하게 하는 육신을 따르는 몸의 행실을 죽이고 이제부터는 성령의 법으로 성령의 일을 생각하며 우리의 몸의 지체를 의의무기로 하나님께 드리는 거룩한 실천으로 하나님을 기쁘시게 하라는 것이다. 몸의 행실을 죽이고 성령을 따라 사는 것이 생명이며 평안이며, 육신대로 살면 다시 율법과 죄의 종이 되어 사망이며, 하나님과 원수가 되는 것이라고 한다. 그리고 육신대로 살지 않기 위하여 이 세대의 어두운 일을 벗고 빛의 갑옷을 입고 깨어서 하나님께서 기뻐하시는 거룩한 산 제물이 되라는 것이다. 산 제물의 실천이 의의무기, 의의직분, 그리스도의 지체로 주님의 교회를 위하여 살든지 죽든지 먹든지 마시든지 무엇을 하든지 각자에게 주신 은사와 믿음의 분량대로 열심을 품고 주님을 사랑으로 섬기라는 것이다. 이것이 율법의 의의 요구를 이루는 율법의 완성이다. 또한 지속적으로 성령으로 하나님의 은혜 안에 머물러 유대인들처럼 넘어져서 꺾이지 않도록 조심할 것을 권고하면서 끝으로 성령의 법으로 교회를 실천하며 섬겼던 분들을 소개하면서 로마서를 마친다. 이것이 로마서를 전후로 구별하는 중심의 두 가지증거다.

그러므로 롬 8장은 찐빵의 앙꼬처럼 로마서의 중심기둥역할을 하고 있다. 이러한 관점으로 로마서를 연구하면 어렵지 않게 열린다. 마치 아래에서 동네를 보는 것보다 높은 산에서 보는 것이 더 잘 보이는 것과 같은 경우다.

그릇은 주인에게 쓰임을 받기 위하여 제조된다. 그런데 그릇이 어떻게 쓰임을 받느냐가 중요하다. 선하고 귀하게 쓰임 받는 그릇과 천하게 쓰임 받다가 버림받는 그릇이 있기 때문이다. 주인에게 선하고 귀하게 쓰임 받는 그릇은 깨끗해야 한다. 바울은 거룩하고 깨끗하게 준비하면 주님에게 귀하게 쓰임을 받기에 합당하다고 증언한다(딤후 2:21). 자기를 거룩하고 깨끗하게 준비하는 것이 성령이 거하는 성전을 더럽히지 않는 것이다. 믿음으로 의롭게 된 우리는 성령께서 우리 안에 내주하는 거룩한 하나님의 성전이다. 때문에 성전인 몸을 더럽히지 않게 거룩하게 보존하는 것이 깨끗하게 준비하는 것이다. "너희는 너희가 하나님의 성전인 것과 하나님의 성령이 너희 안에 계시는 것을 알지 못하느냐 누구든지 하나님의 성전을 더럽히면 하나님이 그 사람을 멸하시리라-너희 몸은 너희가 하나님께로부터 받은 바 너희 가운데 계신 '성령의 전인' 줄을 알지 못하느냐 너희는 너희 자신의 것이 아니라"(고전 3:16-17,6:19). 성전 ναός (나오스)는, 명사, 주격, 남성, 단수며, 거주하다, 살다 에서 유래한 하나님께서 계시는 성전, 성소이며, 명사 주격 단수는 성전은 하나님께서 거주하시기 위하여 존재하는 주체가 된다는 의미다. 성전이 주체라는 의미는 이제는 우리의 몸이 우리의 것이 아니라, 성령이 주인이라는 의미다. 이것이 우리를 창조하신 하나님의 예정하신 뜻이다. 본래부터 인간은 하나님과 함께 살기 위하여 창조되었다. 그런데 아담이 거절함으로 잃어진 것이다. 하지만 하나님은 주님을 통하여 다시 회복하셨다. 우리가 하나님의 성전이라는 것은 성령이 우리 안에 계시기 때문이다. 하나님은 성령으로 우리 안에 들어와 계신다. “그는 진리의 영이라 세상은 능히 그를 받지 못하나니 이는 그를 보지도 못하고 알지도 못함이라 그러나 너희는 그를 아나니 그는 너희와 함께 거하심이요 또 너희 속에 계시겠음이라”(요 14:17). 우리가 성령이 계시는 거룩한 성전이 됨에 대하여 몇 가지 교훈을 찾을 수 있다. 첫째, 성도의 표다. 우리 안에 성령이 계시면 성도며, 성령이 안계시면 그리스도의 사람이 아니다. “만일 너희 속에 하나님의 영이 거하시면 너희가 육신에 있지 아니하고 영에 있나니 누구든지 그리스도의 영이 없으면 그리스도의 사람이 아니라”(롬 8:9). 이는 성령의 법으로 살지 않는 자는 믿음의 사람이 아니라는 증거다. 현대교회는 성령이 없는 교인과 신학자와 목회자들이 많이 침투해 있다(1권. 241p 참조). 둘째, 거룩하게 보존해야 한다. 성령이 내주하는 성도는 하나님께서 계시는 성전이기 때문에 우리 몸이 거룩한 것이다. 때문에 몸을 거룩하게 관리해야 한다. “형제들아-하나님이 처음부터 너희를 택하사 성령의 거룩하게 하심과 진리를 믿음으로 구원을 받게 하심이니”(살후 2:13;벧전 1:2). 거룩하게 보존하는 것이 우리 몸의 지체를 의의무기로 드리는 것이다. 셋째, 영원히 계신다. 우리 안에 들어오신 성령은 우리가 배척만 하지 않으면 영원히 함께 계신다. “내가 아버지께 구하겠으니 그가 또 다른 보혜사를 너희에게 주사 영원토록 너희와 함께 있게 하리니”(요 14:16). 이것이 옛 언약과 차이점이다. 구약의 성령은 특별한 사람에게 임하였지만 신약에는 모든 믿는 만민에게 임하여 떠나지 않으시고 영원히 계시며(욜 2:28), 구약에는 성전이 예루살렘에 있었지만 신약에는 성도 안에 있다. 성령이 영원토록 함께 계시면서 하나님의 한 의를 완성되게 하신다. 이것이 성령의 법이다. 넷째, 성전은 청결해야 한다. 우리의 몸은 하나님의 성령이 계시는 성전이기 때문이 항상 깨끗하게 보존해야 한다. "하나님의 성전을 더럽히면 하나님이 그 사람을 멸하시리라 하나님의 성전은 거룩하니 너희도 그러하니라"(고전 3:17). 더럽히면 φθείρω (프데이로)는, 동사, 직설법, 현재, 능동, 3인, 단수며, 성전을 파괴시키다, 멸망시키다, 죽이다, 부패하다 등이며, 동사 직설법 현재 능동 단수는 누구든지 하나님의 성령이 거하시는 성전을 항상 스스로 파괴시키며, 멸망시키며, 죽이며, 부패하게 하는 자를 의미한다. 이렇게 더럽히면 하나님께서 멸하신다. 멸하시리라 φθείρω (프데이로)는, 동사, 직설법, 미래, 능동, 3인, 단수며, 소비하다 에서 유래한 파괴하다, 파멸하다, 썩히다, 못쓰게 만들다 등이다. 동사 직설법 미래 능동 단수는 누구든지 성전을 더럽히면 그 결과로 그 사람은 스스로 파괴되며 파멸되며 썩게 되며 못쓰게 만들어지게 되는 것을 의미한다. 이는 하나님의 심판으로 육체의 본능과 정욕대로 다시 돌아가게 되는 것을 말한다(고전 15:33;고후 7:2;엡 4:22;벧후 2:12;유 1:10). 때문에 성령이 거하시는 몸을 항상 깨끗하게 관리해야 한다. 본문의 문맥에는 육신으로 사는 자들에게 한 말씀이다(고전 3:1-3). "사랑하는 자들아 이 약속을 가진 우리는 하나님을 두려워하는 가운데서 거룩함을 온전히 이루어 육과 영의 온갖 더러운 것에서 자신을 깨끗하게 하자"(고후 7:1). 다섯째, 구별이다. 성령이 거하시는 우리는 세상과 구별되게 살아야 한다. "너희는 믿지 않는 자와 멍에를 함께 메지 말라 의와 불법이 어찌 함께 하며 빛과 어둠이 어찌 사귀며 그리스도와 벨리알이 어찌 조화되며 믿는 자와 믿지 않는 자가 어찌 상관하며 하나님의 성전과 우상이 어찌 일치가 되리요 우리는 살아 계신 하나님의 성전이라"(고후 6:14-16). 구별되게 살도록 주신 것이 십계명과 율법이다. 그런데 육신이 연약하여 계명을 지키지 못하기 때문에 성령의 법으로 이루어지게 한다. 그러므로 현대교회가 교리와 삶이 구별되게 사는 것은 매우 잘 못된 것이다. 그렇게 사는 것이 계시록의 니골라 당의 교훈을 따르는 것임으로 주님께 미움을 받는 행위다(계 2:6,15-16). 회개하고 성령을 따라 의의무기로 드리기 위하여 육신의 정욕을 따르지 말아야 한다. 이것이 성령과 거룩이다(계시록 2권. 흠과 티가 없는 거룩함. 167p 참조).

5) 성령과 사랑

외부적인 적보다 내부적인 적이 더 무섭다. 국가분열, 교회분열, 가정분열 등은 모두 내부적인 적들이다. 외부적인 적들은 경계를 잘하면 되지만 내부적인 적들은 내치지를 못하는 관계로 더 무섭다. 이와 같은 적이 우리 안에 있다. 육신의 소욕이다. 우리 안에 거하시는 성령의 전을 거룩하게 보존하는 일에는 치열한 전투가 일어난다. 그 전투가 육신의 소욕과 성령이시다. 이 전투에서 성령이 이기면 십계명과 율법의 의를 이루는 열매를 맺게 되지만, 반면에 육신의 소욕이 이기면 육체의 욕심을 이루는 율법아래 있게 된다. "내가 이르노니 너희는 성령을 따라 행하라 그리하면 육체의 욕심을 이루지 아니하리라 육체의 소욕은 성령을 거스르고 성령은 육체를 거스르나니 이 둘이 서로 '대적함'으로 너희가 원하는 것을 하지 못하게 하려 함이니라 너희가 만일 성령의 인도하시는 바가 되면 율법아래에 있지 아니하리라"(갈 5:16-18). 본문에는 둘이 서로 다른 대결구도를 말한다. 육체의 소욕과 성령의 대결구도, 율법아래와 성령의 인도다. 대결구도에서 육체의 소욕이 이기면 율법아래 있게 되며, 성령의 인도를 받으면 율법아래에서 자유하게 되는 전쟁이다. 둘은 항상 서로 거슬리며 대적하며 일어난다. 거스르나니 κατά (카타)는, 전치사, 속격이며, ~에 대하여, ~에게 등의 의미며, 전치사 속격은 육체의 소욕은 성령에 속한 것이 대하여 방해가 되며, 성령은 육체의 소욕에 속한 것에 대하여 걸림돌이 된다는 의미다. 걸림돌이 될 뿐만 아니라 서로는 대적하는 관계다. 대적함으로 ἀντίκειμαι (안티케이마이)는, 동사, 직설법, 현재, 중수디포, 3인, 단수며, 반대하다, 대립하다, 대적하다, 저항하다 등의 의미며, 동사 직설법 현재 중수디포 단수는 성령과 육체는 언제나 어디서나 항상 실제로 서로 반대하며 대립하며 대적하는 결과로 육체의 소욕이 이기면, 음행과 더러운 것과 호색과 우상 숭배와 주술과 원수 맺는 것과 분쟁과 시기와 분냄과 당 짓는 것과 분열함과 이단과 투기와 술 취함과 방탕함과 그와 같은 것들을 행하여 하나님의 나라를 유업으로 얻지 못하는 율법아래 있게 되며, 반면에 성령이 육체의 소욕을 이기면 누구나 금지할 수 없는 사랑과 희락과 화평과 오래 참음과 자비와 양선과 충성과 온유와 절제로 율법의 의를 이루어 율법에서 자유하여 하나님의 나라의 생명에 이르게 한다는 의미다. 서로 대결구도에서 성령이 이기면 사랑과 희락과 화평으로 하나님과 이웃을 사랑하는 십계명의 의를 이루는 것이며, 오래 참음과 자비와 양선과 충성과 온유와 절제로 하나님과 이웃을 내 몸처럼 사랑하는 실천적인 의가 나타나게 한다. 이것이 육신이 연약하여 이루지 못하는 율법을 성령으로 완전하게 성취하는 것이며, 율법의 의를 이루는 의의무기와 그리스도의 지체, 의의직분과 새 언약의 일꾼으로 사신과 향기와 편지가 된다. 그런데 육체의 소욕이 이기면 불법의 무기, 죄의 종노릇, 옛 언약의 일꾼이 되어 율법아래서 율법의 저주로 하나님의 나라를 유업으로 얻지 못하는 사망에 이른다. 이것이 육체를 위하여 심는 자는 육체로부터 썩어질 것을 거두는 것이며, 성령을 위하여 심는 자는 성령으로부터 영생을 거두는 결과다(갈 6:8). 이만큼 엄청난 영생과 사망에 대한 진리가 성령과 육체의 대결구도다. 이 전쟁은 현실적으로 날마다 우리 안에서 일어난다. 이는 성경의 증거다. 그러므로 바울은 우리가 율법의 자유를 위하여 부르심을 입었으니, 그 자유를 육체의 기회를 삼지 말고 오직사랑으로 서로 종노릇 하여 다시는 종의 멍에를 메지 말라고 명령하고 있다(갈 5:1,13). 육체의 기회를 삼는 것이 육체의 소욕을 따라 율법의 멍에를 메는 율법 아래로 다시 돌아가는 것이며, 오직 사랑으로 서로 종노릇 하는 것이 성령을 따라 율법의 요구를 이루는 자유아래 사는 것이다. 그런데 현대교회는 이 사실을 알고 있는지가 의문스럽다. 신학교에서 성령론이 약하다보니 그 영향이 그대로 교회에 드러나고 있다. 따라서 부흥사로 입학하여 평신도로 졸업한다는 소리까지 유행하고 있다. 신학교는 학점이수와 목사고시만 패스하게 하는 것이 목표며 관심인 것 같다. 때문에 많은 목회자와 성도들이 지옥에 떨어지고 있다는 소리를 듣고 있는지 모른다. 이것이 외부적인 적보다 내부적인 적이 더 무섭다는 말이다.

육체의 소욕을 따르지 않고 성령을 따라 행하면 나타나는 열매가 사랑이다. 이 사랑으로 모든 신구약 성경에서 증언하는 십계명과 율법의 의를 완전하게 성취하게 된다. "사랑은 이웃에게 악을 행하지 아니하나니-사랑은 율법의 완성이니라"(롬 13:10). 사랑 ἀγάπη (아가페)

는, 삼위일체 하나님의 사랑과 성도의 사랑을 말한다. 아가페 사랑은 율법을 완성되게 한다. 완성 πλήρωμα (플레로마)는, 명사, 주격, 중성, 단수며, 동사 가득하게 하다, 충만하게 하다, 완성하다, 이루다, 성취하다, 이루어지게 하다, 완전하게 하다 등에서 유래한 채우는 것, 가득하게 하는 것, 완전하게 하는 것, 완전하게 성취하게 하는 것, 완성, 충만 등의 의미며, 명사 주격 단수는 아가페 사랑으로 율법을 가득하게 충만하게 완전하게 완성하여 성취하는 것이 주체라는 의미다. 본문에서 말하는 율법은 구약의 십계명과 율법이며, 사랑은 성령으로 나타나는 열매다(롬 13:8-9;갈 5:23). 때문에 성령을 따라 행하면 성령으로 나타나는 아가페 사랑으로 모든 십계명과 율법을 완전하게 성취하는 의가 이루어지게 된다. 이것이 삼위일체 하나님의 때가 경륜이며, 예수 그리스도 안에 감추어져 있는 비밀과 보화를 성취하고 완성되게 하는 것이다. 그러므로 바울은 사람의 방언과 천사의 말과 예언하는 능력의 지식과 산을 옮길 만한 믿음이 있어도 사랑이 없으면 아무 것도 아니며, 아무유익이 없다는 것이다(고전 13:3). 성령으로 나타나는 아가페 사랑의 속성이 누구도 금지할 수 없는 희락과 화평과 오래 참음과 자비와 양선과 충성과 온유와 절제로 신구약 성경에서 증언하는 십계명과 율법의 의를 완전하게 성취하여 이루어지게 한다. 이는 육신이 연약하여 율법의 요구를 이루지 못하는 것을 하나님께서 자기 아들을 죄 있는 육신의 모양으로 보내어 육신에 죄를 정하시고 육체의 소욕을 따르지 않고, 성령을 따라 행하는 우리에게 율법의 요구가 이루어지게 하시는 것이다. 그런즉 우리는 믿음과 소망과 사랑은 항상 가지고 있어야 하지만, 그 중의 제일은 성령의 법으로 나타나는 아가페 사랑으로 살아야 한다(고전 13:13). 하지만 카이로스 종말에는 육체적인 자기 사랑에 빠지게 되며(딤후 3:1-5), 세상에 불법이 가득하여 많은 사람들이 아가페 사랑이 식어지게 된다(마 24:12). 그로인하여 항상 가지고 있어야 되는 사랑을 버리는 현상이 나타난다. 그 증거가 계시록의 에베소 교회다(계 2:4). 에베소 교회는 대 환난 날에 교회와 성도들이 자기 욕망에 빠져서 노아가 살았던 시대처럼 먹고 마시고 사고팔며, 시집가고 장가가는 일상적인 육체의 소욕으로 성령의 인도를 버리게 됨으로 십계명과 율법의 의를 이루지 못하여 강력한 회개를 요청받게 될 것을 보여준다. 이것이 성령으로 시작하여 육체로 마치는 경우다(갈 3:3). 때문에 회개하지 않으면 촛대가 옮겨진다. 이는 많은 신학자와 목회자들이 종교다원주의와 자유주의와 세속화에 물들었기 때문에 일어나는 현상들이다. 바울은 자신이 전하는 설교와 전도함이 설득력 있는 세속적인 지혜의 말로 할까봐 두려워하고 심히 떨었다. 이는 성령의 나타나심과 능력으로 믿음의 법이 사람의 지혜에 있지 아니하고 하나님의 능력에 있게 하려 하였다고 고백한다(고전 2:3-5). 따라서 현대교회도 다시 성령으로 돌아가야 한다. 이것이 성령과 사랑이다.

6) 성령과 능력

공든 탑도 개미구멍으로 무너진다는 말이 있다. 작은 실수로 큰 손해를 초래했을 때를 비유한 말이다. 공든 탑은 쌓기는 어려워도 무너지는 것은 순간적이다. 우리의 신앙도 동일하다. 일평생동한 쌓은 신앙도 무너지는 것은 한 순간이다. 잠시만 방심해도 무너질 수 있다. 그것이 개미구멍이다. 때문에 이번 단락에서는 우리가 영적으로 방심하지 않기 위하여 무장해야 되는 세 가지를 찾고자 한다. 첫째, 속사람의 강권이다. 속사람의 강권은 우리에게 날마다 일어나는 육체의 소욕에 대하여 성령으로 이기는 능력을 말한다. 바울은 우리가 육체의 소욕을 이기기 위해서는 성령으로 속사람이 강권하도록 무장하라고 권고한다. "그의 영광의 풍성함을 따라 그의 성령으로 말미암아 너희 속사람을 능력으로 강건하게 하시오며"(엡 3:16). 그런데 속사람이 강권하기 위해서는 두 가지를 무장해야 한다. 하나는 소유며, 다른 하나는 능력이다. 소유는 성령으로 말미암아 그의 영광의 풍성함으로 무장하는 것을 말한다. 마치 극히 값진 진주를 발견하면 자기소유를 다 팔아 소유하는 경우와 동일하다(마 13:46). 이는 하나님의 영광의 풍성한 진주를 가지게 되면 육체의 소욕은 자연적으로 버리게 되는 논리다. 육체의 소욕은 하나님의 영광의 풍성함에 비교하면 너무도 무가치하기 때문이다. 그렇다면 하나님의 영광의 풍성함이 무엇일까? 풍성함에 대하여 바울은 그리스도의 사랑을 알고 그 사랑으로 충만하게 채워지는 것이라고 말한다. 이것이 소유다. "능히 모든 성도와 함께 지식에 넘치는 그리스도의 사랑을 알고 그 너비와 길이와 높이와 깊이가 어떠함을 깨달아 하나님의 모든 충만하신 것으로 너희에게 충만하게 하시기를 구하노라" (엡 3:17-18). 그리스도의 사랑을 알고 γινώσκω (기노스코)는, 동부정사, 과거, 능동이며, 알다, 배우다, 확인하다, 발견하다, 이해하다, 깨닫다, 알아채다, 감지하다, 인정하다, 알아보다 등의 의미며, 동부정사 과거 능동은 우리가 사는 시간과 장소에서 주님께 대한 지식에 넘치는 사랑을 여러 가지 방법으로 스스로 배우고 확인하고 발견하여 이해하고 깨닫고 알아채고 인정하라는 의미다. 여러 가지 방법은 경건의 훈련을 의미한다. 이를테면 성령의 인도를 따라 매일성경을 읽고 배우고 깨닫는 것, 신령과 진정으로 예배하는 것, 쉬지 않고 기도

생활에 충실하게 하는 것, 복음을 전파하여 영혼을 살리는 것, 교회와 성도들을 사랑으로 섬기는 것 등이다. 이렇게 경건의 훈련으로 지식에 넘치는 주님의 사랑에 대하여 배우고 확인하고 발견하면 그 사랑 가운데 뿌리가 박히고 터가 굳어지게 된다. 이것이 속사람의 강권이다. 사랑 가운데 터가 굳어지면 주님의 사랑에 대한 너비와 길이와 높이와 깊이가 충만함을 발견하게 된다. 너비 πλάτος (플라토스)는, 지구의 넓이와 광활한 우주공산의 폭의 너비를 말하며, 길이 μῆκος (메코스)는, 최상급으로 심히 큰, 광대하게 긴, 긴 시간으로 창세기의 천지창조부터 계시록의 새 하늘과 새 땅에 시간의 길이만큼 된다는 의미며, 높이 ὕψος (휩소스)는, 공간적으로 하늘만큼 높은 것을 말하며, 깊이 βάθος (바도스)는, 위로는 우주공간과 아래로는 지하세계까지 깊은 것을 말한다. 이는 그리스도의 사랑이 하늘 위에와 우주공간과 땅 위에와 땅 아래 바다 밑에까지 측량할 수 없는 너비와 길이와 높이와 깊이가 충만하다는 의미며, 이러한 주님의 사랑을 발견하여 깨닫고 그 사랑을 충만하게 경험하기를 원한다는 말씀이다. 깨닫는 것은 이해하여 굳게 붙잡는 것을 말하며, 문법은 중간태로 주님의 사랑을 깨닫는 자는 그 결과로 굳게 붙잡게 되는 것을 말하며, 아는 것은 인격적으로 경험하다, 확인하다, 발견하다 등의 의미며, 문법은 부정사 과거 능동으로 우리가 사는 시간과 장소에서 여러 가지 경건의 훈련으로 주님께 대한 사랑을 스스로 인격적으로 경험하고 확인하며 발견하는 것을 의미한다. 이는 하늘의 우주공간과 땅과 땅 아래의 바다보다 더 깊으신 주님의 사랑을 생활 속에서 경험적으로 확인하여 굳게 붙잡고 소유하는 것을 말한다. 이것이 주님께서 우리의 몸의 지체를 의의무기로, 그리스도의 지체로, 의의직분자로 드릴 때, 성령의 은사와 열매를 공급하셔서 나타나는 열매다(요 15:4-5). 은사는 지혜와 지식으로 주님의 너비와 길이와 높이와 깊이의 사랑을 깨닫게 하며, 열매는 지식으로 깨닫게 된 사랑을 경험하게 한다. 그 사랑이 십계명과 율법의 의를 완전하게 성취하여 심판 날에 두려움이 없는 주님의 재림을 맞이하게 한다(요일 2:27-28,4:17-18). 이것이 예수 그리스도 안에 감추어져 있는 지혜와 지식의 비밀이며, 보화다. 주님은 그 사랑과 지혜와 지식으로 천지와 만물을 창조하셔서 한 치의 오차도 없이 운행하시며 섭리하시며, 모든 인류를 구원하시기 위하여 하늘영광의 보좌를 버리시고 인간의 몸으로 오셔서 십자가에서 피를 쏟아주신 것이며, 십자가에서 죄와 율법을 도말하셔서 믿음의 법과 성령의 법으로 하나님의 한 의를 성취하셨다. 세초부터 세말까지 모든 세대사람들의 허물과 죄로 죽었던 것을 살리셨다. 이는 은혜의 지극히 풍성함을 여러 세대에 나타내시기 위하여 자기 안에서 함께 지어져 가게 하신 사랑이다(1권. 십자가 열매.88p). 때문에 천천과 만만의 천사들이 찬송과 존귀와 영광과 권능을 세세토록 돌려드리고 있다(계 5:13). 이처럼 주님의 사랑은 말로서 형용할 수 없으며, 하늘을 두루마리를 삼고 바다를 먹물 삼아도 다 기록할 수 없으며, 하늘 높이 쌓아도 채우지 못하는 사랑이다. 이것이 하나님의 영광의 풍성한 진주며, 그 진주를 구하기 위하여 무가치한 땅에 보이는 육체의 소욕은 버리고 성령을 따르게 된다. 하지만 깨닫지 못하면 얕은 물가에서 찰싹 거리는 작은 파도만 보고도 마음이 약해진다. 그런데 주님의 사랑을 경험하게 하는 주어도 역시 오직성령이다. 성령으로 말미암아 διά (디아)는, 전치사, 속격이며, ~을 통하여, ~동안에, ~말미암아, ~때문에 등의 의미며, 전치사 속격은 성령에 속하기 때문에, 성령에게 있는 동안에, 성령으로 말미암아 그리스도의 사랑으로 속사람이 능력으로 강건하게 되는 것을 의미한다. 이는 반드시 성령에게 속하여 성령과 함께 항상 머물러 있는 동안에 그로 말미암아 가능하다는 의미다. 마치 오직예수 그리스도를 믿음으로만 하나님의 한 의가 성취되는 것과 같이 주님께 대한 사랑을 깨닫고 경험하는 것도 오직성령의 법으로만 가능한 것이다. 오직성령으로 주님의 사랑을 경험적으로 체험하여 소유한 자는 세상을 사랑하는 육체적인 욕망을 따르지 않는다(요일 2:16-17). 사랑에 깊이 빠지면 다른 것들은 무가치하게 보인다. 그리고 그 어떤 환난이나 곤고나 박해나 기근이나 적신이나 위험이나 칼이라도 그리스도의 사랑에서 끊을 수가 없으며, 세상의 재물과 부귀영화도 버리게 된다. 믿음의 선진들은 모두 그렇게 살았다. 아벨, 에녹, 노아, 아브라함, 이삭, 야곱, 모세 등, 그들은 그리스도를 위하여 받는 수모를 세상의 모든 보화보다 귀하게 여겼으며, 하늘에 있는 더 좋은 본향을 사모하며 살았다(롬 8:35;히 11:27-28). 따라서 우리가 주님의 사랑에 굳게 잡히면 도리어 그리스도를 위하여 당하는 환난을 즐거워하여 환난은 인내를, 인내는 연단을, 연단은 소망을 이루게 된다(롬 5:3-5). 육체는 환난을 당하지만 성령으로 인내하며 하늘의 소망을 가진다. 그러나 세속적인 학문과 조직과 인맥과 물질 등의 힘은 육체의 소욕을 이기지 못한다. 오직성령으로 주님의 사랑으로 속사람이 강건해야 육체의 소욕을 이긴다. 대 환난 날에는 성령으로 속사람이 강권하게 소유하지 못한 자는 육체의 소욕을 따르는 666 받아 적그리스도를 섬기게 되며, 성령으로 속사람이 강권한 자는 환난을 즐거워하여 인내하며 재림하실 예수 그리스도만 소망하게 될 것이다. 적그리스도를 섬기는 자는 처음 사랑을 버리고 땅에 것을 사랑하기 때문이며, 예수 그리스도를 섬기는 자는 그분에게 받은 사랑에서 떠나지 않고 죽도록 충성할 것이다. 이것이 속사람의 차이점이다.

그리고 다른 하나는 능력이다. 성령으로 육체의 소욕을 이길 수 있는 힘은 속사람을 능력으로 강건할 때 가능하다. 능력 δύναμις (뒤나미스)는, 동사 ~할 수 있다, 가능하다, 능히 하다 등에서 유래한 힘, 권능, 능력, 세력, 역량, 권세 등의 의미다. 이는 성령에 속하여 성령과 함께 있는 동안에 무엇이든지 할 수 있는 힘과 권능과 능력과 세력과 역량과 권세로 육체의 소욕과 사탄의 미혹들을 이길 수 있는 능력이 되는 것을 말한다. 강건 κραταιόω (크라타이오오)는 동부정사, 과거, 수동이며, 강력한, 힘있는, 권능, 세력 등에서 유래한 강하게 하다(능동), 강해지다(수동) 등의 의미며, 동부정사 과거 수동은 성령과 함께 있는 시간과 장소에서 여러 가지 경건의 훈련으로 속사람이 강력한 힘을 가지게 되는 것을 말한다. 강건한 힘의 원천도 오직성령이다. 그 힘으로 주님께서 마음에 계시게 하여, 그의 사랑에 뿌리에 박히는 터가 굳어지게 한다(엡 3:17). 마음에 계시게 κατοικέω (카토이케오)는, 동사 거주하다, 살다 등의 합성어에서 유래한 살다, 거주하다, 자리 잡다, 계시다 등의 의미며, 주님께서 마음에 항상 거주하시며, 자리를 잡으시고 계시게 하는 것을 의미한다. 주님은 항상 성령과 함께 계시며, 성령은 그가 가지신 영이다(계 3:1). 그의 사랑 가운데서 뿌리가 박히고 터가 굳어지는 문법은 동분사, 완료, 수동, 주격이다. 동분사 완료 수동 주격은 주님께서 마음에 계시게 된 시간과 장소에서 여러 가지 경건의 훈련과 방법으로 그의 사랑가운데 뿌리가 박히고 터가 굳어지게 된 것이 주체가 되는 것을 의미한다. 이는 그리스도께서 마음에 계시면, 그분의 사랑가운데 뿌리가 박히고 터가 굳어지게 되는 것이 본질이라는 의미다. 이것이 그리스도에게 속한 부르심과, 그리스도의 것으로 부르심과, 그리스도에 관하여 부르심과, 그리스도의 지체로 부르심에 합당하게 되는 것을 말한다. 그런데 계시록의 라오디게아 교회사자는 주님께서 문밖에 계시게 하며, 사데 교회사자는 주님과 교제가 단절되어 있다(계 3:1,20). 이것은 그리스도를 마음에 계시게 하지 않고 그분의 사랑가운데 뿌리가 박히고 터가 굳어지지 않는 상태로 미지근하면, 그리스도는 문밖으로 떠나시며, 또한 영적으로 잠자면 교제가 단절하게 되는 것을 보여주는 비밀이다. 그러므로 항상 성령으로 속사람을 능력으로 강건하게 하여, 믿음의 뿌리를 깊게 내려야 한다. 뿌리를 박히고 터가 굳어지면 그리스도에 대한 확실하고 견고하며 강하게 고정되어 있다는 의미다. 카이로스 종말의 교회가 자기욕망적인 사랑에 빠지게 되는 것은 성령을 의존하지 않고 세속적인 것들을 성령을 대신하고 있기 때문이다.

둘째, 전신갑주다. 속사람은 안으로 무장하는 내부용이며, 전신갑주는 밖으로 무장하는 방어용이다. 성령으로 속사람이 강권하게 된 상태에서, 밖으로 하나님의 전신갑주로 무장해야 한다. 마귀는 안으로는 육체의 소욕으로 미혹하며, 밖으로는 통치자들과 권세들과 이 어둠의 세상 주관자들과 하늘에 있는 악의 영들을 통하여 대적하기 때문이다. 하나님의 전신갑주는 전쟁터에 나가는 군사가 머리부터 발까지 완전하게 무장하는 전투태세를 말하는 상징이다. “하나님의 전신 갑주를 취하라-서서 진리로 너희 허리띠를 띠고 의의 호심경을 붙이고 평안의 복음이 준비한 것으로 신을 신고-믿음의 방패를 가지고-구원의 투구와 성령의 검 곧 하나님의 말씀을 가지라”(엡 6:13-17). 전신갑주의

도구는 진리의 허리띠, 의의 호심경, 평안에 복음의 신, 믿음의 방패, 성령의 검과 기도와 간구다. 전쟁터에 나가는 군인의 첫 번째의 무장은 기본기다. 그 기본기는 진리의 허리띠를 졸라매고 서 있는 것이다. 서 있는 것은 군인의 자리를 지켜야 되는 것을 요구하는 명령이며, 진리는 신구약 성경과 예수 그리스도를 말하며, 허리는 상징으로 정신적인 자세로 깨어있는 것을 말한다. 마귀는 통치자들의 권력을 동원하여 성경을 변개시키며, 예수 그리스도를 부정하게 한다. 이런 현상을 현재 우리는 경험하고 있다. 그러나 진리로 무장하면 선과 악을 분별하여 흔들리지 않는다. 허리는 몸의 중심이다. 전투하는 군사가 의복을 위아래로 단단하게 결속시켜 활동을 민첩하게 하는 것과 같이, 하나님의 말씀과 예수 그리스도가 삶의 중심이 되어 정신을 차리고 깨어있는 것이 진리의 허리띠를 졸라매는 것이다. 전투에 나가는 군인이 졸거나, 나태하게 앉아서 놀거나, 자리를 떠나있거나, 잠들어 있으면 적에게 패하게 된다. 때문에 진리의 무장은 절대적이며, 하나님의 전신갑주는 첫 단추다. 의의 호심경을 붙이고 ἐνδύω (엔뒤오)는, 동분사(명령적), 과거, 중간, 주격, 2인, 남성, 복수며, 옷 속으로 들어간다는 의미에서 옷을 입다, 붙이다 등의 의미며, 동분사(명령적) 과거 주격 복수는 우리에게 허락된 시간과 장소에서 여러 가지방법으로 믿음으로 의롭게 된 호심경 안에 들어가서 그 옷을 입고 붙이는 것이 주체가 되게 하라는 절대적인 명령이다. 의는 진리이신 예수 그리스도를 믿는 믿음으로 의롭게 된 의와, 또한 성령의 법으로 십계명과 율법을 성취하는 의를 말하며, 호심경은 군사의 가슴과 심장을 보호하는 도구를 말한다. 이는 상징으로 믿음으로 의롭게 된 의와 성령의 법으로 생활에서 육체의 소욕을 이기며 십계명과 율법의 의를 이루게 된 것은 마음으로 단단하게 무장하는 것을 의미한다. 이는 믿음으로 의롭게 된 의를 힘입고, 성령을 따라 십계명과 율법을 행하는 의를 따르는 마음을 강하게 소유하라는 의미다. 마귀는 믿음으로 의롭게 된 의에 대하여 의심을 품게 하며, 육체의 소욕으로 미혹하여 십계명과 율법의 의를 따르지 못하게 참소하기 때문이다. 그는 믿음의 의에 대하여 확신이 없거나, 십계명과 율법의 의를 따르지 못할 때, 마음으로 의심을 품게 하며 빔닞으로 참소하여 우리를 넘어지게 한다(욥 1:7-11;계 12:10). 육체의 소욕에서 나타나는 죄를 고소하며 비난하는 것이 참소다. 때문에 하나님의 전신갑주인 진리의 허리띠를 띠고 의의 호심경으로 무장하라는 명령이다. 평안의 복음으로 준비한 것으로 신을 신고 ὑποδέω (휘포데오)는, 동분사(명령적), 과거, 중간, 주격, 2인, 남성, 복수며, 붙들어 매다, 묶다, 동여매다 등에서 유래한 밑에 매다, 신다 등의 의미며, 동분사(명령적) 과거 주격 복수는 우리에게 허락된 시간과 장소에서 여러 가지 경건의 훈련으로 평안의 복음으로 준비한 것으로 붙들어 동여매는 것이 주체가 되게 하라는 절대적인 명령이다. 평화의 복음은 진리이신 예수 그리스도를 믿는 믿음으로 의롭다 함을 얻어 하나님과 형제와 화목하게 된 평화를 말하며, 신은 군사의 발을 보호하기 위하여 신는 단단한 군화지만, 이는 상징으로 우리의 삶의 자리를 말한다. 평안의 복음으로 준비한 것으로 신을 신는 것은 우리의 삶의 자리에서 여러 가지 경건의 훈련으로 진리이신 예수 그리스도의 것으로, 그리스도의 지체로, 그리스도의 사신과 향기와 편지가 되어 하나님과 형제간에 서로 화목하게 되는 삶을 의미한다. 이것이 평안의 복음이며, 그 복음으로 하나님과 성도가 서로 화평하게 되어 십계명과 율법의 의를 이루는 행함이 있는 믿음이다. 십계명에서 하나님을 사랑하고 이웃을 사랑하라는 명령을 이루는 의가 평안의 복음으로 준비한 것으로 신는 것이다. 하나님을 사랑하는 행위가 신앙생활에 충실하게 하는 것이며, 이웃을 사랑하는 행위가 부모를 공경하며, 사회생활에 충실하게 하는 것이다. 이것이 하나님과 이웃을 화평하게 하는 복음의 삶이다. 그런데 마귀는 하나님과 형제의 사이에 화평을 깨어지게 하기 위하여 천사처럼 가장한 위장평화로 하나님을 섬기는 것을 방해하며, 형제와 부모사이를 이간하여 서로 시기와 다툼과 비난이 일어나도록 한다. 때문에 진리로 무장한 말씀으로 분별하여 참된 평화의 복음으로 붙들고 동여매라는 것이다. 마귀는 정부가 전염병을 이용하여 하나님을 예배하는 것을 금하게 하며, 그로 인하여 교회와 가족과 형제간에 분열과 다툼이 일어나게 한다. 하지만 진리로 무장된 교회는 단호하게 대항하고 있다. 믿음의 방패 ἀναλαμβάνω (아날람바노)는, 동분사(명령적), 과거, 능동, 주격, 2인, 남성, 복수며, 붙잡다, 취하다, 가지다 등에서 유래한 함께 가다, 운반하기 위하여 들다, 가지다, 취하다 등의 의미며, 동분사(명령적) 과거 능동 주격 복수는 우리에게 허락된 시간과 장소에서 여러 가지 경건의 훈련으로 스스로 믿음의 방패를 가지고 취하는 것이 주체가 되게 하라는 절대적인 명령이다. 믿음은 진리이신 예수 그리스도에 대한 확실한 믿음과 삶의 현장에서 그 믿음의 증거가 나타나게 되는 것을 말하며, 방패는 군사의 전신을 적으로부터 방어하기 위하여 사용되는 도구로, 이는 상징으로 믿음으로 마귀의 공격을 방어하라는 의미다. 이는 여러 가지 경건의 훈련으로 속사람이 예수 그리스도를 믿는 믿음에 대한 확신의 뿌리를 굳게 내린 것과 그 확실한 믿음의 증거로 마귀의 미혹을 단호하게 대항하라는 것이다. 마귀는 믿음을 가지지 못하도록 의심을 품게 하며, 세속적인 육체의 일들로 경건생활에 게으르게 하며 믿음의 증거가 나타나지 못하게 하는 미혹으로 도전한다. 그러나 십자가 군사는 삶의 현장에서 예수 그리스도가 나타나는 증거를 가지고 살아야 한다. 이것이 그리스도와 한 몸을 이룬 지체다. 구원의 투구와 성령의 검 곧 하나님의 말씀 δέχομαι (데코마이)는, 동사, 명령, 과거, 중간디포, 2인, 복수며, 받아드리다, 영접하다, 잡다, 쥐다, 안다, 받들다, 섬기다 등의 의미며, 동사 명령 과거 복수는 이미 예수 그리스도를 영접하여 받은 구원과 성령의 인도로 받은 진리의 말씀을 붙잡고 그 말씀이 삶의 현장에서 성령의 능력으로 칼이 되게 하여, 마귀의 미혹들을 강력하게 공격하라는 절대적인 명령이다. 구원은 모든 해로움에서 건져주는 것을 말하며, 투구는 군사의 머리를 보호하기 위하여 쓰는 도구며, 칼은 적군과 대적에서 승리하게 하는 도구다. 이는 상징으로 믿음으로 받은 구원을 기억하여 무장한 진리의 말씀과 성령의 능력으로 마귀를 대적하여 그에게 승리하라는 의미다. 마치 주님께서 성령으로 충만하여 기록된 말씀으로 광야에서 마귀를 공격한 것과 동일하다. 마귀는 머리에 온갖 해로운 지식을 주입하여 하나님의 말씀을 배교하게 한다. 철학, 인문학, 경제학, 과학 등으로 성경에 기록된 천국과 지옥을 부정하게 하며, 초림과 재림, 믿음의 법, 성령의 법 등을 혼란스럽게 하여 따르지 못하게 한다. 또한 세상의 풍조를 통치하여 질병, 자연재해, 방탕한 문화 등으로 이미 받은 구원의 자유를 누리지 못하게 한다(엡 2:2). 때문에 성령의 능력으로 기록된 하나님의 진리의 말씀으로 무장하여 마귀의 나쁜 지식들을 단호하게 대적하여 승리하라는 명령이다. 첫 단추가 잘 못되면 몸 전체가 이상하게 되는 것처럼 하나님의 전신갑주는 첫 단추가 매우 중요하다. 진리인 신구약 성경에서 예수 그리스도에 대한 진리를 먼저 무장해야 그 진리 안에서 믿음의 방패와 믿음으로 나타나는 의의 흉패와 평화의 복음으로 신을 신게 되며, 구원에 관한 진리의 말씀인 성령의 검을 가지게 된다. 그리고 하나님의 전신갑주로 무장한 후에는 간구와 기도를 쉬지 말아야 한다. 머리에는 구원에 대한 지식과 성령의 검으로, 가슴에는 의에 대한 흉패로, 허리에는 진리로, 손에는 믿음의 방패로, 발에는 평안의 복음으로 완전하게 무장하여도 간구와 기도는 필수다. 마귀는 끊임없이 밤낮으로 공격하기 때문이다. "모든 기도와 간구를 하되 항상 성령 안에서 기도하고 이를 위하여 깨어 구하기를 항상 힘쓰며 여러 성도를 위하여 구하라"(엡 6:18). 모든 기도와 간구를 하되 διά(디아)는, 전치사 속격이며, ~을 통하여, 끊임없이, 마지막까지, ~의하여, ~때문에 등의 의미며, 전치사 속격은 마귀의 대적 때문에 끊임없이 마지막까지 모든 기도와 간구를 해야 한다는 의미다. 간구는 간절한 강청과 탄원으로 부르짖는 것을 의미하며, 기도는 바라는 것을 요구하는 것이며, 간구와 기도는 우리에게 요구되는 온갖 전체를 말한다. 그런데 간구와 기도역시 반드시 성령 안에서 깨워서 항상 구하기를 힘쓰라는 명령이다. 성령 안에서 ἐν (엔)은, 전치사, 여격이며, ~안에, ~으로 말미암아 ~동안 등의 의미며, 전치사 여격은 성령 안에서 성령으로 말미암아, 성령 안에 있는 동안에 항상 모든 간구와 기도로 깨워서 구하기를 힘쓰라는 의미다. 이는 모든 간구와 기도는 항상 언제나 어디서나 성령으로 구하라는 것을 말한다. 성령과 기도는 대등접속사다. 이는 같은 동급을 말한다. 성령 안에 있으면 간구와 기도를 하게 되며, 또한 간구와 기도는 성령과 함께 하는 시간이라는 의미다. 성령은 항상 기도하는 사람에게 역사하시며, 기도하는 사람은 항상 성령의 인도를 받는 것을 말한다. 성령은 우리의 연약함을 항상 도와주시며, 또한 친히 탄식으로 우리를 대신하여 간구해주시며, 하나님의 뜻대로 간구와 기도를 드리도록 도와주시기 때문이다(롬 8:26-27). 탄식 στεναγμός (스테나그모스)는, 명사, 여격, 남성, 복수며, 동사 탄식하다, 신음하다, 원망하다 등에서 유래한 탄식하는 소리, 신음이란 의미며, 명사 여격 복수는 우리가 연약하여 마땅히 기도할 바를 알지 못하는 많은 것들로 인하여 성령께서 탄식하며 신음하는 소리를 말한다. 우리가 성령을 따르지 않고 육체의 소욕을 따라 행할 때, 속에서 탄식하며 회개하게 하시며, 또한 친히 우리를 대신하여 회개의 기도를 드린다. 우리의 연약함은 하나님의 뜻대로 기도하지 못하는 것과, 율법의 의를 이루지 못하는 것이다. 때문에 성령께서 율법의 의를 이루도록 도우시는 것이 성령의 법이며, 마땅한 기도를 하지 못하는 것을 성령께서 도와주시는 것이 반드시 성령 안에서 성령으로 말미암아 드리는 모든 간구와 기도다. 따라서 마귀를 대적하기 위하여 무장한 하나님의 전신갑주를 입고 그를 이기기 위하여 성령의 도우심을 구하는 간구와 기도를 해야 한다. 십자가 앞에서 주님은 성령으로 깨어 승리하셨지만, 제자들은 기도에 실패하여 도망치고 말았다. 현재 한국교회가 전염병을 이용하여 예배를 금지해도 한마디도 대항도 못하고 숨어있는 교회는 성령으로 깨어있는 기도에 실패하기 때문이다. 때문에 현대처럼 기도가 멸시를 받은 때는 없다고 말한다. 아무리 좋은 무기로 무장한 군사라도 적군과 싸울 용기와 힘이 없다면, 그 무기는 무용지물(無用之物)과 유명무실(有名無實)한 것이 된다. 이처럼 현대교회가 겉모양은 화려한 예배당에 수많은 성도들이 보이는 교회로 무장되어 있어도 성령과 기도가 사라지면 무용지물이다. 그러므로 육체의 소욕을 이기고 율법의 요구를 이루는 것도 성령으로, 속사람의 강권함도 성령으로, 하나님의 접신갑주로 무장하는 것도 성령으로, 깨워서 기도하는 것도 성령으로, 오직성령의 법이 절대적이다. 그러므로 우리는 성령을 근심케 하여 마귀에게 틈을 주지 말아야 하며(엡 4:27-30), 언제나 어디서나 항상 성령으로 충만해야 한다(엡 5:18). 이것이 삼위일체 하나님의 때가 찬 경륜이며, 예수 그리스도 안에 감추어져 있는 보화와 비밀을 완성되게 하는 것이다. 마귀가 우리를 대적하는 통치자들과 권세들과 어둠의 세상 주관자들과 하늘에 있는 악의 영들의 정체는 마귀는 사탄, 용, 옛 뱀이란 이름을 사용하는 단수며, 통치자들과 권세들과 어둠의 세상 주관자들과 하늘에 있는 악의 영들은 모두 복수다. 이는 마귀는 악령의 우두머리며, 통치자들과 권세들과 어둠의 세상 주관자들과 하늘에 있는 악의 영들은 그의 사자들이다(계 12:9). 통치자들과 권세들과 어둠의 세상 주관자들은 세상을 통치하는 관료들이다. 그런데 그들은 혈과 육을 가진 사람들이지만 실제는 마귀가 악한 영으로 그들을 다스리고 있다. 마귀가 악한 영들을 통하여 그들의 배후에서 통치하는 것뿐이다. 그러므로 우리는 통치자들과 권세들과 어둠의 세상 주관자들에 대하여 혈과 육으로 상대하지 말고 하나님의 전신갑주로 무장하여 성령으로 기도로 대항해야 한다. 마귀는 모든 세계를 지금까지 이렇게 통치하고 있으며, 다가오는 대 환난 날에는 더 적극적으로 통치할 것이다. 그 현실로 세계는 점점 자유는 사라지고 사회주의로 나가고 있다. 마귀는 그들을 통하여 전 세계를 통치하다가 대 환난 날에는 적그리스도에게 이양하여, 적그리스도가 온 세상을 통치하면서 하나님을 비난하며 교회와 성도들을 극심하게 대적하게 될 것이다. 이것이 계시록에서 예언된 열뿔의 짐승의 나라다(계 13장).

셋째, 연합이다. 호랑이를 이길 수 있는 힘은 무리다. 큰 무리를 이루고 지나가면 호랑이가 달려들지 못한다. 실제로 동물들은 그렇게 하여 생존하고 있다. 이같이 우리는 마귀가 끊임없이 통치자들과 권세들과 이 어둠의 세상 주관자들과 하늘에 있는 악의 영들로 밤낮으로 우는 사자처럼 공격하는 세상에 살고 있다. 이처럼 호시탐탐 노리고 있는 마귀의 미혹에서 벗어나는 길은 서로 연합하는 것이다. 안으로는 성령과 육체의 전투에서 일어나는 개인적인 전쟁이지만, 밖에서 벌어지는 전투는 집합체다. 마귀의 호랑이가 가득한 광야에서 생활하려면 그를 이길 수 있는 힘과 무리가 연합하면 무사하게 통과할 수 있다. 그러므로 성경에는 평안의 매는 줄로 성령이 하나 되게 하신 것을 힘써 지키라고 명령한다(엡 4:3). 힘써 σπουδάζω (스푸다조)는, 동분사(명령적), 현재, 능동, 주격, 2인, 남성, 복수며, 서둘러 ~하다, 급히 ~하다, 열심히 애를 써서 ~하다, 힘을 써서 하다 등의 의미며, 동분사(명령적) 현재 능동 주격 복수는 우리가 살아가는 시간과 장소에서 여러 가지 경건의 훈련으로 언제나 어디서나 항상 성령이 하나 되게 하신 평안의 매는 줄을 스스로 서둘러 보호하며 지키며 보존하며 열심히 애를 써서 복종하며 힘을 써서 주의하여 지키라는 절대적인 명령이다. 마치 포도열매와 같다. 포도열매는 다른 과일과 다르게 연합으로 열린다. 포도는 하나만 존재하지 않는다. 성도들은 주님에게 붙은 포도열매다(요 15:5). 주님께서 우리를 성령으로 포도열매와 같이 연합체를 이루게 하셨다. 그 연합을 깨뜨리지 말고 힘써 지키라는 명령이다. 연합하여 하나가 되기 위해서는 자기를 죽어야 한다. 이것이 육신의 소욕을 날마다 십자가 못을 박는 실천이다. 교회는 독불장군이란 말이 허용되지 않는다. 자신은 죽고 그리스도만 살아야 하나님께서 영광을 받으신다(요 11:52,12:24,28). 호랑이는 무리의 대열에서 떨어져 있는 짐승을 노려서 잡는 것과 같이 마귀도 연합에서 떠나있는 자를 공격하기 때문이다. 기러기 부부가 문제가 되는 것은 서로 떨어져있기 때문이다. 성령이 하나 되게 하신 것은 전적인 예수 그리스도의 은혜다. 은혜는 우리가 아무런 댓가를 지불하지 않고 100% 그냥 받은 것이라면(수동), 그것을 힘써 보호하고 보존하고 주의하여 복종하는 것은 100% 우리가 해야 되는 몫이다(능동). 우리는 성령이 하나 되게 하신 것을 힘써 지키게 하려고 부르심을 받았다. 때문에 부르심에 합당하게 행하기 위하여 모든 겸손과 온유로 오래 참음으로 사랑 가운데서 서로를 용납해야 한다(엡 4:1-2). 이것이 그리스도의 지체에 붙은 가지며 교회다. 교회는 그리스도의 몸으로 불러 모이게 한 집합체다. 그리스도의 몸으로 불러 모이게 한 분이 성령이시다. 성령이 불러 모아서 하나 되게 하신 것이다. 하나 되게 하신 것 ἑνότης (헤노테스)는, 명사, 대격, 여성, 단수며, 낱낱이, 각각, 일일이 등에서 유래한 일치, 연합, 만장일치, 동의, 합치 등의 의미며, 명사 대격 단수는 성령이 그리스도의 몸에 붙은 지체들을 낱낱이 각각 일일이 일치하여 연합하게 하여 만장일치로 동의한 합치가 되게 하는 것이 목적이라는 의미다. 이것을 위하여 주님께서 친히 모퉁잇돌이 되셔서 자기 안에서 서로 지체들이 연결하여 하나님이 거하시는 처소가 되는 성전으로 함께 지어져 가게 하신 것이다(엡 2:20-23). 집은 서로 건축물들이 서로 연결하여 완성되는 것과 같이 십자가 군사도 서로 일치하여 연합될 때 교회가 되며, 또한 마귀와 전투에서 승리하게 된다. 한 사람보다 두 사람의 수고함이 더 좋은 상을 받으며, 한 사람보다 두 사람이 함께 누우면 따뜻하며, 한 사람이면 패하지만 두 사람이면 맞설 수 있나니 세 겹

줄은 쉽게 끊어지지 않는다(전 4:9-12). 다니엘의 세 친구는 풀무불의 심판 앞에서 서로 연합하여 우상에게 절하지 않고 믿음을 지켰다. 성경에서 증언하는 교회는 네 부류다. 개별적인 지교회(롬 16:4), 가정교회(행 10:2), 지역교회(행 9:31), 전세계 교회다(고전 10:32). 이러한 네 부류의 교회는 모두 그리스도의 몸이며, 그리스도의 몸에 붙은 지체들이다. 그러므로 지체들이 연합할 때 강력한 힘이 결집된다. 마귀는 성령이 하나 되게 하신 대열에서 떠나 있는 자를 노린다. 마치 에덴동산에서 하와가 아담과 떨어져 있는 순간에 미혹한 것과 같다. 그러므로 성령 안에서 교회도 가정도 항상 연합할 때, 교회도 부흥되고 가정된 평안하게 된다. 한국교회는 전염병을 이용하여 예배를 금지해도 아무런 말도 못하고 고개를 숙이고 순종하고 있다. 예배를 금지하여 수많은 성도들이 교회를 이탈해도 연합하여 그들을 지키지 못하고 있다. 교회를 떠나면 가나안 성도가 되어 신앙을 잃을 수 있다. 개교회적으로 정부와 권력 앞에서 약한 점이 있지만 전체교회가 연합하면 큰 힘이 된다. 약사협회는 3만의 무리로 정부와 대항하여 이겼다. 그러나 한국교회는 진리로 무장하여 성령으로 하나 되게 하신 것을 힘써 지키지 못하여 고개를 숙이고 있다. 공든 탑이 무너진 현상이다. 마귀는 천만이 넘는 교회가 연합하면 미혹하지 못한다. 그러므로 이제라도 교회는 성령으로 하나 되게 하신 것을 힘써 지켜야 한다. 대 환난 날에도 형제들이 연합하여 어린 양의 피와 자기들이 증언하는 말씀으로 죽기까지 생명을 아끼지 아니하고 마귀를 대적하여 승리하게 될 것을 예언 하고 있다(계 12:11). 이것이 우리가 성령의 능력으로 무장해야 되는 세 가지다.

7) 성령과 계시록

계시록에는 일곱 교회가 있다. 일곱 교회는 대 환난 날에 주님께서 재림하실 때, 지구촌에 있는 모든 교회들에게 일어날 일들에 대한 계시다. 그런데 주님께서 일곱 교회들에게 동일하게 명령하신 말씀이 있다. 그 명령은 모든 일곱 교회는 성령이 교회들에게 하시는 말씀을 들어야 한다는 것이다. 주님께서 일곱 교회들에게 하신 명령은 대 환난 날에 지상에 있는 모든 교회들에게 하신 말씀이다. 성령이 교회들에게 하시는 말씀은 교회의 주인이신 주님께서 성령을 통하여 대 환난 날에 지상에 있는 모든 교회들에게 재림을 준비할 내용들을 구체적으로 말씀해 주신 것을 말한다. "귀 있는 자는 성령이 교회들에게 하시는 말씀을 들을지어다."(계 2:7). 성령은 명사 주격 단수며, 성령이 주체, 즉 기둥이라는 의미며, 말씀 λέγω (레고)는, 동사, 직설법, 현재, 능동, 3인, 단수며, 글로 말하다, 표현하다, 이야기 하다, 묻다, 대답하다, 명령하다, 이르다, 지시하다, 확언하다, 주장하다, 언명하다, 선언하다, 선포하다, 주장하다, 고하다, 보고하다, 부르다, 칭하다, 말씀하다, 논의하다, 일컫다, 고발하다 등의 의미며, 동사 직설법 현재 능동 단수는 주체이신 성령께서 일곱 교회들에게 언제나 어디서나 항상 스스로 실제적으로 글로 말하여 표현하여 묻고 대답하며 명령하며 지시하여 확언하며 주장도하며 언명과 선언으로 선포하여 주장하여 고하고 보고하고 불어서 논의하며 고발도하며 말씀하는 것을 말한다. 성령이 언제나 어디서나 항상 실제로 하신 말씀이 초대교회부터 모든 역사 속에서 교회들에게 하신 말씀이다. 예루살렘교회부터 안디옥교회에서 이방선교를 시작하여 2천년 역사에서 세워진 교회들에게 하신 말씀들이다.

이것이 모든 성경은 하나님의 감동으로 된 것이다. 그런데 성령께서 2천년 역사에서 교회들에게 하신 말씀이지만 또 다시 반복하여 대 환난 날에 지구상에 있을 교회들이 들어야 한다는 것이다. 이는 재림하시는 주님을 맞이할 준비를 교회들이 하게 하기 위함이다. 그 증거가 성령이 일곱 교회들에게 하시는 말씀들을 요약해보면 알 수가 있다. 이를테면 에베소 버가모 두아디라 교회는 성령으로 육체의 소욕을 이기고 승리한 내용들은 확인하여 신인히고 보고하여 칭찬하고 있는 것과, 또는 성령으로 육체의 소욕을 십자가에 못박지 못하여 범죄한 부분에 대해서는 고발하고 책망하여 회개를 명령하는 것이며, 사데와 라오디게아 교회는 책망할 내용들에 대하여 묻고 대답하고 지시하고 주장하고 언명으로 고발하여 회개를 명령하는 것이며, 서머나 빌라델비아 교회는 성령으로 육체의 소욕을 이기고 승리하는 모습들에 대하여 권면하고 논의하고 대답하고 확인하여 약속을 선포하는 것들이다. 이러한 내용들은 성령이 2천년 역사에서 모든 교회들에게 하신 말씀들이다. 그런데 지금까지 교회들에게 하셨던 말씀을 대 환난 날에 지구상에 있을 교회들에게 반복하여 다시 말씀하는 이유는 대 환난 날에는 마귀가 자기 때가 얼마 남지 않았음을 알고 세상의 통치자들과 권세들과 주관자들과 하늘에 있는 악의 영들을 통하여 교회를 타락하게 하려고 더 극심하게 육체의 소욕에 해당되는 세상풍조의 문화를 만들고 경제로 사치와 음란에 빠지게 하며, 적그리스도와 거짓 선지자와 삯군 목자들을 이용하여 진리와 재림을 거짓으로 변개하여 성도들의 영혼을 사냥하려고 하기 때문이다(계 12-18장). 때문에 성령께서 동일한 말씀으로 교회들이 마귀의 유혹에 빠지지 않고 성령을 따라 재림하시는 주님을 맞이하게 하기 위함이라는 것이다. 그러므로 모든 일곱 교회는 성령께서 각각의 교회들에게 하는 말씀을 들으라고 명령하신 것이다. 들을지어다 ἀκούω (아쿠오)는, 동사, 명령, 과거, 능동, 3인, 단수며, 듣다, 애원을 들어주다, 탄원을 정취하다, 들어서 정보를 알다, 순종하다, 동의하다, 이해하다, 깨닫다, 들리다 등의 의미며, 동사 명령 과거 능동 단수는 성령께서 각각의 교회들에게 하는 말씀에 대하여 스스로 듣고 동의하고 정보를 알고 순종하라는 절대적인 명령이다. 에베소 버가모 두아디라 교회는 칭찬에 대하여 들은 정보는 잘 지켜서 빼앗기지 않도록 하는 것과, 회개를 요청하는 말씀은 동의하고 순종하라는 것이며, 사데와 라오디게아 교회는 책망과 회개를 요청받은 말씀에 대한 탄원을 정취하고 동의하여 절대적으로 순종하라는 것이며, 서머나와 빌라델비아 교회는 권면과 약속에 대하여 하신 말씀을 이해하고 끝까지 순종하라는 명령이다. 이것이 재림하실 주님을 맞이할 준비다. 그러므로 지상에 있는 모든 교회는 성령이 일곱 교회들에게 하신 말씀들을 자신의 교회에 적용하여 재림을 준비하면 된다.

계시록의 일곱 교회는 대 환난 날에 성령을 따르지 않고 육체의 소욕을 따르는 현상에서 나타나게 될 내용들을 예언하고 있다. 니골라 당의 교훈과 발람의 교훈과 이세벨의 교훈과 미지근한 것과 영적으로 죽어 있는 상태가 그것이다. 니골라 당의 교훈은 성령을 따르지 않고 육체의 소욕에서 나오는 모든 욕망을 따르게 하는 이원론의 교훈을 말하며, 발람의 교훈은 성령으로 행하지 않고 육체의 소욕으로 음행을 행하도록 가르치는 교훈을 말하며, 이세벨의 교훈은 성령의 지식을 버리고 육체의 소욕에서 나오는 우상숭배와 그 제물을 먹게 하는 것을 가르치는 교훈을 말하며, 미지근한 것은 육체의 소욕으로 경제적인 안

락함과 문화적인 생활에 빠져서 성령으로 나타나는 열심을 잃어버린 것을 말하며, 영적으로 죽은 것은 성령에는 무관심하고 세속적인 육체적인 사치와 방탕함에 빠져있는 상태를 말한다. 니골라 당과 발람과 이세벨의 교훈은 대 환난 날에 마귀가 교회 안에 적그리스도와 거짓선지자들과 삯군목자들을 천사처럼 가장하여 침투시켜 성도들을 타락하게 될 비밀이며, 미지근한 것과 영적으로 죽은 상태는 마귀가 육체의 소욕으로 성도들을 타락하게 될 비밀이다. 광명한 천사처럼 가장하여 교회 안에 들어온 적그리스도와 거짓선지자들과 삯군목자들은 하나님의 말씀을 변개시켜 절대적인 믿음의 법과 성령의 법을 어지럽고 혼란스럽게 만들어 종교다원주의와 율법주의와 자유주의 신학과 번영신학 등으로 미혹하게 될 비밀이며, 육체의 소욕은 눈에 보이는 물질세계에 빠지게 하는 바벨론 문화를 말한다. 바벨론 문화는 노아시대에 성령이 떠난 하나님의 사람들이 육체로 변하여 먹고 마시고 시집가고 장가가고 사고팔고 집을 짓는 눈에 보이는 아름다운 일에만 매몰되게 하는 니므롯의 문화를 말한다. 종교다원주의는 절대적인 예수 그리스도의 구원을 부정하는 것이며, 자유주의 신학은 성경을 부정하는 학문을 말하며, 번영신학은 십자가를 지고 그리스도의 복음전파와 교회는 섬기는 고난은 외면하고, 땅에서 안전과 번영을 강조하는 신앙을 말한다. 이러한 문제들은 모두 성령을 따르지 않고 육체의 소욕을 따르기 때문에 일어나는 현상들이다. 그러므로 계시록의 일곱 교회도 결국은 성령과 육체의 대결구도를 말하는 것이며, 이 구도는 초대교회부터 2천년 역사 안에서 세워진 교회들에게 성령께서 지속적으로 말씀하신 내용들이다. 그런데 대 환난 날에는 지금까지 역사에서 일어났던 대결구도가 더욱 강력하게 일어날 것을 예언으로 알려주는 비밀이다. 마귀의 때가 마지막 시점이기 때문이며, 주님의 재림이 이루어지는 시점이기 때문이다. 마귀는 세상을 통치할 자기의 때가 얼마 남지 않음을 알고 크게 분이난 입으로 물을 강 같이 토하여 교회를 물에 떠내려가게 할 것이다. 때문에 주님은 초림 때에 제자들에게 부어주신 성령의 충만을 다시한번 일곱 교회사자들에게 부어주실 것이다(욜 2:29;계 12:12-15). 일곱 교회사자들은 성령으로 충만하여 모든 민족에게 회개운동으로 셀 수 없는 큰 무리들이 성령으로 하나님과 이웃을 사랑하는 의의무기와 새 언약의 일꾼으로, 그리스도의 지체와 사신과 향기와 편지로 무장하여 하나님과 화평한 관계에서, 넉넉하게 재림하시는 주님을 맞이하게 될 것이다(계 7:9-14;10:11,11:1-6). 이것이 성령이 교회들에게 말씀하시는 희망이며, 소망이다. 그러므로 교회는 성령에 대한 바른 이해와 지식으로 무장해야 한다. 단순한 은사정도로 이해하여, 성령운동 자체를 부정하는 배교는 절대로 삼가야 하며, 성령과 말씀을 이분법으로 분리하여 순복음과 장로교를 구별하는 것도 잘못 된 신앙이며, 또한 성령을 이용하여 미혹하는 거짓된 행위들은 분별하여 단호하게 단절시켜야 한다. 왜냐하면 성령의 법으로 지금까지 우리들이 상고한 삼위일체 하나님의 때가 찬 경륜과 하나님의 한 의를 위한 믿음의 법과 구약의 십계명과 율법의 의를 온전하게 성취하기 때문이다. 이것이 신구약 성경 안에 감추어져 있는 예수 그리스도의 지혜와 지식의 보화며, 비밀이다.

8) 성령의 미혹

호사다마(好事多魔)라는 말이 있다. 좋은 일에는 시샘하듯, 안 좋은 일들이 따라 올수 있다는 의미다. 이처럼 주님께서 성취하신 인류구원에 대하여 성령께서 때에 맞게 완성되게 하는 사역에도 방해하는 사탄의 공작들이 있다는 것을 성경에는 기록하고 있다. 로마서를 기록한 바울은 카이로스 종말의 때에 사탄이 미혹할 내용에 관하여 증언한다. 밖으로는 통치자들과 권세들과 이 어둠의 세상 주관자들과 하늘에 있는 악의 영들을 통하여 미혹하는 것과 안으로는 성령의 이름을 이용하며, 또는 성경으로 재림과 휴거에 대하여 미혹하게 될 것에 대한 내용이다. 이는 주님께서 사랑하는 교회들이 재림과 휴거에 대하여 사탄에게 미혹 받지 않도록 하기 위하여 바울을 통하여 미리 알려주신 줄 믿는다. 카이로스 종말의 때가 되면 시기적으로 재림과 휴거에 대한 관심사가 많은 시점이기 때문이다. "형제들아 우리가 너희에게 구하는 것은 – 예수 그리스도의 강림하심과 – 그 앞에 모임에 관하여 영으로나 또는 말로나 또는 우리에게서 받았다 하는 편지로나 주의 날이 이르렀다고 해서 쉽게 마음이 흔들리거나 두려워하거나 하지 말아야 한다는 것이라"(살후 2:1-2). 본문에서 말하는 강림은 주님의 재림을 말하며, 그 앞에 모임은 성도의 휴거에 관한 말씀이다. 예수 그리스도의 강림 παρουσία (파루시아)는, 오다, 이르다 등에서 유래한 예수 그리스도의 임재, 예수 그리스도의 재림을 말하며, 모임 ἐπισυναγωγη (에피쉬나고게)는, 그 앞에 함께 모임이란 의미다. 이는 재림의 날에 휴거되어 주님 앞에서 다함께 모이는 것을 말한다. 따라서 주님께서 재림하시는 날에 우리가 휴거되어 그 앞에 함께 모이는 것에 관하여 영으로나 말로나 우리에게서 받았다 하는 편지로나 그날이 이르렀다고 하면서 사탄이 미혹해도 쉽게 마음이 흔들리거나 두려워하지 말라는 권고다. 사탄이 미혹하는 도구는 영과 말과 편지다. 그렇다면 영과 말과 편지가 무엇일까? 그리고 어떻게 미혹하는 것일까? 지피지기는 백전불태(知彼知己 百戰不殆)라는 말이 있다. 자신과 상대방을 알면 백번 싸워도 위태로울 것이 없다는 의미며, 또한 나를 알고 적을 모르면 승과 패를 각각 주고받을 것이며 적을 모르는 상황에서 나조차도 모르면 싸움에서 반드시 패한다는 의미다. 전쟁은 반드시 이겨야 한다. 나라와 가정과 개인의 운명이 좌우되기 때문이다. 이기는 싸움을 하기 위해서는 적을 알고 나를 알아야 한다는 손자병법이다. 세상의 전쟁도 이겨야 하거늘 사탄과의 전쟁은 더더욱 이겨야 한다. 이겨야 새 하늘과 새 땅에 들어가는 영적인 문제이기 때문이다(계 21:7). 때문에 주님은 계시록의 모든 일곱 교회들에게 이기라고 명령하셨다. 이기기 위해서는 사탄의 전략을 알고 나를 대비해야 한다. 그렇다면 사탄이 미혹하는 영과 말과 편지가 무엇이며, 그리고 어떻게 영과 말과 편지를 이용하여 미혹하게 되는지에 대하여 상고하고자 한다. 영으로 πνεῦμα (프뉴마)는, 명사, 속격, 중성, 단수며, 동사 바람이 불다, 숨쉬다 등에서 유래한 바람, 호흡, 생명, 영, 성령이란 의미며, 명사 속격 단수는 성령이 바람같이 역사하여 생명이 살아 숨쉬게 하는 모든 속성에 관한 사역과 성취 등을 의미한다. 그런데 본문에서는 부정적인 의미로 사탄이 성령에게 속한 모든 것과 사역과 성취하는 것들을 모방하고 이용하여 재림과 휴거에 대하여 미혹한다는 것이다. 이를테면 성령으로 입신한 상태에서 천국에 올라가서 천사들과 제자들과 주님에게 직접적으로 재림과 휴거에 대하여 듣고 보고 왔다고 하면서 미혹하는 경우와 또는 성령의 은사들로 나타나는 예언, 꿈, 환상, 방언, 계시를 듣고 보았다고 하면서 재림과 휴거에 대하여 진리를 왜곡되게 변개시켜서 억지로 해석하여 간증과 세미나 설교 문서 등으로 미혹하여 선동하는 것들을 말한다. 마치 주님께서 광야에서 금식하시며 굶주리고 계실 때, 그 굶주림을 이용하여 돌들로 떡이 되게 하라고 미혹함 같이, 재림과 휴거의 시점이 가까운 기회를 이용하여 재림과 휴거를 제대로 준비하지 못하도록 미혹하는 것이다. 이러한 미혹들은 우리가 살고 있는 지구촌에서 많이 일어나고 있다. 우리나라는 1992년 10월 28일에 재림의 날짜를 지정하여 전한 다미선교회의 시한부종말론으로 인하여 10만이 넘는 교인들이 미혹을 받아 교회와 가정과 직장을 버리고 넘어가면서 사회적인 큰 문제가 된 일이 있었다. 그때 그들이 미혹한 도구들이 꿈과 방언과 환상이다. 꿈과 환상과 방언으로 보고 들었다면서 책으로 출판하고 각종홍보물을 만들어 전국곳곳에 뿌렸다. 이것이 성령을 이용하여 재림과 휴거를 미혹하는 것이다. 그 사건으로 인하여 한국교회는 크게 두 가지 면에서 많은 피해를 입었다. 하나는 세상 사람들에게 나쁜 영향을 미치게 된 일이며, 다른 하나는 교회에서 재림과 휴거에 대한 설교자체를 부정하게 하는 현상이 일어났다. 이는 이솝우화에 나오는 양치기 소녀처럼 정작 들어야 되는 시점에는 재림과 휴거에 대하여 부정적인 반응으로 거부하는 피해다. 이것이 사탄의 전술이다. 그리고 말과 편지로도 미혹한다. 말 λόγος (로고스)는, 명사, 속격, 남성, 단수며, 동사 글로 말하다, 글로 표현하다 등에서 유래한 일반적인 말, 이야기, 속담, 훈계, 가르침, 또는 하나님의 말씀, 예언, 계시, 복음 등에 관한 의미지만, 성경에는 기록된 하나님의 말씀과 주님에게 적용된 단어다. 그런데 본문에서는 하나님의 말씀을 기록한 성경을 말한다. 왜냐하면 일반적인 글이나 가르침에는 재림과 휴거에 대한 내용들이 없기 때문이며, 또한 성경을 이용해야 성도들을 미혹할 수 있기 때문이다. 지구촌에서 교회와 성도들을 미혹하는 이단들은 하나같이 성경으로 미혹한다. 성경으로 미혹하는 대표적인 이단들이 천부교, 신천지, 통일교, 하나님의 교회, 몰몬교, 여호와의 증인, 구원파 등이다. 명사 속격 단수는 성경에 속한 내용들을 이용하여 재림과 휴거에 대하여 미혹하는 것을 말한다. 가령 재림과 휴거에 대한 성경의 내용들을 자기 마음대로 자의적인 해석으로 변개시켜서 미혹하는 것을 의미한다. 마치 뱀이 하와에게 선악과를 먹어도 죽지 않는다고 미혹한 것과 같이, 또는 자유주의 신학자들이 변개된 성경으로 재림을 부정하는 것과 같이, 재림과 휴거에 대한 잘못된 해석으로 성도들을 미혹하는 것을 말한다. 이러한 미혹들은 밖에 있는 이단들만이 아니라 정통교회 안에 있는 신학교와 목회자들에게서 많이 나타나는 현상이다.

편지 ἐπιστολή (에피스톨레)는, 명사, 속격, 여성, 단수며, 동사 편지를 보내다 등에서 유래한 누군가에게 보내는 편지, 서신, 추천서, 공문이란 의미지만, 본문에서는 성경 외에 외경과 위경과 같은 문서를 말한다. 바울이 본문의 말씀을 성경으로 기록하던 당시는 외경과 위경이란 문서들이 많이 있었다. 외경과 위경은 주전 400년에서 주후 100년 사이에 기록된 문서들이며, 신구약 성경에서 제외된 책들을 말한다. 외경은 숨은 뜻이란 의미며, 위경은 거짓된 책이라는 의미다. 외경은 가톨릭에서 제2성경이라 하여 사용하고 있으며, 위경은 외경에 들어가지 못하는 많은 종류의 책들이다. 하지만 정통유대교는 39권만 구약성경으로 인정하며, 기독교는 구약 39권과 신약 27권만 성경으로 인정한다. 그런데 미혹하는 자들은 성경 외에 다른 외경과 위경과 같은 문서들을 이용하여 미혹한다는 것이다. 명사 속격 단수는 성경 외에 다른 외경과 위경을 사용하면서 바울과 또는 초대교회 사도들을 통하여 받은 편지와 문서에 속하는 내용이라고 하면서 재림과 휴거에 대하여 왜곡되게 미혹하는 것을 말한다. 우리에게서 받았다는 것은 바울과 초대교회 사도들에게 받았다는 것이다. 이는 바울과 사도들이 기록한 정통적인 성경 외에 또 다른 편지와 문서를 받았다고 하면서 미혹하는 것을 말한다. 이것이 영으로나 말로나 편지로 미혹하는 것이다. 이처럼 성경을 잘못되게 해석하며, 성령의 은사들과 바울과 사도들에게 받았다고 하는 거짓된 편지와 문서를 이용하여 재림과 휴거에 대하여 미혹할 때, 쉽게 마음이 흔들리거나 두려워하지 말라는 경고다. 쉽게 ταχέως (타케오스)는, 부사며, 빠르게, 신속하게 등에서 유래한 속히 당장, 너무 빨리, 너무 쉽게, 조급하게, 지체 없이 등의 의미며, 또는 비교급으로 더 속히, 더 빨리, 최상급으로 할 수 있는 대로 더 빠르게 등을 의미한다. 이는 성령과 성경과 바울과 사도들의 편지라고 하면서 주님의 재림과 휴거에 대하여 유혹하는 것을 볼 때, 신속하게 너무 쉽게 조급하게 그리고 지체 없이 마음이 흔들리거나 두려워하게 되는 것을 말한다. 이는 환상과 계시와 방언과 성경말씀과 바울에게 받은 편지라고 하면서 재림과 휴거에 대하여 해석하여 전하거나 동영상을 만들어 보게 하거나 책으로 출판하여 전해도 너무 쉽게 미혹당하지 말라는 권고다. 뱀이 하와에게 찾아와서 미혹할 때, 쉽게 말려든 것과 같이 되지 말라는 경고다. 하와가 뱀이 접근할 때 그 자리를 피하거나, 또는 여호와께서 하신 말씀을 기억만 했더라면 뱀의 덫에 걸려들지 않았을 것이다. 너무 쉽게 즉시 반응으로 요동하였기 때문에 뱀의 꾀임에 넘어진 것이다(창 3:1-12). 이처럼 쉽게 요동하면 마음이 흔들리게 된다. 흔들리거나 σαλεύω (살류오)는, 동부정사, 과거, 수동, 대격이며, 이리저리 흔들리다, 이리저리 움직이며 비틀거리다, 진동하다, 요동하다, 변동하다, 신동되다, 방해를 받다 등의 의미며, 동부정사 과거 수동은 우리가 사는 시간과 장소에서 여러 가지 성령과 성경과 바울을 이용하여 재림과 휴거에 대하여 유혹을 하면 너무 쉽게, 그리고 조급하게 마음이 이리저리 흔들거리며 비틀거리고 요동하여 그들에게 선동이 된 상태를 말한다. 이는 재림과 휴거에 대한 분별이 없이 넘어진 경우다. 그리고 마음이 흔들리면 두려워하게 된다.

두려워하거나 θροέω (드로에오)는, 동부정사, 현재, 수동, 대격이며, 울부짖다, 법석을 떨다, 소동하다, 외치다 등에서 유래한 흥분하다, 놀라다, 겁먹게 되다, 두려워하다 등의 의미며, 동부정사 현재 수동 대격은 언제나 어디서나 항상 우리가 사는 시간과 장소에서 여러 가지를 사용하여 미혹하기 위한 목적으로 나타나서 유혹되면 놀래서 겁을 먹고 울부짖고 법석을 떨며 소동을 하며 두려움에 사로잡힌 자세를 의미한다. 이는 쉽게 흔들리고 요동하는 자에게 찾아오는 현상이다. 또한 이렇게 쉽게 흔들리고 두려워하는 이유는 재림과 휴거에 대한 관심이 높은 시기이기 때문이다. 이러한 시점을 이용하여 세미나, 설교, 간증 등과 또는 동영상을 만들어 전하기도하며 책으로 출판하여 홍보도 하면서 전하면 쉽게 흔들리며 두려움에 빠진다. 가령 이미 주님께서 재림하셔서 여기저기에 또는 어떤 광야와 골방에 계신다고 하면서, 그러므로 휴거는 이미 일어났다고 하면서, 또한 시한부종말론처럼 재림의 날짜를 지정하여 그날을 준비해야 된다고 하면서, 휴거준비를 위하여 재산과 사업과 직장과 가족들을 정리하여 자신들의 모임에 참여해야 한다는 것들로 미혹하는 것을 말한다(마 24:23-26). 이렇게 잘 못된 정보에 미혹을 받으면 쉽게 마음이 흔들리며 두려워하여 재림과 휴거를 준비하는 일에 치명타를 입게 된다. 하지만 이러한 미혹이 일어나는 것은 우리에게 두 가지유익이 있다는 것도 잊지 말아야 한다. 하나는 징조며, 다른 하나는 준비다. 징조는 재림과 휴거에 대한 미혹의 자체가 재림과 휴거가 가까이 임하고 있다는 표적이라는 것이며, 준비는 이러한 잘못된 미혹에 넘어지지 않기 위하여 더욱 강력한 신앙과 말씀으로 무장하게 되는 것을 말한다. 예방주사와 같다. 그런데 징조도 보지 못하고 아무런 준비를 하지 못하고 있으면, 거친 광야에서 갈 길을 찾지 못하여 이리 저리로 헤매는 모양으로 노출이 되어 원수 사탄에게 조롱을 당하게 된다. 실제로 한국교회는 다미선교회가 시한부종말론을 전파할 때, 많은 교인들이 너무 쉽게 그리고 조급하게 이리저리 흔들거리고 비틀거리며 선동이 되어 큰 상처와 타격을 입었다. 어떤 이는 본 교회를 떠나서 그곳으로 가버린 것과 또는 그 곳에 들어가기 위하여 가정과 직장과 학업도 버리고 간 자들이 많이 있었다. 더 큰 문제는 재림자체를 부정하여 재림과 종말론에 관한 설교나 세미나를 하면 이단처럼 생각하여 겁을 먹고 재림을 준비하지 못하는 문제를 만나게 된 것이다. 한국교회만이 아니라 전 세계도 반드시 들어야 되는 시점에는 무관심하여 심각한 현상에 빠져있다. 그러므로 우리는 잘 못된 선동과 간증과 해석들에게 미혹을 당하지 않도록 하기 위하여 재림과 휴거에 대한 정확한 지식과 정보를 준비해야 한다. 쉽게 흔들리고 두려워하는 것은 준비가 되지 않았기 때문에 나타나는 현상이다.

그리고 바울은 우리가 쉽게 흔들이거나 두려워하지 않도록 하기 위하여 본문의 같은 단락에서 매우 중요한 정보를 제공하고 있다. 그 정보는 재림과 휴거가 일어나기 전에 먼저 두 가지 큰 사건이 일어난다는 것이다. 재림과 휴거가 일어나기 전에 먼저 일어나는 두 가지 큰 사건은 배교와 불법의 아들이 나타나는 현상이다. "누가 어떻게 하여도 너희가 미혹되지 말라 먼저 배교하는 일이 있고 저 불법의 사람 곧 멸망의 아들이 나타나기 전에는 그 날이 이르지 아니하리니 그는 대적하는 자라 신이라고 불리는 모든 것과 숭배함을 받는 것에 대항하여 그 위에 자기를 높이고 하나님의 성전에 앉아 자기를 하나님이라고 내세우느니라"(살후 2:3-4). 누가 어떻게 하여도 미혹되지 말라는 권고는 성령과 성경과 바울과 사도들을 이용하여 재림과 휴거에 대하여 미혹하여도 쉽게 마음이 흔들리거나 두려워하지 말하는 말씀이다. 그리고 재림과 휴거가 일어나기 전에 먼저 일어나는 두 가지 사건을 알려준다. 배교와 불법의 아들이다. 이는 배교하는 일과 불법의 아들이 등장하기 전에는 재림과 휴거는 없다는 증거다. 그러므로 배교하는 일과 불법의 아들이 등장하기 전에 재림과 휴거가 일어난다고 미혹해도 쉽게 요동하지 말라는 것이다. 그렇다면 이번에는 배교하는 일이 무엇이며, 불법의 아들이 누구인지를 알아야 한다. 먼저는 배교하는 일이다. 배교 ἀποστασία (아포스타시아)는, 명사, 주격, 여성, 단수며, ~에서 떠나다, 반역하다 등에서 유래한 반역, 변절, 포기, 배교 상태 등의 의미며, 명사 주격 단수는 믿음에서 떠나 신앙을 반역하고 변절하고 포기하고 배교하는 것이 주체라는 의미다. 이는 재림과 휴거가 있기 전에 지구촌에 있는 모든 교회에서 일어나게 될 배교를 말한다. 배교는 두 부류다. 하나는 말씀의 변질이며, 다른 하나는 신앙타락이다. 말씀의 변질은 재림과 휴거가 일어나기 전에 하나님의 말씀을 왜곡되게 변개시키는 것과 또는 진리를 부정하는 것을 말하며, 신앙타락은 믿음에서 떠나는 현상을 말한다. 성경을 부정하는 배교의 대표적인 현상이 성경영감부정, 동정녀탄생부정, 십자가와 부활부정, 재림 등을 부정하는 것들이며, 믿음에서 떠나는 현상이 종교다원주의와 차별금지법을 찬성하는 것과 세속화로 인하여 교회를 등지는 것들이다. 세속화는 재림의 때에 성도들이 성령을 따라 살지 않고 땅의 것을 좋아하며 육체의 소욕을 좇아 타락하는 것에 대한 말씀의 성취다(창 6:2;눅 17:26-30). 이것이 재림과 휴거가 일어나기 전에 먼저 일어나는 배교하는 일이다. 현재지구촌에는 무서울 정도로 우리가 해석한 배교들이 일어나고 있다. 마귀는 거짓의 아비다. 거짓 된 말과 혼란스러운 말로 참과 거짓을 분별하지 못하게 하며, 또는 거짓말을 진리처럼 위장하는 수단으로 사용한다. 진리는 중간언어가 없다. 너무도 명확하다. 그런데 현대교회는 성경을 얼마나 중간언어를 사용하여 혼란스럽게 만들고 있는지 모른다. 그리고 불법의 아들이 등장할 것이다. 불법의 아들 ἀνομία (아노미아)는, 명사, 속격, 여성, 단수며, 법이 없는, 말씀을 버림 등에서 유래한 무법, 불법, 불의 등의 의미며, 명사 속격 단수는 말씀을 무시하는 현상에서 나타나는 법이 없는 무법과 불법과 불의에 속한 것들을 행하는 아들이라는 의미다. 그 아들은 본문에서 대적하는 신으로 등장하여 하나님의 성전에 앉아 자기가 하나님이라고 부를 것이며, 결국에는 멸망으로 심판을 받게 될 자라고 한다. 이 아들이 대 환난 날에 무저갱에서 올라와서 온 세상을 통치할 적그리스도를 말한다(계 13장). 그가 나타나서 하나님을 대적하며 성경을 무시하며 불법으로 자기마음대로 세상을 통치하는 모습이 불의한 일들이다. 그런데 이러한 불법의 아들이 나타나기 전에는 재림과 휴거는 일어나지 않는다는 것이다. 따라서 두 가지 사건을 요약하면 배교하는 일들이 먼저 일어나고, 이어서 적그리스도가 등장하는 대 환난이 있기 전에는 주님의 재림과 휴거는 일어나지 않는다는 것이다. 그러므로 이러한 두 가지 사간들이 일어나기 전에는 사람들이 성령과 성경과 바울과 제자들에게 받은 편지라고 하면서 재림과 휴거가 일어난 것처럼 가르치는 것과 또한 성경에 기록된 재림과 휴거에 대한 내용을 자기마음대로 해석하여 전파해도 쉽게 마음이 흔들리거나 두려워하지 말하는 경고다. 그런데 현재우리는 대 환난을 알리는 재난의 징조와 함께 배교하는 일들을 모두 경험하고 있는 시대에 살고 있다. 아직 남아있는 사건은 대 환난 날에 등장하게 될 적그리스도다. 그가 등장하기 전에는 절대로 재림과 휴거는 일어나지 않는다. 때문에 시한부 종말론으로 특정한 날짜와 시간과 장소를 지정하여 재림을 준비하라면서 자기들의 모임으로 유인하는 자들과, 또는 꿈과 계시와 환상, 천국지옥간증 등으로 계시록과 종말론을 자기마음대로 강의하면서 자신을 드러내고 자신들의 모임으로 유인하여 헌금을 강요하는 것들에게 현혹되지 말아야 한다. 계시록에는 주님의 재림은 대 환난 날에 일곱째 나팔을 불려고 할 때에 일어나게 될 것을 정확하게 계시하고 있다(계 10:7). 일곱째 나팔은 적그리스도가 세상을 통치하는 마지막 시점이다(계시록 1권. 재림의 시점. 참조) 그러므로 우리의 관심은 현재 일어나는 배교하는 일들과 불법의 아들이 나타나서 미혹해도 쉽게 흔들리며 두려워하지 않도록 하기 위하여 성령의 능력으로 속사람을 강권하게 해야 하며, 하나님의 전신갑주로 무장하여, 성령 안에서 깨어 기도로 준비되어야 하며, 서로 진리와 사랑으로 연합으로 대응해야 한다. 이것이 적을 알고 나를 알아 이기는 전쟁을 하는 것이며, 곧, 재림하시는 주님을 맞이하기 위하여 신부로 준비되는 것이다. 주님은 이것을 위하여 바울을 통하여 우리에게 중요한 정보를 제공하여 주신 것이다.